SUSTENTABILIDADE GLOBAL E REALIDADE BRASILEIRA

Editora Appris Ltda.
2.ª Edição - Copyright© 2024 dos autores
Direitos de Edição Reservados à Editora Appris Ltda.

Nenhuma parte desta obra poderá ser utilizada indevidamente, sem estar de acordo com a Lei nº 9.610/98. Se incorreções forem encontradas, serão de exclusiva responsabilidade de seus organizadores. Foi realizado o Depósito Legal na Fundação Biblioteca Nacional, de acordo com as Leis nos 10.994, de 14/12/2004, e 12.192, de 14/01/2010.

Catalogação na Fonte
Elaborado por: Dayanne Leal Souza
Bibliotecária CRB 9/2162

S964s 2024	Sustentabilidade global e realidade brasileira / Regina Maria A. Fonseca Gadelha e Joaquim Carlos Racy (orgs.). – 2. ed. – Curitiba: Appris, 2024. 193 p. : il. color. ; 23 cm. (Coleção Sustentabilidade, Impacto, Direito e Gestão Ambiental). Vários autores. Inclui referências. ISBN 978-65-250-6259-4 1. Sustentabilidade. 2. Política ambiental. 3. Desenvolvimento humano. I. Gadelha, Regina Maria A. Fonseca. II. Racy, Joaquim Carlos. III. Título. IV. Série. CDD – 577.2

Livro de acordo com a normalização técnica da ABNT

Appris *editora*

Editora e Livraria Appris Ltda.
Av. Manoel Ribas, 2265 – Mercês
Curitiba/PR – CEP: 80810-002
Tel. (41) 3156 - 4731
www.editoraappris.com.br

Printed in Brazil
Impresso no Brasil

Regina Maria A. Fonseca Gadelha
Joaquim Carlos Racy
(Organizadores)

SUSTENTABILIDADE GLOBAL E REALIDADE BRASILEIRA

Appris
editora

Curitiba - PR
2024

FICHA TÉCNICA

EDITORIAL Augusto Coelho
Sara C. de Andrade Coelho

COMITÊ EDITORIAL Ana El Achkar (UNIVERSO/RJ)
Andréa Barbosa Gouveia (UFPR)
Conrado Moreira Mendes (PUC-MG)
Eliete Correia dos Santos (UEPB)
Fabiano Santos (UERJ/IESP)
Francinete Fernandes de Sousa (UEPB)
Francisco Carlos Duarte (PUCPR)
Francisco de Assis (Fiam-Faam, SP, Brasil)
Jacques de Lima Ferreira (UP)
Juliana Reichert Assunção Tonelli (UEL)
Maria Aparecida Barbosa (USP)
Maria Helena Zamora (PUC-Rio)
Maria Margarida de Andrade (Umack)
Marilda Aparecida Behrens (PUCPR)
Marli Caetano
Roque Ismael da Costa Güllich (UFFS)
Toni Reis (UFPR)
Valdomiro de Oliveira (UFPR)
Valério Brusamolin (IFPR)

SUPERVISOR DA PRODUÇÃO Renata Cristina Lopes Miccelli
REVISÃO Luana Íria Tucunduva
DIAGRAMAÇÃO Adriana Polyanna V. R. da Cruz
CAPA Matheus Miranda
REVISÃO DE PROVA Renata Cristina Lopes Miccelli

COMITÊ CIENTÍFICO DA COLEÇÃO SUSTENTABILIDADE, IMPACTO, DIREITO E GESTÃO AMBIENTAL

DIREÇÃO CIENTÍFICA Belinda Cunha

CONSULTORES

Dr. José Renato Martins (Unimep)	Maria Cristina Basílio Crispim da Silva (UFPB)
Dr. José Carlos de Oliveira (Unesp)	Iranice Gonçalves (Unipê)
Fernando Joaquim Ferreira Maia (UFRPE)	Elisabete Maniglia (Unesp)
Sérgio Augustin (UCS)	Prof. Dr. José Fernando Vidal de Souza (Uninove)
Prof. Dr. Jorge Luís Mialhe (Unesp-Unimep)	Hertha Urquiza (UFPB)
José Farias de Souza Filho (UFPB)	Talden Farias (UFPB)
Zysman Neiman (Unifesp)	Caio César Torres Cavalcánti (FDUC)

INTERNACIONAIS Edgardo Torres (Universidad Garcilaso de la Veja)
Ana Maria Antão Geraldes (Centro de Investigação de Montanha (CIMO), Instituto Politécnico de Bragança)
Maria Amélia Martins (Centro de Biologia Ambiental Universidade de Lisboa)
Dionisio Fernández de Gatta Sánchez (Facultad de Derecho. Universidad de Salamanca)
Alberto Lucarelli (Università degli Studi di Napoli Federico II)
Luiz Oosterbeek (Instituto Politécnico de Tomar)

Aos colegas do Naci.
Aos alunos da PUC-SP, que, com suas indagações,
estimulam novas pesquisas.

Onde está você, amor eterno
que não drapeja no vento sua flamula trêmula de estrelas?

Onde o verde-louro, o céu de anil e mel
o lábaro, a labareda de pano
que o látego rasga e marca?

Onde a glória do passado
se o presente é este furo
de bala na pele do futuro?

Corpo de delito (trecho) – Armando Freitas Filho

APRESENTAÇÃO

Em sua Carta Encíclica *Laudato Si'*, o *"cuidado da casa comum"*, o Papa Francisco critica de forma contundente o desenvolvimentismo *"irresponsável"* de uma minoria de indivíduos que detém o poder econômico e financeiro mundial.

A Carta levanta questões importantes relacionadas às disfunções presentes na economia mundial, provocadas por gestores que, apesar dos alertas de cientistas, acadêmicos e ambientalistas, continuam a priorizar modelos de produção e consumo incapazes de garantir o respeito necessário à continuidade da vida e ao meio ambiente.

A partir dessa preocupação e diante da ameaça eminente apontada pelo menosprezo à sustentabilidade ambiental por parte de agentes políticos e dirigentes de grandes grupos econômicos, pesquisadores interdisciplinares, ligados ao Núcleo de Análise de Conjuntura Internacional (Naci), da Pontifícia Universidade de São Paulo, discutem aspectos relevantes ligados aos temas da Agenda 21 e *Laudato Si'*, em consonância com os compromissos firmados pelo governo do Brasil no Acordo de Paris (2016), teoria dos riscos ligada às práticas irresponsáveis de mineração, às crises hídricas e energéticas que atingem periodicamente as populações no Brasil e os impactos das calamidades provocadas pela ação do homem e suas consequências, incluindo desastres ecológicos, desertificação e destruição ambiental, perda da biodiversidade, deterioração da qualidade social e de vidas humanas, a busca pelo lucro e a aceleração da desigualdade planetária.

A relevância e atualidade desses temas propiciam a criação de um campo fértil a exigir abordagens interdisciplinares que certamente despertarão desdobramentos teóricos e práticos nos vários segmentos sociais representados pelos leitores, acadêmicos e não acadêmicos.

Os artigos apresentados neste livro são de autoria de professores e especialistas sobre o tema, que estão a compartilhar os resultados de seus estudos e relatos de experiências, reunidos em dois eixos temáticos principais. A primeira parte do livro – Globalização, política, sustentabilidade e meio ambiente – reúne quatro artigos de pesquisadores das relações internacionais e economia; a segunda parte do livro discute Direito Ambiental ligado à teoria de risco, sustentabilidade e cidadania; as diferentes abordagens, crise hídrica e energética, desertificação e destruição socioambiental.

Os coordenadores

PREFÁCIO

O inspirador trabalho de articulação reflexiva entre a Carta Encíclica *"Laudato Si'"* (a segunda do Papa Francisco, anunciada em 2015), a Agenda 21 (de 1992, quando 179 países chancelaram, no Rio de Janeiro, documento comum em prol do desenvolvimento sustentável) e o Acordo de Paris (aprovado por 195 países em 2016, para diminuição planejada das emissões de gases de efeito estufa) coloca nas mãos do leitor, com a presente obra, um conjunto riquíssimo de textos – dos mais importantes nos últimos anos – sobre as relações entre economia política, sustentabilidade e ecologia no contexto brasileiro e internacional.

Interdisciplinar por natureza – fincada especialmente nas Ciências Humanas e nas Ciências Sociais Aplicadas –, a obra constitui um emblema da produção compartilhada do conhecimento por *staff* competente e sob liderança intelectual exemplar. Os capítulos, de autorias expoentes em suas áreas de conhecimento e em seus campos temáticos de abordagem, assumem clara coerência de conjunto sob a coordenação de Regina Gadelha e Joaquim Racy, pesquisadores(as) do Núcleo de Análise de Conjuntura Internacional (Naci), vinculado ao Programa de Estudos Pós-Graduados em Economia Política da Pontifícia Universidade Católica de São Paulo (PUC-SP). O Grupo de Pesquisa, entre membros(as) veteranos(as) e convidados(as), reúne gerações distintas e solidárias no mesmo intento de excelência em matéria de esclarecimento público, com extensa e qualitativa contribuição ao campo de estudos sobre os sistemas econômico-financeiros e suas reverberações desconstrutivas na dinâmica da vida social e, em particular, da cidadania.

A obra, densa – o leitor cedo o notará –, concentra argumentações com refino, egressas de profundidade de campo; análises acuradas e reveladoras; articulações temáticas e epistemológicas originais; momentos notáveis de tensão com a ordem econômico-financeira vigente; depreensões exclusivamente alcançadas para esta obra; proposições teórico-empíricas às quais precisamos entregar audição atenta; abordagens referenciais de casos concretos e emblemáticos que ajudam a repensar os destinos do Brasil e do mundo. Ao leitor não escapará igualmente o quanto nutre tais virtudes uma outra, fundamental: a altíssima sensibilidade às desigualdades sociais.

Relações estruturais e pontuais entre a esfera local e a dimensão mundial dos processos sociais comparecem de forma *sine qua non*. Trata-se de abordar a realidade brasileira no quadro das condições e tendências globais. Em outro registro, a obra concebe temas aparentemente disjuntos por meio da chave de leitura de conexões necessárias: a economia pelo imperativo do desenvolvimento; o desenvolvimento pelo prisma da sustentabilidade e esta pelo crivo da ecologia – a cerzidura inteira cumprindo-se sem prejuízo da apreensão de conjunto num arco de macroescala: o das relações de poder e de suas configurações políticas no contexto do desenvolvimento capitalista predatório das últimas décadas. Essa convicta recusa a abandonar o liame fundamental com o contexto social-histórico da vida social – absurdo comum em pesquisas em Ciências Humanas e Sociais há bom tempo – garante à obra uma identidade crítica que faz jus meritoso à criação epistêmica e autônoma do conhecimento.

Ápice admirável da proposta, no terreno fidedigno dos pressupostos compartidos, o fio significativo que perfila os nove capítulos testemunha o caos regressivo na *ratio* liberal-iluminista tal como importada pelo positivismo brasileiro e desencadeada (com baixíssima distribuição equitativa) entre nós desde ao menos meados do século XVIII. Enquadram-se nessa tendência histórica o gravame Samarco, a prevalência oclusa de trabalho escravo e de legiões de famílias segregadas e civilmente precarizadas, de migrantes sem trabalho e esperança, de trabalhadores rurais intensamente explorados e de pessoas vivendo sob pontes e marquises de bairros comerciais centrais e abastados, de refugiados latino-americanos entregues às mais degradantes condições de vida, além do alastramento da miséria em favelas e morros, cujas crianças e adolescentes, de quem o progresso expurga antecipadamente todos os valores da cidadania, permanecem reféns seduzidos pela oportunidade da economia bilionária do crime organizado, que, como "Estado" (armado com fuzis militares) dentro do próprio Estado (o de Direito) em várias cidades brasileiras (Rio de Janeiro e São Paulo à frente), acolhe, "emprega" e "compensa", individual e comunitariamente, a um custo severamente alto: o do exercício consuetudinário do "poder de polícia" paralelo, expresso no "toque de recolher" por aterrorizamento ou medo, e, quando não, (ao custo) da vida de inocentes.

Esse panorama, de competência pífia em termos de resultados sociais alcançados após séculos de administração liberal (hoje indexada por confusão *up-to-date*, de prefixo "neo"), é produto de um desenvolvimento aleatório (derivado de planejamento deficiente e/ou de soluções paliativas, ferindo a continuidade necessária) e selvagem (em matéria de competitividade, não raro ilegal e desleal) que garante a alguns grupos o valor da cidadania como privilégio e lega a massas de olvidados, como "sobra", a vida como "fatalidade" abaixo da régua de carências básicas, provando, com *empiria* multilateral e gritante, que a Carta Constitucional de 1988, a mais avançada até agora no Brasil em matéria social, perdura para poucos.

Essa dialética perversa da *ratio* positivista nacional, de cariz ultraconservador ou reacionário, traduz-se, no todo, como atentado diuturno aos Direitos Humanos, que atinge, de roldão, as liberdades civis das classes socioeconomicamente desfavorecidas ou prejudicadas, contingente majoritário que, no entanto, constrói a riqueza do País, obtendo como troco um horizonte dos mais desoladores, aquele da esperança zero de que o "mundo melhor" sempre prometido venha realmente a se concretizar um dia.

Esse arremedo de modernidade, desdouro à brasileira ligado à tradição (neo)liberal em economia, administração e gestão de negócios pouco vocacionados ao social, sempre necessitou de contrapropostas teóricas urgentes, tanto mais analítico-tensionais quanto mais graves as dinâmicas destrutivas em jogo – e, para tanto, a presente obra colabora com inovações temáticas, aportes argumentativos e encaminhamentos conceituais importantes.

Por razões evidentes e de maior envergadura, as autorias não poderiam deixar de convergir, com elegância, na veia crítica em bloco, em gradações variadas de intensidade, ao modelo de modernidade política e econômico-financeira predatória praticado atualmente no mundo. Em termos históricos, esse intento – correto do ponto de vista político e ético – alcança, retroativamente, o âmago da falácia prometeica do *telos* liberal-iluminista do progresso técnico e tecnológico e, nessa esteira, o logro do processo fracassado de modernização brasileira no período pós-republicano.

Em especial, quando a análise recai sobre o Brasil, o foco legítimo da tensão é claro: a deliberada irresponsabilidade política, econômica, ecológica, moral e técnica da elite dirigente (dos governos às corporações, em todos os escalões) – ato permanente de afronta à equidade e em tudo doloso, para todos os efeitos praticado "sem consciência culposa" (de classe ou de grupo) em relação ao húmus de corrupção que historicamente a nutre, sem o menor constrangimento pela busca concatenada da margem mais ampla de lucro e sem qualquer ruborização pelo pisoteio na cidadania dos que, de forma ruidosamente silenciosa, vão, nesse processo, sendo socialmente estigmatizados, tratados como "inferiores" e, portanto, "descartáveis", uma vez que "não pertencem" à tendência majoritária e predominante. A procura pelos caminhos mais seguros e confortáveis da realização da ideologia da vantagem converteu *pari passu* essa ausência total de mínima eticidade em "condição nacional legítima", sinônima de um "estado sociopolítico objetivo" (e assim naturalizado), assentado em "metas consideradas técnicas" e, no limite, "racionais" e "indiscutíveis".

Tal cinismo como programa formal e sem escrúpulos (político *lato sensu*) e que caçoa do sofrimento alheio como mote necessário e segredado de afirmação inconfessa de poder materializa-se no rastro de apagões no âmbito crucial dos recursos hídricos e energéticos, na trilha de "desastres naturais" lançados sobre comunidades inocentes, na degradação progressiva do meio ambiente e da biodiversidade, na deterioração da qualidade vital do tempo livre e de lazer, e no aprofundamento veloz e calamitoso das condições de desigualdade, que repercute e, ao mesmo tempo, reescalona aquela em panteão mundializado.

Reúnem-se, nesse mosaico, fatores importantes da reversão distópica historicamente imprevista contra a qual se voltaram justamente a Carta Encíclica "*Laudato Si'*", a 21ª Conferência das Partes (COP21) da *United Nations Framework Convention on Climate Change* (UNFCCC) (Acordo de Paris), a Conferência das Nações Unidas sobre Meio Ambiente e Desenvolvimento - Rio-92 (Agenda 21) e, antes de tudo – evoque-se também aqui –, a Convenção de Viena para a Proteção da Camada de Ozônio, ocorrida em 1985, fundamental para a formalização e validação internacional, dois anos depois, do *Protocolo de Montreal sobre Substâncias que Destroem a Camada de Ozônio*.

Décadas depois, a prevalência acentuada dos fatores que motivaram essas iniciativas internacionais – doravante robustecida pela decisão pueril dos Estados Unidos, sob o governo reacionário de Donald Trump, de subtrair-se aos esforços governamentais multilaterais de cumprimento das metas estabelecidas – não configura um xeque-mate, por esgotamento evidente, ao próprio modelo de civilização em curso? Igualmente, esse cenário problemático não perfaz o "estado de exceção" absolutamente reificado que entre nós acabou, por não pouca desgraça, transformando-se em "cultura", na forma de uma "condição fatídica de vida", que o senso comum despolitizado chega a atribuir mais à vontade de Deus do que aos enganos políticos exclusivamente humanos?

Sustentabilidade global e realidade brasileira é uma resposta direta e incondicional – em balanço socialmente orientado – a esse estado de coisas, conjunto de determinações empíricas que explica a própria existência da Carta Encíclica "*Laudato Si'*". Os capítulos dissecam e desvelam a forte dinâmica tendencial de precarização aí pressuposta, de passado essencialmente inamovível e, ao que tudo indica, com futuro de cauda longa. Eis por que os seis capítulos da "*Laudato Si'*", centrados na preocupação com a ecologia, no cuidado com a casa comum (nosso planeta agônico, nossa terra única) e no legado às gerações futuras, permanecerão por muito tempo como leme veraz de um transatlântico à deriva em mares econômico-financeiros babélicos, descomedidos e brutos, aparentemente sem controle convincente por parte dos próprios gestores simpáticos ao (neo)liberalismo.

Desmistificando o que não poderia jamais passar sem exame acurado e rechaço, as autorias coordenadas por Regina Gadelha e Joaquim Racy realizam, nesse mister, o que cabia estritamente à universidade como espaço de tensão reflexiva e qualificada em relações à iniquidade e à injustiça. A obra é – vale enfatizar – um emblema representativo e exponencial da escala de pesquisas que a PUC-SP entrega anualmente ao País e à história do conhecimento, com notável paixão pelo trabalho de esclarecimento público sobre os destinos do mundo contemporâneo (a começar pelo que se gesta em nosso território e/ou o atravessa), rumos que vivemos sem ter deles a consciência completa que a gravidade dos acontecimentos tem exigido.

Sustentabilidade Global e Realidade Brasileira, não obstante, posiciona-se além da provisão de subsídios teóricos e conceituais à ampliação necessária dessa consciência: os textos lavam a nossa alma, entregando ao leitor argumentações que representam enorme e significativo coro de vozes preocupadas, perplexas e/ou indignadas – sobre o Brasil, sobre o planeta, sobre a vida social e sobre o indivíduo [que se deseja] livre, inclusas as suas asfixias civis insuportáveis e seus horizontes de possibilidade. Uma contribuição fundamental.

São Paulo, verão de 2018.

Eugênio Trivinho
Professor do Programa de Estudos Pós-Graduados em Comunicação e Semiótica da PUC-SP
Assessor de Assuntos Internacionais da PUC-SP
Pesquisador do CNPq (Bolsa de Produtividade em Pesquisa)

SUMÁRIO

PARTE I
GLOBALIZAÇÃO, POLÍTICA, SUSTENTABILIDADE E MEIO AMBIENTE

CAPÍTULO 1
A ENCÍCLICA *LAUDATO SI* E A AGENDA 21 – O PAPEL DA ENCÍCLICA NO PENSAMENTO E NA CONFORMAÇÃO DAS RELAÇÕES INTERNACIONAIS 23
Joaquim C. Racy

1.1 A ENCÍCLICA "*LAUDATO SI*" 24

1.2 A AGENDA 21: SIGNIFICADO, ATORES E INTERESSES 28

1.3 A ENCÍCLICA E A AGENDA 21: SIGNIFICADO PARA O PROCESSO NEGOCIADOR 35

CONSIDERAÇÕES FINAIS 40

REFERÊNCIAS 41

CAPÍTULO 2
O SISTEMA FINANCEIRO NO PODER 43
Ladislau Dowbor

2.1 FORMAS DE CAPTURA DE PODER 46

2.2 O DILEMA DOS GOVERNOS: A QUEM SERVIR? 56

CONSIDERAÇÕES FINAIS 59

REFERÊNCIAS 60

CAPÍTULO 3
LAUDATO SI': TUDO ESTÁ CONECTADO 63
Arnoldo José de Hoyos Guevara

3.1 O QUE ESTÁ ACONTECENDO COM A NOSSA CASA? 65

3.2 COMO NOS POSICIONAR PERANTE ESSA CRISE CIVILIZATÓRIA? 67

3.3 QUAIS SINAIS ESTÃO SURGINDO NESSA CAMINHADA? 70

CONSIDERAÇÕES FINAIS 72

REFERÊNCIAS 72

CAPÍTULO 4

OIKONOMIA, FORMA DE VIDA E ECOLOGIA INTEGRAL: O RETORNO AO PARADIGMA TEOLÓGICO DA ECONOMIA NA CARTA ENCÍCLICA *LAUDATO SI'*... 75
Gustavo Racy

4.1 A OIKONOMIA GREGA E A GENEALOGIA TEOLÓGICA DA ECONOMIA 77

4.2 A ENCÍCLICA *LAUDATO SI'*: A "ECOLOGIA INTEGRAL" E SUA RELAÇÃO COM A ECONOMIA 82

4.3 DE SÃO FRANCISCO DE ASSIS AO SANTO PADRE FRANCISCO: ALTÍSSIMA POBREZA E ECOLOGIA 88

CONSIDERAÇÕES FINAIS 92

REFERÊNCIAS 96

PARTE II

DIREITO AMBIENTAL; CRISES HÍDRICAS E ENERGÉTICAS; SUSTENTABILIDADE E CIDADANIA

CAPÍTULO 5

O CASO SAMARCO COMO PARADOXO DO DESASTRE 101
Nair d'Aquino Fonseca Gadelha e Rodrigo Priolli de Oliveira Filho

5.1 A DIMENSÃO DO RISCO COMO UM 'CARRO DE JAGRENA' 103

5.2 PONTOS DE CONVERGÊNCIA DA HISTORIOGRAFIA DOS DESASTRES 108

5.3 A DIMENSÃO TÉCNICO-JURÍDICA DO ACIDENTE DA SAMARCO 112

5.4 A DIMENSÃO ECONÔMICA DO ACIDENTE 119

CONSIDERAÇÕES FINAIS 123

REFERÊNCIAS 126

CAPÍTULO 6

A AGENDA DE INOVAÇÃO PARA O SETOR DE MINERAÇÃO NA SUÉCIA: UMA REFERÊNCIA PARA O BRASIL 129
João Batista Pamplona e Ana Carolina Penha

6.1 O SETOR DE MINERAÇÃO NO BRASIL E NA SUÉCIA 131

6.2 A POLÍTICA DE INOVAÇÃO PARA O SETOR DE MINERAÇÃO: BRASIL E SUÉCIA 133

6.3 ANÁLISE COMPARATIVA DA AGENDA SUECA COM A INICIATIVA BRASILEIRA PARA INOVAÇÃO 137

CONSIDERAÇÕES FINAIS 139

REFERÊNCIAS 140

CAPÍTULO 7

A MINERAÇÃO DE FERRO E AS COMUNIDADES:
UMA RELAÇÃO DE VIZINHANÇA ENTRE DESIGUAIS 143
Daniel de Castro Leite

7.1 A RELAÇÃO DE VIZINHANÇA 144
7.2 OS IMPACTOS DA OPERAÇÃO SAMARCO: AS CAUSAS AMBIENTAIS 147
7.3 OS IMPACTOS DA OPERAÇÃO SAMARCO: AS CONSEQUÊNCIAS SOCIAIS 149
CONSIDERAÇÕES FINAIS 151
REFERÊNCIAS 151

CAPÍTULO 8

ENERGIA E DESENVOLVIMENTO:
UMA ANÁLISE DA POLÍTICA ENERGÉTICA BRASILEIRA NO SÉCULO XXI 153
Mônica Landi

8.1 A CARTA ENCÍCLICA *LAUDATO SI'*, A AGENDA 21 BRASILEIRA E AS QUESTÕES
RELACIONADAS AO SETOR DE ENERGIA 154
8.2 A POLÍTICA ENERGÉTICA BRASILEIRA: UMA AVALIAÇÃO DA EXPANSÃO DA
CAPACIDADE INSTALADA NAS GESTÕES FHC, LULA E DILMA 157
CONSIDERAÇÕES FINAIS 170
REFERÊNCIAS 174

CAPÍTULO 9

PLANIFICAÇÃO ECONÔMICA E DESENVOLVIMENTO SUSTENTÁVEL:
A TRANSPOSIÇÃO DO RIO SÃO FRANCISCO 175
Regina Maria A. Fonseca Gadelha

9.1 O FENÔMENO DA SECA E A SUDENE 177
9.2 A TRANSPOSIÇÃO DO SÃO FRANCISCO: DESASTRE ANUNCIADO? 184
CONSIDERAÇÕES FINAIS 187
REFERÊNCIAS 188

OS AUTORES 191

PARTE I

GLOBALIZAÇÃO, POLÍTICA, SUSTENTABILIDADE E MEIO AMBIENTE

CAPÍTULO 1

A ENCÍCLICA *LAUDATO SI' E* A AGENDA 21 – O PAPEL DA ENCÍCLICA NO PENSAMENTO E NA CONFORMAÇÃO DAS RELAÇÕES INTERNACIONAIS

Joaquim C. Racy

A Encíclica Papal *"Laudato Si'"* pode ser vista como um posicionamento do Papa Francisco reforçando o papel da Igreja Católica nos debates relativos ao estado de coisas na questão do meio ambiente do planeta. Nesse sentido, pode ser tomada como uma leitura crítica, bem como uma interpretação propositiva para a atuação dos diferentes agentes envolvidos com a questão ambiental e responsáveis pela solução dos problemas relativos a ela.

Num caso, tanto quanto no outro, as colocações extraídas do texto papal revelam as inquietações naturais daqueles que enxergam nas negociações sobre a preservação do meio ambiente certa falta de aplicação e uma morosidade que tendem a manter a atual situação ambiental marcada por condições precárias de vida de segmentos expressivos da humanidade.

Não é preciso maior esforço para que se perceba que o grande debate sobre o meio ambiente, estabelecido com a Eco-92 e desenvolvido a partir da subsequente elaboração da Agenda 21, encontra-se em estado relativamente incipiente, tendo alcançado algum avanço mais sério somente em período recente, na rodada de negociação da COP-21 no âmbito daquela Agenda.

Parece claro, inclusive, que as negociações relativas ao tema têm sido lentas, porque se encontram permeadas por interesses em grande medida excludentes, conflitantes e contraditórios de parte dos diversos atores envolvidos com o problema, destacando-se aí a figura dos Estados, particularmente movidos por disputas de poder.

O Brasil como parte desse processo é passível das consequências dessas negociações e deve ter, portanto, sua atuação nos fóruns especializados pautada, em princípio, por seus interesses.

Entender o desenvolvimento das negociações dessa importante questão para o equilíbrio da vida no planeta, seu significado em termos de compreensão das relações internacionais e o papel dos atores com focos em diferentes interesses passa a ser um exercício fundamental na medida em que se revele o papel da Encíclica *"Laudato Si'"* como um virtual guia moral na condição de se verem atendidos os objetivos universais de dignificação da vida humana.

1.1 A ENCÍCLICA "*LAUDATO SI'*"

A Encíclica "*Laudato Si'*" foi publicada em 24 de maio de 2015, antes, portanto, da COP-21, que aconteceu entre 30 de novembro e 11 de dezembro de 2015. Manifestando preocupações já expressas por papas anteriores, a Encíclica do Papa Francisco veio num momento decisivo para o desenvolvimento dos debates sobre o meio ambiente. E se, por um lado, revela a tentativa de retomada da posição de liderança da Igreja Católica sobre questões universais fundamentais, o faz baseada numa perspectiva realmente coadunada com as preocupações de parcela significativa da população mundial.

Nesse sentido, sua construção, embora amparada pela teologia cristã católica, está ordenada de maneira a incluir ideias fundadas nessa teologia, mas identificadas com uma ética laica assentada sobre valores universais implicados com a defesa da dignidade humana e, portanto, com a sobrevivência do homem e do meio ambiente.

Começando pelo título "*Sobre o Cuidado com a Casa Comum*", a Encíclica afirma "recolher a reflexão de cientistas, filósofos, religiosos e organizações sociais"[1] e faz um apelo à humanidade para a construção dessa "casa", agradecendo aos setores da atividade humana que trabalham para garantir sua proteção e destaca que os jovens estão exigindo uma mudança para a construção de um futuro melhor, interrogando-se sobre como fazê-lo sem pensar na crise do meio ambiente e nos sofrimentos dos excluídos, numa relação franca entre essa situação e o problema ambiental. Lança, nesse sentido, um convite urgente ao diálogo baseado na solidariedade universal.

A partir disso, seu desenvolvimento, embora amparado por uma reflexão moldada pela ética a que corresponde, se dá conforme os termos já estabelecidos nos debates sobre a questão ambiental, inclusive na Agenda 21[2]. No Capítulo 1, denominado "O Que Está a Acontecer à Nossa Casa", a Encíclica tem início com uma descrição do problema, trabalhando os seguintes temas: 1. Poluição e mudanças climáticas, destacando um item, "O clima como bem comum"; 2. A questão da água; 3. Perda da biodiversidade; 4. Deterioração da qualidade de vida humana e degradação social; 5. Desigualdade planetária. Daí em diante, começa a explicitar sua visão sobre a natureza do problema com os seguintes itens: 6. A fraqueza das reações, e 7. Diversidade de opiniões.

No segundo capítulo, "O Evangelho da Criação", a Encíclica trata das questões do meio ambiente à luz da teologia católica, reafirmando o compromisso com o bem comum, também manifesto em outras teodiceias.

---

[1] PAPA FRANCESCO. *Carta Encíclica Laudato Si' do Santo Padre Francesco*. Roma: 2015, p. 7.

[2] CÂMARA DOS DEPUTADOS. *Agenda 21*: Conferência das Nações Unidas sobre o Meio Ambiente e Desenvolvimento. Brasília: Coordenação de Publicações, 1995.

O Capítulo 3, "A Raiz Humana da Crise Ecológica", trata da responsabilidade humana, segundo ainda a teologia católica, na conformação da crise ecológica e, nesse aspecto, faz alusão aos problemas mundanos normalmente tratados nas discussões científicas sobre a crise ambiental, dividindo-se nos seguintes temas: 1. A tecnologia: criatividade e poder; 2. A globalização do paradigma tecnocrático, e 3. Crise do antropocentrismo moderno e suas consequências, com três itens em destaque: o relativismo prático; a necessidade de defender o trabalho, e a inovação biológica a partir da pesquisa.

No Capítulo 4, "Uma Ecologia Integral", é exposta a concepção da ecologia proposta pela Encíclica, dividindo-se o capítulo em: 1. Ecologia ambiental, econômica e social; 2. Ecologia cultural; 3. Ecologia da vida quotidiana; 4. O princípio do bem comum, e 5. A justiça intergeracional.

Como resultado, no Capítulo 5, "Algumas Linhas de Orientação e Ação", são definidas algumas ações a serem observadas pelos responsáveis pela liderança dos povos e dos debates sobre o problema do meio ambiente, de tal maneira que a reflexão se divide em: 1. O diálogo sobre o meio ambiente na política internacional; 2. O diálogo para novas políticas nacionais e locais; 3. Diálogo e transparência nos processos decisórios; 4. Política e economia em diálogo para a plenitude humana, e 5. As religiões no diálogo com as ciências.

Finalmente, no Capítulo 6, "Educação e Espiritualidade Ecológicas", são retomadas as questões sobre o comportamento dos homens à luz da teologia e, nesse caso, ações práticas são colocadas para o homem comum a partir da abordagem dos seguintes temas: 1. Apontar para outro estilo de vida; 2. Educar para a aliança entre a humanidade e o meio ambiente; 3. A conversão ecológica; 4. Alegria e paz; 5. Amor civil e político; 6. Os sinais sacramentais e o descanso celebrativo; 7. A Trindade e a relação entre as criaturas; 8. A Rainha de toda a criação, e 9. Para além do Sol.

Essa breve descrição da Encíclica *Laudato Si'* já dá uma dimensão clara de sua proposta e seu alcance. Se ela abriga elementos, tanto das preocupações anteriores manifestas pela própria Igreja, como aqueles resultantes dos desdobramentos da realidade ambiental e das discussões sobre tal, a encíclica posiciona o problema de forma a se transformar num guia prático moral para um comportamento que venha a superar as mazelas materiais que impedem o encaminhamento de sua solução.

Assim, algumas ideias manifestas na Encíclica, nem todas originais, principalmente aquelas que se referem à expressão da natureza material do problema ambiental e suas consequências socioeconômicas, revelam um aspecto da questão que foge ao escopo geral dos debates nos fóruns institucionalizados de discussão, qual seja, o da moral como elemento relevante na conformação das relações internacionais.

Por exemplo, já na descrição dos problemas por que passa o planeta, no Capítulo 1, a Encíclica aponta os efeitos nocivos ao meio ambiente, mas também à saúde dos homens, causados pela poluição, e associa enfaticamente a essa situação uma injusta punição de grupos expressivos da sociedade humana privados economicamente de meios de defesa. Ao mesmo tempo, reforçando tal argumento, trata do clima como um bem comum, argumento central para a reflexão de cientistas políticos, sociais e, acima de tudo, econômicos. Como conclusão disso, a falta de reações à situação, objeto central da preocupação explicitada pela Encíclica tem, então, como motivo "a perda do sentido de responsabilidade"[3] pelos homens, mais especificamente, "por aqueles que detêm mais recursos e poder econômico".[4]

Assim também acontece com a água, sendo que no caso da biodiversidade a referência é feita à degradação e o desperdício dos recursos à disposição dos homens para sua sobrevivência, com a natural distribuição injusta das privações resultantes disso. Deve-se destacar que a Encíclica denuncia, nesse último caso, o comportamento disseminado por conta de um sistema econômico que, ao privilegiar os interesses empresarias, desencadeia um consumismo exacerbado e aviltante sob vários aspectos, particularmente o social, representando uma desigualdade planetária, item fortemente sublinhado na própria Encíclica conforme indicação anterior.

No texto, inclusive, assume-se que uma abordagem ecológica verdadeira deve se tornar uma abordagem social em que se integre a justiça nos debates sobre o meio ambiente. Citando questão antiga para os economistas, a Encíclica fala do anacronismo de se limitar o problema da pobreza à redução da natalidade. O consumismo exagerado gera desperdício e resíduos que inviabilizam argumentos no sentido de apontar a concentração populacional e de recursos como principal "obstáculo ao desenvolvimento e uso sustentável do meio ambiente".[5]

Conforme essas ideias, a Encíclica se assume como parte do esforço necessário à criação de um sistema normativo que proteja os ecossistemas, uma vez que se observa uma fraca reação política internacional relativa ao tema. Chama, portanto, a ecologia utilizada nos debates sobre o meio ambiente de "ecologia superficial, consolidadora de um certo torpor e uma alegre irresponsabilidade".[6] Não por acaso, no Capítulo 5, vai propor linhas de ação concretas e uma revisão dos postulados sobre os quais deve se desenvolver a questão nas relações internacionais.

Destaca a diversidade de opiniões sobre o tema, considerando suas posições extremas, para reconhecer não haver um caminho único e isentar-se

---

[3] PAPA FRANCESCO, 2015, p. 23.

[4] Ibidem, p. 24.

[5] Ibidem, p. 39.

[6] Ibidem, p. 47.

de "propor uma palavra definitiva sobre o assunto", assumindo o papel de "promover o debate honesto entre os cientistas".[7]

Nesse sentido, também, não deixa de apontar os desvios gerados pelo mau uso da tecnociência que, ao invés de produzir criatividade, produz poder. A globalização tem, assim, cumprido um papel importante na difusão dessa atividade, com a ideia de universalização do progresso material ilimitado (o paradigma tecnocrático). Há, de fato, segundo a Encíclica, uma crise do antropocentrismo moderno, que coloca "a razão técnica acima da realidade".[8] E esse tipo de antropocentrismo desordenado é o responsável por um estilo de vida desordenado, que se ampara num "relativismo prático".[9]

Na luta contra esse relativismo, então, coloca a defesa do trabalho e, mais importante do ponto de vista de posicionamento da Igreja, a defesa da inovação biológica, obviamente numa perspectiva totalmente parcimoniosa e responsável, e sempre com o objetivo de "ajudar a desenvolver a humanidade na sua própria linha, a da criação, querida por Deus".[10] É uma conclamação a uma "atenção constante que tenha em consideração todos os aspectos éticos implicados".[11]

A Encíclica, conforme apontamento anterior, propõe uma nova ecologia, chamando-a de Ecologia Integral, isto é, que inclua os aspectos além de ambientais, econômicos e sociais. Como resultado, tem-se que os problemas ambientais devem ser entendidos em suas "diferentes dimensões, que vão desde o grupo social primário, a família, até a vida internacional, passando pela comunidade local e a nação".[12] Entram aí, portanto, problemas tais como o uso de drogas e, ao mesmo tempo, as ações de Estado referentes a isso. A noção de qualidade de vida, tão difundida na atualidade, precisa, nessa perspectiva, ser recolocada. O que é preciso, então, é uma nova cultura ecológica que compreenda as diferenças de quem vive e de quem pensa os problemas do meio ambiente de maneira a se buscar a universalidade humana, baseada no bem comum, isto é, num princípio que apresente "um papel central e unificador na ética social".[13]

Finalmente, a Encíclica, em suas proposições para a condução do problema, reflete sobre o diálogo ambiental na seara internacional sugerindo que as propostas se façam numa "perspectiva global e não apenas para defesa dos interesses de alguns".[14] Embora muito se tenha afirmado sobre a necessidade de

---

[7] Ibidem, p. 48.
[8] Ibidem, p. 90.
[9] Ibidem, p. 94.
[10] Ibidem, p. 103.
[11] Ibidem, p. 105.
[12] Ibidem, p. 111.
[13] Ibidem, p. 121.
[14] Ibidem, p. 127.

cooperação internacional nessa questão, pouco parece ter ocorrido até então nos fóruns institucionais de debates sobre o assunto. A própria estratégia de compra e venda de créditos de emissão de carbono, segundo a Encíclica, poderia levar a uma nova forma de especulação, o que ocorre atualmente, de fato, na prática. Urgem, portanto, "acordos internacionais que se cumpram"[15], o que exige pensar em resultados a longo prazo, que pautem a atuação política, inclusive na esfera nacional, sendo tudo isso amparado pela transparência no diálogo dos processos decisórios e no debate integrado entre a política e a economia.

Isso tudo significa dizer que a Encíclica propõe que as discussões e o encaminhamento de soluções para o problema do meio ambiente não podem se reduzir às questões econômicas, e que a política joga um papel central nesse processo, na medida em que as decisões, ao fim e ao cabo, se dão nesse campo. Mas isso também quer dizer, acima de tudo, que qualquer decisão deve estar pautada por princípios éticos que remetam aos valores universais sobre a dignidade da vida humana, manifestos, inclusive, na maior parte das outras denominações religiosas.

1.2 A AGENDA 21: SIGNIFICADO, ATORES E INTERESSES

A Agenda 21, embora formalmente estabelecida a partir da Eco-92 e o desenvolvimento da Conferência das Nações Unidas para o Meio Ambiente e o Desenvolvimento em 1995, tem sua origem na primeira Conferência das Nações Unidas sobre o Meio Ambiente, realizada na Suécia, em 1972. Naquele momento, foi criado o Programa das Nações Unidas para o Meio Ambiente – PNUMA –, ensejando o Relatório *Bruntland*, em 1987. Tal relatório receberia o nome da Presidente da Comissão Mundial sobre Meio Ambiente e Desenvolvimento, a partir de 1983, pelos incansáveis esforços envidados com o intuito de influenciar nações e lideranças a se engajarem na luta pela defesa do planeta. Dada sua abrangência e profundidade, o relatório passou a ser uma peça chave no desenvolvimento de uma consciência, uma postura e mesmo um referencial teórico voltado às questões de preservação ambiental, tendo então se estendido e institucionalizado seus debates nos fóruns internacionais, principalmente da ONU.

Assim, a Eco-92, no Rio de Janeiro, assumiu destaque na medida em que deu corpo e constituição à Agenda 21. Muito embora a Conferência do Rio corresse o risco, segundo alguns, de receber a pecha de um blefe por alguns[16], car-

---

[15] Ibidem, p. 133.

[16] FELDMAN, Fabio. Reflexões para a pós-Rio. *Revista de Política Externa*. Rio de Janeiro: Paz e Terra, 1992. p. 66.

regava a virtude de enfatizar a necessidade de participação das organizações não governamentais nas discussões acerca das questões de meio ambiente relacionadas ao desenvolvimento sob as diferentes perspectivas de grupos representativos da sociedade civil.

Mas a Agenda 21, contando com a adesão de 179 países, legitimamente se transformou não só no fórum, mas no mecanismo de encaminhamento e gestão das ações e políticas relativas ao meio ambiente na esfera global. Como marco institucional fundamental para a discussão ambiental e o desenvolvimento, a Agenda 21 já revelava alguns aspectos da dificuldade em se alcançar consenso relativo ao encaminhamento de soluções efetivas para o problema.

Composta de quatro seções, a primeira delas (Dimensões sociais e econômicas) se destaca para efeito desta breve reflexão. Nela, a Agenda apresenta um enfoque comprometido com interesses que podem ser considerados, em elevado grau, contraditórios em relação à essência do problema, qual seja, a relação entre preservação do meio ambiente (contenção da degradação ambiental) e o desenvolvimento humano (econômico e social). O texto, ao mesmo tempo em que revela uma preocupação com essa relação citando, por exemplo, a necessidade de mitigação dos problemas relativos à dívida externa dos países em desenvolvimento sugerindo boa vontade dos países ricos, definindo os objetos a serem contemplados por políticas (mulheres, crianças, jovens, refugiados, comunidades indígenas, comunidades pobres e marginalizados), colocando a questão do crescimento populacional como um problema a ser resolvido com a adoção de um controle demográfico "consciente", reforçando a necessidade de desenvolvimento de conhecimento técnico para solução desses problemas e propondo a facilitação de fiscalização das políticas por organismos governamentais e a participação de organismos do sistema multilateral no encaminhamento desses processos, embora destacando dentre estes últimos o FMI; enfatiza, já em sua introdução, a necessidade de manutenção e aprofundamento do sistema de livre comércio e afirma deverem os países em desenvolvimento seguir as recomendações relativas à eficiência do mercado. Fala sobre mudança nos padrões de consumo, gerando mudanças nos padrões de produção. Assim, também, menciona a necessidade de boa gestão pública para o sucesso das políticas de ajuste para o desenvolvimento nos parâmetros estabelecidos. E, finalizando, nessa mesma direção, reforça a necessidade da participação do setor empresarial na definição das políticas ambientais a serem adotadas para a solução dos problemas ambientais e de desenvolvimento.

Na realidade, do processo de desenvolvimento das discussões sobre Meio Ambiente no seio da Agenda 21 participam atores de natureza diversa, podendo ser distribuídos em torno de três categorias: atores estatais; atores não estatais de caráter público, e atores privados.

No primeiro caso, encontram-se os Estados-nação representados por governantes eleitos ou não pela sociedade para cargos por tempo determinado, ou por servidores públicos que compõem burocracias que podem atuar de forma permanente.

No segundo caso, encontram-se organizações não estatais públicas como as do Terceiro Setor, bem como atores internacionais do sistema multilateral, além de organizações infra ou subnacionais governamentais, tais como os organismos do sistema ONU, as prefeituras e os governos regionais.

No último caso, encontram-se atores sem qualquer vínculo direto com a estrutura administrativa do Estado, com finalidades exclusivas, fazendo parte do grupo instituições tais como empresas, sindicatos, partidos políticos, imprensa, igreja e associações da sociedade civil organizada.

Toda essa gama de atores, em diferentes níveis, tem importância e interesses a serem considerados na definição de uma Agenda para o Meio Ambiente, isto é, para a constituição de um regime de proteção ambiental global e desenvolvimento. Mas na maior parte das vezes esses interesses se contrapõem, fazendo do processo de construção de uma norma de conduta universal relativa a essas questões algo tremendamente difícil, tortuoso e, nessa medida, praticamente inatingível.

Assim, ao abrigo da Agenda 21, realizaram-se 19 encontros denominados Conferências das Partes (COPs), sendo que a última, a 21, realizada em 2015 em Paris, foi aquela em que se atingiu algum consenso entre os países acerca de medidas básicas fundamentais para a preservação ambiental, sendo que seu objetivo seria o de fazer avançar as tratativas para a constituição de um regime internacional sobre o tema.

Vale ressaltar que, nesse processo, em 1997, na cidade de Kyoto (COP-3), se daria a aprovação de um Protocolo, levando o nome daquela cidade. Tal protocolo previa a redução das emissões de poluentes por parte dos países desenvolvidos. Contando com 159 países, essa COP permitia que países em desenvolvimento aderissem ao acordo sem compromisso com a redução das taxas de poluição. Essa COP transformou-se num marco fundacional fundamental para o desenvolvimento do combate às mudanças climáticas. Mas os Estados Unidos se opuseram ao acordo afirmando ser este prejudicial à economia americana e que os países em desenvolvimento também deveriam se comprometer com a redução das taxas de emissões de gases poluentes. Notadamente, nessa situação, manifestam-se os primeiros problemas relativos às relações entre Estados Unidos e China, uma vez que esta última se encontrava situada no grupo dos países em desenvolvimento e sendo um dos maiores responsáveis pela poluição ambiental, graças à condição que ia adquirindo como *"fábrica do mundo"*.

A COP-4, realizada em Buenos Aires, fixou-se na discussão das dificuldades de implementação do Protocolo de Kyoto e acabou por desenhar um Plano de Ação que passaria a ser discutido na COP-5, em Bonn. Além disso, começaram a se discutir naquela Conferência as questões relativas a financiamento aos países em desenvolvimento e alguns aspectos relativos ao Comércio de Emissões e o Mecanismo de Desenvolvimento Limpo. Assim, também, discutiu-se a Mudança de Uso da Terra e Florestas.

Acertou-se, então, que a COP-6, a ser retomada em 2001, em Haia, teria por objetivo concluir as questões sem solução até aquele momento. Contando com 182 governos, 323 organizações não governamentais e 442 órgãos de imprensa, a COP-6, contudo, não foi capaz de cumprir seu objetivo, uma vez que o consenso relativo principalmente ao Protocolo de Kyoto se tornou mais difícil. Além de Bush não ratificá-la, os Estados Unidos proporiam como encaminhamento para a solução do problema da emissão de gases a constituição de um mercado de carbono que, em termos práticos, significava a eliminação dos gases poluentes na atmosfera, sem a consequente redução de sua emissão. Assim, a União Europeia não aderiria ao acordo e aduziria sua discordância sobre a Mudança de Uso da Terra e das Florestas.

Essa falta de consenso passava a indicar, ao contrário do que se imaginava e pensava, tratativas nitidamente reveladoras dos conflitos de interesses nacionais excludentes sobre a ordem ambiental global. A definição das regras operacionais dos Protocolos de Kyoto seria um processo tremendamente conturbado e, em função disso, a COP-6 foi suspensa.

A retomada da discussão se faria no ano de 2001, em Bonn, no que ficou conhecido como a COP 6 BIS. Havia, entretanto, a expectativa de que aquela seria a última COP, uma vez que os Estados Unidos haviam renunciado ao Protocolo. No entanto a COP "6,5" superou tais expectativas e se tornou conhecida por ter salvado o Protocolo. O sucesso se deu como resultado de um acordo em que concessões foram levadas a efeito para atender aos interesses dos países em conflito, o acordo de Bonn. Assim se garantiu a permanência de países como o Japão e a Federação Russa, do *Umbrella Group*, fundamental para a entrada em vigor dos Protocolos. Tais concessões referiam-se ao uso de escoadouros de carbono para geração de créditos para as metas a serem cumpridas.

Nessa rodada também se discutiu o estabelecimento de níveis adequados de emissão de gases que poderiam ser adotados pelos países em desenvolvimento e, principalmente, a ajuda financeira obrigatória aos programas de países em desenvolvimento proveniente dos países do Anexo II (países ricos do Anexo I, à exceção dos EUA). Além disso, as Partes se comprometeram a alcançar uma redução significativa da taxa de perda de biodiversidade nos planos global, regional e nacional até 2010. Tratou-se, portanto, de um encontro fundamental, mas que, ainda em função dos muitos conflitos e divergências, não pode ser concluído.

Ao fim de 2001 procedeu-se a COP-7, em Marrakesh (Marrocos), obtendo-se o Acordo de Marrakesh que contemplava aspectos políticos do Acordo de Bonn e ambientais do Protocolo de Kyoto. Esse acordo define regras operacionais derivadas daquele Protocolo e do processo de revisão das comunicações nacionais. Mas, para tanto, foi necessário que os países da União Europeia, do G77 e China cedessem, definitivamente, espaço para o Umbrella Group (Japão, Austrália, Canadá e Federação Russa). Assim, também, ficou claro na reunião que mesmo que as reduções previstas no Protocolo de Kyoto fossem atingidas, não seriam suficientes para diminuir significativamente a interferência do homem no sistema climático. Foi nessa COP então que se elaborou uma declaração enfatizando a relação entre desenvolvimento sustentável e mudanças climáticas, definindo como prioridade para os países em desenvolvimento a erradicação da pobreza e o desenvolvimento.

A COP-8 ocorreu na Índia em 2002, sendo precedida no mesmo ano pelo Rio+10 e sendo por ela influenciada. Nesse sentido, os temas tratados disseram respeito ao uso de fontes renováveis na matriz energética dos países, o mercado de créditos de carbono e a adesão de organizações não governamentais ao Protocolo de Kyoto. Finalmente, em 2003, em Milão, aconteceu a COP-9, onde foram decididos os últimos detalhes sobre o Protocolo de Kyoto, além de projetos de reflorestamento para o mercado de carbono.

A COP-11, realizada em Montreal (Canadá), em 2005, foi a primeira Conferência após a entrada em vigor do Protocolo de Kyoto. Paralelamente a ela, ocorreu a 1ª. Reunião das Partes do Protocolo de Kyoto, e a principal discussão em ambas as conferências correspondeu ao início do debate sobre o que deveria ocorrer com a expiração do primeiro período de compromisso do Protocolo.

Vale destacar que as instituições europeias apontaram então a necessidade de uma redução de 20% a 30% das emissões de gases de efeito estufa até 2030, e de 60% a 80% até 2050, tendo como base os indicadores de 1990. Assim, também, pela primeira vez foram aceitas as questões das emissões oriundas de desmatamento e das mudanças no uso da terra. Ao mesmo tempo, países membros e observadores credenciados foram convidados a trazerem suas visões sobre esses assuntos, enfocando primordialmente seus aspectos científicos, técnicos e metodológicos, sem exclusão da abordagem política. Ao que parece, esse encontro foi o que deu início a um diálogo com o sentido de cooperação efetiva ao identificar ações que viessem a promover o desenvolvimento sustentável, a mitigação e a adaptação dos problemas ambientais.

Como resultado, a plenária da COP adotou um conjunto de regras para a implementação do Protocolo, entre elas decisões acerca das modalidades e procedimentos para o Mecanismo de Desenvolvimento Limpo e a afirmação da necessidade de sua continuidade no próximo período de compromissos do Protocolo. A COP-13, em Bali, 2007, definiu as primeiras diretrizes para o acordo sobre o que fazer após 2012.

Já a COP-14, em 2008, na Polônia, teve grande importância na medida em que nela se obteve um acordo sobre o financiamento de um fundo para ajudar os países mais pobres com os efeitos das mudanças climáticas. Também nessa conferência se aprovou a inclusão do tema da proteção das florestas nos esforços contra as mudanças climáticas.

A COP-15, em Copenhagen, em 2009, era considerada da maior importância, pois tinha como principal objetivo estabelecer as metas de redução de gases de efeito estufa para o período que se iniciaria em 2013. No entanto seus resultados foram frustrados, uma vez que caracterizou o momento de maior discordância de posições entre os participantes. Reunindo um público sem precedentes, contou com a presença de 115 líderes de países e mais de 40.000 pessoas representando governos, organizações não governamentais e imprensa.

O que ocorreu foi uma sucessão de discussões e embates entre países e blocos de países, resultando na produção de um documento, o Acordo de Copenhagen, formulado por Brasil, China, Índia, África do Sul e Estados Unidos, numa negociação entre 26 países. Países que não participaram dessa negociação, tais como Bolívia, Venezuela, Nicarágua e Cuba, entre outros, não aceitaram o acordo, alegando tratar-se de um processo pouco transparente e antidemocrático.

Assim, o acordo transformou-se praticamente num protocolo de intenções, ainda que enfatizando posições convergentes quanto à necessidade de manter o aumento da temperatura global abaixo dos 2° C. Além disso, os países desenvolvidos assumiriam o compromisso de contribuir com US$ 10 bilhões ao ano, entre 2010 e 2012, e com US$ 100 bilhões ao ano a partir de 2020, para a mitigação e adaptação dos países mais vulneráveis frente aos efeitos das mudanças climáticas. Mais, a Conferência também trouxe elementos novos, tais como o reposicionamento da posição climática dos Estados Unidos e a China assumindo, pela primeira vez, metas públicas de redução de emissões de CO_2.

Após isso, a COP-17, realizada em Durban em 2011, assumiu importância na medida em que alcançou um acordo legalmente vinculativo, integrando todos os países participantes, a ser preparado até 2015 para entrada em vigor em 2020.

Finalmente se chega a 2015, com a COP-21 de Paris, em que se estabelece uma proposta quase que consensual relativa às metas de manutenção do aumento de temperatura do globo entre 1,5° e 2°, com redução de emissões. Muito embora os Estados Unidos nessa conferência viessem a assumir responsabilidade pelas mudanças climáticas, afirmando a necessidade imperativa de mudança de postura dos países e aumentando sua meta de redução de emissões sobre as estabelecidas em 2005, a China, mesmo que assumindo a mesma posição americana no que se refere à emissão de gases, e alinhada à da Índia, cobraria maior cooperação dos Estados Unidos e a maior participação dos países na constituição do fundo de US$ 100 bilhões. Naturalmente, os maiores poluidores do planeta são Estados Unidos, China e Índia.

Os maiores problemas concretos relativos à Agenda 21 e às COPs são as dificuldades para se alcançar as metas do Protocolo de Kyoto. Nenhum país quer frear o crescimento de sua economia e os Estados se veem pressionados por seus aparelhos econômicos nesse sentido. Mesmo sendo responsáveis por 25% da emissão de gases que se acumulam na atmosfera, gerando a ameaça de elevação da temperatura do planeta, os Estados Unidos decidiram até o governo Obama não participar do tratado de Kyoto. Agora com o governo Trump, a ameaça de um recuo ainda maior por parte daquele país é uma realidade.

Países em desenvolvimento, como Brasil, China e Índia, também foram poupados por um bom período, mas atualmente, inserindo-se no processo, têm respostas diferentes à questão ambiental. Assim, por exemplo, o Brasil resolveu aceitar o desafio ambiental e tem posição semelhante aos do grupo no que se refere à constituição do Fundo proposto na COP-21, no sentido de exigir maior contribuição dos países ricos. Ao mesmo tempo, foi responsável pela proposição de uma cláusula vinculante que, por si, gera controvérsia inclusive entre os países de seu grupo e, principalmente, entre os países menos desenvolvidos.

Por outro lado, dentro da discussão do mercado de emissão de gases, a chamada *pegada de carbono*, desenvolve-se a ideia de uma contabilidade de consumo que leva em conta as emissões incorporadas aos produtos e serviços de forma a mitigar as emissões a partir de uma reeducação do consumo, o que gera contrariedade aos interesses empresariais e, como consequência, entre os Estados da China e Estados Unidos, na medida em que o primeiro se coloca como fábrica do mundo e os últimos como seu mercado. Nesse sentido, a mudança dos padrões de consumo, indesejada pelos americanos, traria como consequência uma mudança nos padrões de produção, indesejada pelos chineses.

Os problemas, assim, multiplicam-se na medida em que se multiplicam também os interesses, promovendo arranjos que variam em torno de diferentes atores, ora parecendo favorecer a integração entre Estados e grupos de

Estados, ora entre estes e organizações intergovernamentais do sistema multilateral e, mesmo, organizações não estatais de caráter público, mas invariavelmente favorecendo as relações entre Estados e atores privados, particularmente empresariais, fazendo ressaltar sua natureza econômica utilitária e sua razão egoísta, individualista e excludente.

1.3 A ENCÍCLICA E A AGENDA 21: SIGNIFICADO PARA O PROCESSO NEGOCIADOR

As mudanças econômicas por que o mundo passou na década de 1980, dando forma à globalização, alteraram a dimensão política da realidade internacional, indicando uma transformação do papel do Estado nacional como ator fundamental do sistema internacional. A proliferação de organizações internacionais e o reforço do sistema multilateral correspondiam a um reordenamento das relações internacionais, ensejando o desenvolvimento e a instituição de regimes internacionais.

Alguns avanços nesse sentido têm obtido expressão em iniciativas de sucesso dentro do sistema ONU. Assim aconteceu, por exemplo, com o sistema de mundial comércio e a formalização da OMC. Do mesmo modo, organizações internacionais não governamentais vêm alcançando legitimidade e ampliando sua esfera de atuação com enorme aceitação de seu papel como interlocutoras no âmbito das relações internacionais. Essas experiências de sucesso podem ser explicadas, em boa medida, pelo fato de que os objetos e ações desses organismos têm como motivos problemas que excedem aqueles inseridos na esfera estrita dos Estados nacionais, dizendo respeito a uma *consciência universal* dos indivíduos e grupos sociais.

Entretanto a história tem demonstrado que, no campo das relações internacionais, essa *consciência universal* quase sempre confronta uma *consciência nacional*, de vez que esta assume a forma tradicional de racionalização dos desejos de realização de progresso material dos indivíduos. Isso, contudo, não elimina a possibilidade de desenvolvimento de um sistema global pautado por critérios de supranacionalidade. Mas esse sistema tem ou terá, em princípio, uma conformação delimitada por disputas de interesses expressos por atores de natureza variada no sistema internacional.

Então, também a partir dessa nova realidade internacional, a forma como são aglutinados esses diferentes interesses se diferencia em torno de instituições com novos papéis no sistema. Se os interesses dos grandes grupos sociais se manifestavam anteriormente de forma exclusiva por meio dos

Estados nacionais, agora passam a se expressar por meio de comunidades de negócios, de ideias, étnicas, religiosas etc.

Obviamente, ambiguidades importantes passam a fazer parte dessa nova ordem de relacionamentos no sistema internacional, podendo-se arrolar, como exemplo, os processos de regionalização, já de *per si* ambivalentes em relação à globalização, com a consequente exclusão de grupos expressivos de sociedades nesse processo. Assim, não há, nesse sentido, como deixar de considerar que, mesmo com um reposicionamento da concepção de soberania do Estado, os desejos de conquista de condições superiores de vida material pelos indivíduos venham a se agregar em torno de sentimentos nacionais.

Dessa maneira, o que, na realidade, pode conferir efetividade aos arranjos internacionais é o fato de corresponderem à necessidade de cooperação para a superação de problemas compartilhados, podendo assumir *status* de instituições sociais. A ocorrência desses arranjos nesse quadro, por sua vez, deve ter maior probabilidade ao contar com o concurso dos Estados na medida enquanto atores ainda centrais nas relações internacionais. O que se pode observar a respeito na trajetória histórica recente desse processo é que nem sempre é assim que acontece.

Essa situação, sendo merecedora de uma reflexão por parte de especialistas em relações internacionais, viria a ser objeto de preocupação, sobremaneira, de dois pensadores, Robert Keohane e Joseph Nye (1989)[17], que desenvolveriam uma teoria centrada na ideia de interdependência que, não sendo propriamente nova, adquiria um papel destacado na explicação dessa nova realidade internacional.

Recusando a polarização entre posições tradicionais e modernas nas relações internacionais, esses autores observariam que a perda da condição de ator exclusivo das relações internacionais pelo Estado, não implicava a eliminação do conceito de poder como elemento fundamental para a explicação e análise da política mundial.

Observando e destacando as mudanças ocorridas nos campos econômico, das comunicações e das aspirações humanas, Keohane e Nye percebiam que as relações internacionais passavam a ser afetadas por fluxos de transações entre países, empresas e indivíduos que passavam a caracterizar uma interdependência entre as nações, que acabava, muitas vezes, por sujeitar os Estados a procedimentos, regras ou instituições supranacionais.

Mas essa interdependência não teria correspondência no significado comum atribuído à dependência, isto é, à determinação de comportamentos

---

[17] KEOHANE, Robert O.; NYE, Joseph S. *Power and Interdependence*. 2. ed. New York: Harper Collins Publishers, 1989.

dos Estados motivados por forças externas, e nem à ideia de dependência mútua, ou seja, de relações definidas por benefícios proporcionais mútuos. Isso sim, ela remetia a situações caracterizadas por efeitos recíprocos de diferentes magnitudes entre países ou atores de diferentes países. Assim, os autores reconheciam a permanência do papel destacado do Estado no sistema de relações internacionais. Contudo a mudança do ambiente em que essas relações se realizavam levava a mudanças também nas formas de sua realização.

Conforme apontado em análise sobre a teoria da interdependência assimétrica ou complexa:

> Para os globalistas como Keohane e Nye, a economia emergindo como o 'móvel' das relações internacionais, em lugar da distribuição do poder militar, implica e é implicada pelo surgimento de novas estruturas de fundamental importância para o desenho da sociedade internacional. Isto se manifesta no complexo quadro de relações estabelecidas a partir da existência de organizações de diferentes naturezas e com interesses diversificados tais como a ONU, as ONGs e as empresas transnacionais.[18]

Em sentido contrário ao daqueles autores, outro estudioso da política internacional, Joseph Griecco (1993)[19], afirma que a anarquia é uma característica das relações internacionais. Mas o significado emprestado por ele a essa afirmação revela haver alguma identidade entre sua posição e a de Keohane e Nye, na medida em que a ausência de um governo comum interestatal, característica do sistema internacional que se conhece, implica a convivência entre o conflito e a cooperação. O motivo para tanto seria o fato de haver nesse sistema a falta de "governança". E, em sua visão, essa governança só existiria se a ordem a que correspondesse fosse realmente aceita pelos atores mais fortes ou pela maioria dos atores do sistema internacional.

É necessário lembrar, contudo, que o governo pode existir mesmo sem governança. Dessa forma, para James Rosenau[20], autor de destacada obra sobre a *governança internacional*, a governança corresponde à ordem mais a intencionalidade. E isso implica que essa nova realidade internacional comporta a emergência da figura dos regimes internacionais que significam, segundo Oran Young, importante especialista em organizações internacionais, nada menos que "instituições sociais governando as ações daqueles interessados em atividades específicas"[21]. Começando a tomar corpo fortemente na década de 1980,

---

[18] RACY, Joaquim Carlos. *Política Externa Brasileira:* Cooperação e Desenvolvimento na primeira metade da década de 1990. Tese (Doutorado em História) – Programa de Estudos Pós-Graduados em História – PUC-SP. São Paulo: 2007.

[19] GRIECO, Joseph. Anarchy and the Limits of Cooperation: A Realist Critique of the Newest Liberal Institutionalism. In: BALDWIN, David. *Neorealism and Neoliberalism:* The Contemporary Debate. New York: Columbia University Press, 1993.

[20] ROSENAU, James. *Governança sem Governo*. Brasília: UNB/Imprensa Oficial-SP, 2000.

[21] YOUNG, Oran R. International Regimes: Problems of Concept Formation. *World Politics*. New Jersey: v. 32, n. 3, p. 331-56. April 1980.

os regimes se constituiriam na visão de outros autores, também importantes para o tema, como estruturas sociais,

> [...] compostos de conjuntos de princípios explícitos ou implícitos, normas, regras e procedimentos de tomada de decisão em torno dos quais as expectativas dos atores convergem numa dada área das relações internacionais e que podem ajudar a coordenar seus comportamentos.[22]

Mas, segundo outro teórico das relações internacionais, Arthur Stein, os regimes internacionais são

> ordens estabelecidas a partir do jogo de forças ou estratégias tradicionalmente desenvolvidas pelas nações soberanas na busca de seus interesses individuais. Na teoria existem quando não são baseados nos interesses individuais das nações, mas na realidade acontecem de forma que os resultados dos arranjos são bons para uns e não para outros, pois quando todos estão satisfeitos não há porque falar em regimes.[23]

Eles só nascem porque atores desistem de tomar decisões independentes, por não terem como maximizar seus ganhos ou minimizar suas perdas, isto é, quando os resultados desses arranjos são preferíveis aos alcançados independentemente. Assim, nos dilemas de interesse comum, os regimes requerem colaboração. Nos dilemas de aversão comum, os regimes requerem coordenação, provendo mecanismos que permitem as expectativas dos atores convergirem sobre um possível equilíbrio. A diferença entre esses processos, segundo esse autor, se dá pelo fato de que no primeiro caso os regimes se institucionalizam com a criação de organismos e, no segundo, com convenções pura e simplesmente.

A diferença então dessa nova realidade política, denominada por Keohane como a política da interdependência econômica e ecológica, não seria dada pela diferença entre jogos de "soma zero" e jogos de "soma não zero". Para que se entenda adequadamente essa questão, é preciso voltar a Keohane e Nye, e reafirmar que a concepção de interdependência não exclui os jogos de "soma zero", pois esses jogos referem-se à questão de quem ganha ou quem ganha mais e isso significa que o poder continua sendo um elemento central no processo. A economia passa a ser, assim, o campo de manifestação do poder nas relações entre as nações. Nesse sentido, os próprios autores afirmam que o meio ambiente tem assumido argumento semelhante ao da segurança nacional

---

[22] FINLAYSON, Jock; ZACHER, Mark. The GATT and the Regulation of Trade Barriers: Regime Dynamics and Functions. In: KRASNER, Stephen. *International Regimes*. 7. ed. Itaca/London: Cornell University Press, 1993, p. 275.

[23] STEIN, Arthur. Coordination and Collaboration: Regimes in an Anarchic World. In: KRASNER, Stephen. Ed. *International Regimes*. 7. ed. Itaca/London: Cornell University Press, 1993, p. 117.

para o envolvimento e o comprometimento dos Estados. Conforme estudo de Erverton de Almeida Silva:

> A partir disso, Axelrod e Keohane (1985, p. 226) concluem que cooperação é diferente de harmonia, uma vez que a harmonia "requer completa identidade de interesses", sendo apolítica, enquanto a cooperação envolve invariavelmente "uma mistura de interesses conflituosos e complementares", requisitando construções altamente políticas. Devemos, assim, ver a cooperação como uma reação ao conflito que depende da alteração de padrões comportamentais.[24]

No entanto, abrangendo atores governamentais e não governamentais, os regimes internacionais partem da concordância intersubjetiva quanto à necessidade de cooperação em nome de interesses compartilhados, justificando a aceitação de princípios, normas, regras e procedimentos. Sua construção, portanto, se insere numa perspectiva idealista de construção da realidade internacional.

Nessa perspectiva, o que acontece é que a tentativa de instituição de um regime internacional de meio ambiente na Agenda 21 poderia ser concebida como uma ação *"Grotiana"*, buscando normatizar o comportamento dos indivíduos e dos Estados utilizando princípios de direito cuja base se encontra assentada nas ideias de legitimidade e de justiça. Mas a *estrategização* da economia nas relações internacionais revela claramente que os interesses econômicos das nações expressam objetivos excludentes dos Estados ou de grupos específicos de suas sociedades, não correspondendo logicamente aos desejos universais de preservação e desenvolvimento da humanidade.

Dessa maneira, a *ratio* que poderia identificar os postulados idealistas da Encíclica *Laudato Si'* com os elementos que dão substância à Agenda 21 se vê totalmente anulada. Seu papel na conformação das relações internacionais é, nesse sentido, central por se amparar num preceito moral que apela para uma consciência coletiva da humanidade.

A moralidade não é uma questão nova não só na teoria, mas na realidade das relações internacionais, e a Igreja Católica tem participado historicamente das questões relativas à política mundial defendendo preceitos morais semelhantes aos de alguns juristas e filósofos. Muitas vezes, entretanto, suas posições assumiram um caráter excludente, justificando ideias tais como a da guerra justa.

Mas sua atual ação, com a Encíclica *Laudato Si'*, passa a se diferenciar do passado ao se identificar com posições que excedem sua função somente reli-

---

[24] SILVA, Everton de Almeida. *A Hegemonia Alemã na União Europeia*: A Integração Econômica Europeia como um Regime Assimétrico. Dissertação (Mestrado em Economia) – Programa de Estudos Pós-Graduados em Economia Política – PUC-SP. São Paulo, 2016. p. 57.

giosa, aproximando-se, por exemplo, das posições da comunidade científica de um modo geral. Sua clara mensagem no sentido de condenar a lógica que tem presidido as discussões na Agenda 21, particularmente no que tange ao consumismo motivado por ações movidas por ganância empresarial e justificadas por relações de mercado, demonstra nitidamente o desejo de mudança de condução da política por parte dos Estados, tanto por motivos materiais concretos quanto por uma razão ética, tornando-se um robusto apoio ao desenvolvimento de uma razão universal.

Nesse aspecto, inclusive, segundo a linha teórica explicativa das relações internacionais em que se insere a problemática da Agenda 21 aqui assumida, os argumentos morais exarados pela Encíclica podem passar a serem elementos constrangedores para a ação de Estados, na medida em que, ao tomarem decisões quanto a um regime internacional para o meio ambiente, devam pensar não somente nos custos de assumirem determinados compromissos, isto é, nas consequências materiais de seus atos, mas nos custos de não fazê-lo, ou seja, na justiça e correção de suas decisões.

Assumindo, assim, um papel de destaque na constituição de uma "consciência universal" que corresponda à concordância intersubjetiva que venha a promover uma alteração de padrões de comportamento, a Encíclica confere à Igreja Católica, de fato, uma importante função não só como um ator fundamental para a construção do entendimento da realidade internacional, mas também como uma liderança a ser ouvida no sistema internacional, inclusive por outras denominações religiosas, principalmente no que tange ao problema do meio ambiente e do desenvolvimento.

CONSIDERAÇÕES FINAIS

Esta breve reflexão teve por objetivo entender o papel que a Encíclica tem no desenvolvimento da Agenda 21. Se, conforme afirmação anterior, não se pode saber até que ponto esta veio a influenciar o resultado da COP-21, uma vez que sua publicação antecedeu essa Conferência, é certo que seus argumentos têm valor real, pois, também conforme se disse, aquela Conferência acabou por se firmar como a mais importante realizada até então, na medida em que pela primeira vez proporcionou algum consenso entre seus participantes.

Contudo não se pode pensar que o futuro para o problema esteja definido, até porque uma série de controvérsias continua em vigor e, conforme indicado, as relações internacionais têm caráter dinâmico e uma profunda capacidade de transformação em curtos períodos de tempo, uma vez que são movidas por questões de poder. A novidade do governo Trump dá conta disso.

A despeito de tal fato, a natureza da Encíclica e seu resgate da moralidade nas relações internacionais, também como uma coisa nova, pode ter um efeito de mudança da realidade, de maneira a favorecer o interesse geral de uma sociedade mundial. É importante, nesse sentido, para além de considerar suas observações religiosas, enfatizar seu aspecto material que em nada dista daquele contido na visão da instância com o poder de exarar verdades no mundo contemporâneo, a ciência.

Nesse sentido, apontar a Encíclica como um marco importante na constituição do pensamento sobre as relações internacionais e fazer dela um guia para a reflexão sobre os problemas mundiais não parece absurdo. Mas, além disso, pensando eticamente, transformá-la num guia para a conduta humana relacionada ao meio ambiente e o desenvolvimento talvez seja uma necessidade inegável na realidade internacional atual.

REFERÊNCIAS

BRASIL. Câmara dos Deputados. *Agenda 21*. Brasília, DF: Coordenação de Publicações, 1995.

FELDMAN, Fabio. Reflexões para o pós-Rio. *Revista de Política Externa*. Rio de Janeiro: Paz e Terra, v. 1, n. 1, p. 65-74. Junho 1992.

FINLAYSON, Jock; ZACHER, Mark. The GATT and the Regulation of Trade Barriers: Regime Dynamics and Functions. In: KRASNER, Stephen. Ed. *International Regimes*. 7. ed. Itaca/London: Cornell University Press, 1993.

GRIECO, Joseph. Anarchy and the Limits of Cooperation: A Realist Critique of the Newest Liberal Institutionalism. In: BALDWIN, David. Ed. *Neorealism and Neoliberalism*: The Contemporary Debate. New York: Columbia University Press, 1993.

KEOHANE, Robert; NYE, Joseph S. *Power and Interdependence*. 2. ed. New York: Harper Collins Publishers, 1989.

KRASNER, Stephen. Ed. *International Regimes*. 7. ed. London: Cornell University Press, 1993.

PAPA FRANCESCO. *Carta Encíclica Laudato Si' do Santo Padre Francesco sobre o Cuidado da Casa Comum*. Roma: Libreria Editrice Vaticana, 2015.

RACY, Joaquim Carlos. *Política Externa Brasileira*: Cooperação e Desenvolvimento na primeira metade da década de 1990. Tese (Doutorado em História) – Programa de Estudos Pós-Graduados em História – PUC-SP. São Paulo, 2007.

SILVA, Everton de Almeida. *A Hegemonia Alemã na União Europeia*: A Integração Econômica Europeia como um Regime Assimétrico. Dissertação (Mestrado em Economia) – Programa de Estudos Pós-Graduados em Economia Política – PUC/SP. São Paulo, 2016.

STEIN, Arthur. Coordination and Collaboration: Regimes in an Anarchic World. In: KRASNER, Stephen. Ed. *International Regimes*. 7. ed. Itaca/London: Cornell University Press, 1993, p. 117.

YOUNG, Oran R. International Regimes: Problems of Concept Formation. *World Politics*. New Jersey: v. 32, n. 3, p. 331-56. April 1980.

CAPÍTULO 2

O SISTEMA FINANCEIRO NO PODER

Ladislau Dowbor

O equilíbrio de poderes constitui uma dimensão essencial da democracia. Não há exemplo de autorregulação que funcione efetivamente, seja na área política, na área da mídia, da publicidade, do sistema financeiro, do próprio sistema judiciário. Todos os extremismos que já vivemos mostram que, quando um poder passa a depender apenas de si mesmo, deixando de precisar prestar contas, o funcionamento da sociedade se desarticula. Hoje, com o gigantismo das corporações em geral, e em particular das corporações financeiras, o desequilíbrio atinge níveis que já podemos considerar como críticos.

Trata-se de processos eminentemente concretos. Como é possível os bancos privados no Brasil cobrarem até acima de 500% de juros sobre o rotativo do cartão de crédito? Bem, só temos cinco bancos significativos no Brasil, e banqueiros dirigindo o Ministério da Fazenda e o Banco Central. Que tipo de poder está por trás de uma deformação tão profunda? A cartelização da intermediação financeira permitiu a liquidação dos mecanismos de concorrência, passam todos a cobrar preços de oligopólio. A imagem popular de um capitalismo em que as empresas concorrem entre si para melhor servir o cliente passa francamente a fazer figura folclórica, em todo caso para as grandes corporações. O sistema passa a funcionar dentro de uma estrutura de poder organizado em que o poder fragmentado e disperso do consumidor pouco conta. O sistema gira solto.

Quando o capitalismo se caracterizava por inúmeras grandes, médias e pequenas empresas, ele necessitava de um Estado regulador para manter equilíbrios e fazer respeitar as regras do jogo. Numa era em que nos principais setores da economia meia dúzia de grupos controla a quase totalidade da cadeia, gera-se naturalmente um processo de articulação dos grandes para impor internamente as regras do jogo que lhes convêm. Isso do ponto de vista interno de cada cadeia de produção, que passa a formar o que na ONU tem chamado de galáxias de poder corporativo.

Mas a formação de numerosas galáxias corporativas gera outro processo de articulação, que consiste na articulação entre os principais setores, gerando clusters de poder no plano interno e externo. O conceito de cluster de poder ajuda. Por exemplo, o cigarro contribui com mais de cinco milhões de mortes anualmente, mas durante décadas o fumo foi apresentado como símbolo de elegância, esconderam-se as evidentes relações com o câncer. Estamos falando de milhões de mortes. Com a manutenção do absurdo contribuíram desde os interesses de milhões de pequenos produtores de tabaco, até a mídia que ganhava com a publicidade, a academia que vendeu literalmente opiniões pseudocientíficas, e toda a cadeia de comercialização, sem esquecer a indústria cinematográfica que contribui para a glamourização. Aqui, a convergência de interesses torna-se de certa maneira o cimento que reforça o cluster.

Ou seja, um conjunto de corporações passa a se dotar de sistemas de organização interna, gerando poder por clusters de corporações, e gradualmente evolui para cooptações com outros sistemas de poder como a mídia, o judiciário, os políticos, e com o próprio legislativo. E quando o poder corporativo organizado tem suficiente força para dobrar as leis a seu favor – por exemplo, quando se trata de quebrar leis de proteção ambiental –, a deformação se torna sistêmica. Hoje, com a extrema concentração do poder corporativo, e a sua apropriação de outras esferas de poder, já é hora de pensar se esse capitalismo ainda precisa de democracia.

O sistema do agronegócio oferece um bom exemplo. Monsanto e Bayer controlam desde a semente até os fertilizantes e os agrotóxicos, tornando os agricultores ou empresas agrícolas pouco mais do que terceirizados do processo. Os anabolizantes, diversos tipos de veneno e antibióticos que ingerimos com a carne e outros alimentos que compramos geram indignações dispersas e pesquisas científicas, com pouco efeito frente ao poder estruturado dos gigantes do insumo. No caso do Brasil, o agronegócio conta com uma bancada de mais da metade dos deputados no Congresso, e com o apoio da mídia que vive da publicidade. Uma JBS é exceção?

Na realidade, é a partir da enorme crise de 2008, que resultou em perdas de trilhões de dólares e uma convulsão financeira mundial, que se generalizaram pesquisas sobre como funciona o processo de reprodução do capital no quadro de captura do poder pelas corporações financeiras. O novo desenho de poder envolve o gigantismo dos grupos econômicos que resulta de décadas de concentração entre empresas. Envolve também a apropriação do poder político, judiciário e midiático pelas corporações. E envolve, enfim, a força do sistema financeiro que passou a exercer um poder dominante tanto sobre as corporações, por meio de grandes bancos e de investidores institucionais, como sobre os governos, por meio da dívida pública. Octávio Ianni resumiu bem: "A política mudou de lugar."

Não é nova a ruptura dessas fronteiras, pois temos ampla tradição de penetração dos interesses de grupos econômicos privados na esfera pública e o controle financeiro sobre corporações. O que é novo é a escala, a profundidade e o grau de organização do processo. Belluzzo e Galípoli resumem numa boa frase a transformação: "Hoje é a lógica da finança globalizada que delimita o território ocupado pelas opções da política democrática".[25]

O que já foram deformações fragmentadas, penetrações pontuais a partir de lobbies, de corrupção e de "portas-giratórias" entre o setor privado e o setor público se avolumaram e, por osmose, estão se transformando em poder político articulado. O interesse público aflora apenas por momentos e segundo esforços prodigiosos de manifestações populares, de frágeis artigos na mídia alternativa, de um ou outro político independente, de protestos de organizações da sociedade civil.

O poder corporativo tornou-se sistêmico, capturando uma a uma as diversas dimensões de expressão e exercício de poder, e gerando uma nova dinâmica, ou uma nova arquitetura do poder realmente existente.

Alguns dados básicos só para lembrar a dimensão das transformações. O Instituto Federal Suíço de Pesquisa Tecnológica identificou 737 grupos que controlam 80% do mundo corporativo, sendo que um núcleo de 147 deles controla 40%, e três quartos são instituições financeiras. O próprio relatório indica a fragilidade de se pensar em mecanismos de mercado dentro de uma estrutura organizada desse porte. Também temos os estudos sobre os 28 bancos sistemicamente significativos no planeta, que manejam cerca de 50 trilhões de dólares (2012) quando o PIB mundial era de cerca de 73 trilhões. Os 16 maiores *traders* controlam o essencial das commodities, ou seja, o sangue da economia mundial, alimentando um mercado de derivativos que alcança cerca de sete vezes o PIB mundial pelo volume de transações especulativas.

Imaginávamos o sistema financeiro a serviço das iniciativas produtivas e das políticas públicas. O seu papel seria literalmente o de financiar, ou seja, tornar mais viáveis as iniciativas produtivas, seja das empresas da economia real, seja dos investimentos em infraestruturas e em políticas sociais dos governos. Como bem dizem os americanos, hoje é o rabo que abana o cachorro. Todos nós, com o endividamento familiar, os dividendos extraídos das empresas, e os juros sobre a dívida pública, estamos alimentando um sistema que hoje extrai mais do que contribui.[26]

---

[25] BELLUZZO, Luiz Gonzaga; GALÍPOLI, Gabriel. *Manda quem pode, obedece quem tem prejuízo*. São Paulo: Contracorrrente, 2017, p. 183.

[26] Para as diversas dimensões dessa transformação do capitalismo, DOWBOR, Ladislau. *A era do capital improdutivo*. São Paulo: Outras Palavras, 2017. Aqui, apresentamos apenas a parte que concerne ao processo de captura do poder político.

2.1 FORMAS DE CAPTURA DE PODER

1 - Expansão dos *lobbies* tradicionais – Uma forma de captura do poder é a própria expansão dos tradicionais lobbies. Google, por exemplo, tem hoje oito empresas de lobby contratadas apenas na Europa, além de financiamento direto de parlamentares e de membros da Comissão da UE. É provável que tenha de pagar 6 bilhões de euros por ilegalidades cometidas na Europa. Os gastos da Google nessa área já se aproximam dos da Microsoft. Google mobilizou congressistas americanos para pressionarem a Comissão conforme relata reportagem de *The Guardian*:

> O esforço coordenado por senadores e membros do Congresso, bem como de um comitê de congressistas, fez parte de um esforço sofisticado, com muitos milhões de libras em Bruxelas, com que a Google montou a ofensiva para travar as resistências à sua dominação na Europa.[27]

O dinheiro e a pressão das corporações hoje penetram por toda parte.

2 - Financiamento direto de campanhas políticas e do bolso dos eleitos – Enquanto os lobbies ainda podem ser apresentados como formas externas de pressão, muito mais importante é o financiamento direto de campanhas políticas por intermédio de partidos ou investindo diretamente nos candidatos. No Brasil, a lei promulgada em 1997 autorizou as empresas a financiar candidatos, com impactos desastrosos em particular no comportamento de parlamentares, que passaram a formar bancadas corporativas.[28] Em 2010, os Estados Unidos seguiram o mesmo caminho, levando a que hoje os americanos comentem que "temos o melhor Congresso que o dinheiro pode comprar."

No Brasil, finalmente, o STF decretou a ilegalidade da prática em 2015. Mas ainda temos uma bancada ruralista, além da bancada da grande mídia, das empreiteiras, dos bancos, das montadoras e se contam nos dedos os representantes do cidadão. A perda da representatividade do Congresso tende a ser vista com certa resignação ou até com cinismo, mas, se pensarmos um pouco, trata-se de uma dramática deformação de todo o sistema político. A Constituição de 1988, em movimento pendular depois das décadas de ditadura, rea-

---

[27] THE GUARDIAN. *Revealed*: How Google enlisted members of the US Congress. Disponível em: <http://www.theguardian.com/world/2015/dec/17/google-lobbyists-congress-antitrust-brussels-eu>.

[28] O financiamento de campanhas políticas está baseado na Lei 9504, de 1997: "As doações podem ser provenientes de recursos próprios (do candidato); de pessoas físicas, com limite de 10% do valor que declarou de patrimônio no ano anterior no Imposto de Renda; e de pessoas jurídicas, com limite de 2%, correspondente [à declaração] ao ano anterior", explicou o juiz Marco Antônio Martin Vargas, assessor da Presidência do Tribunal Regional Eleitoral (TRE) de São Paulo, em entrevista à jornalista Elaine Patrícia da Cruz ("Entenda o financiamento de campanha no Brasil". *Revista Exame*, 08/06/2010). O Congresso que decretou o *impeachment* presidencial em 2016 foi eleito sobre a base de um sistema hoje declarado inconstitucional.

firmou direitos políticos e princípios democráticos, mas nem sequer a Constituição sobreviveu aos ataques dos grupos corporativos no Congresso.

As sucessivas propostas de emendas constitucionais geraram o monstro deformado atual, com congelamento dos gastos públicos, liberalização do sistema financeiro, deformação da previdência e assim por diante. O truncamento do Código Florestal e consequente retomada da destruição da Amazônia, o bloqueio da taxação de transações financeiras e tantas outras medidas, ou a ausência delas, como é o caso da imposição sobre fortunas ou capital improdutivo, resultam dessa nova relação de forças que um Congresso literalmente comprado permite. O ataque generalizado às políticas sociais, entre outros, provocou em pouco tempo um retrocesso generalizado no País.

3 - Captura da área jurídica e a geração de um sistema jurídico paralelo – A área jurídica adquiriu imensa importância para os interesses corporativos. Foi notória a tentativa dos grandes bancos brasileiros, por meio de financiamentos de diversos tipos, de colocar as atividades financeiras fora do alcance do Procon e de outras instâncias de defesa do consumidor. Nos Estados Unidos, um juiz de uma comarca americana decide colocar a Argentina na ilegalidade no quadro dos chamados "fundos abutres", pondo-se claramente a serviço da legalização da especulação financeira internacional, e acima da legislação de outro país.[29]

Uma forma particularmente perniciosa de captura do judiciário se deu por intermédio dos "*settlements*", acordos pelos quais as corporações pagam uma multa, mas não precisam reconhecer a culpa, evitando que os administradores sejam criminalmente responsabilizados. Assim, os administradores corporativos e financiadores ficam tranquilos em termos de eventuais condenações. Joseph Stiglitz comenta:

> Temos notado repetidas vezes que nenhum dos responsáveis encarregados dos grandes bancos que levaram o mundo à borda da ruina foi considerado responsável (accountable) dos seus malfeitos. Como pode ser que ninguém seja responsável? Especialmente quando houve malfeitos da magnitude dos que ocorreram nos anos recentes?[30]

---

[29] Uma explicação sintética dessa operação, permitindo ao juiz Thomas Griesa, nos EUA, levar o caos na negociação da dívida argentina, pode ser encontrada em Michael Hudson (*Killing the Host. How Financial Parasites and Debt Bondage Destroy the Global Economy*. Ebook: Jeffrey St. Clair Editor, 2015, p. 347 e ss). A renegociação da dívida não é um calote, faz parte do "*write-down*" que constitui uma prática legal de revisão de uma dívida impagável. O *write-down*, aliás, deveria ser legalizado para um conjunto de dívidas privadas no Brasil, baseadas em agiotagem.

[30] STIGLITZ, Joseph. *On Defending Human Rights*. Geneva, 3 December 2013. Disponível em: <http://www.ohchr.org/Documents/Issues/Business/ForumSession2/Statements/JosephStiglitz.doc>.

Elizabeth Warren, senadora americana, traz no seu estudo sobre *Rigged Justice*[31] uma excelente descrição dos mecanismos, com nomes das empresas e exemplos de crimes financeiros nas áreas de empréstimos estudantis, de seguro dos automóveis, de segurança no trabalho, do meio ambiente, do comércio, de manufatura de medicamentos e outros. A desresponsabilização é hoje generalizada e abre uma porta paralela de financiamento de governos graças às ilegalidades. George Monbiot chama isso de "um sistema privatizado de justiça para as corporações globais" e considera que "a democracia é impossível nestas circunstâncias".[32]

4 - Controle da Informação – Outro eixo poderoso de captura do espaço político se dá por meio do controle organizado da informação, construindo uma fábrica de consensos em que Noam Chomsky nos trouxe análises preciosas.[33] O alcance planetário dos meios de comunicação de massa e a expansão de gigantes corporativos de produção de consensos permitiram, por exemplo, que se atrasasse em décadas a compreensão popular do vínculo entre o fumo e o câncer, que se travasse nos Estados Unidos a expansão do sistema público de saúde, que se vendesse ao mundo a guerra pelo controle do petróleo como uma luta para libertar a população iraquiana da ditadura e para proteger o mundo de armas de destruição em massa e assim por diante. A escala das mistificações é impressionante.

Ofensiva semelhante em escala mundial, e em particular nos EUA, foi organizada para vender ao mundo não a ausência da mudança climática – os dados são demasiado fortes –, mas a suposição de que "há controvérsias", adiando ou travando a inevitável mudança da matriz energética.

James Hoggan realizou uma pesquisa interessante sobre como funciona essa indústria. A articulação é poderosa, envolvendo os *think tanks,* instituições conservadoras como o *George C. Marshall Institute,* o *American Enterprise Institute* (AEI), o *Information Council for Environment* (ICE), o *Fraser Institute,* o *Competitive Enterprise Institute* (CEI), o *Heartland Institute,* e evidentemente o *American Petroleum Institute* (API) e o *American Coalition for Clean Coal Electricity* (ACCCE), além do *Hawthorne Group* e tantos outros. A *ExxonMobil* e a *Koch Industries* são poderosos financiadores, esta última, aliás, grande articuladora do *Tea Party* e da candidatura Trump. Sempre petróleo, carvão, produtores de carros e de armas, muita finança, muitos republicanos e a direita religiosa.[34]

---

[31] WARREN, Elizabeth. *Rigged Justice.* Jan. 2016. 16p. Disponível em: <http://www.warren.senate.gov/files/documents/Rigged_Justice_2016.pdf>.

[32] MONBIOT, George. *How Did we Get into this Mess.* London/New York: Verso, 2016, p. 252. Disponível em: <http://www.monbiot.com/2013/11/04/a-global-ban-on-left-wing-politics/>.

[33] Ver em particular o documentário *Chomsky & Cia,* 2016, legendado em português. Disponível em: <https://www.youtube.com/watch?v=IHSe9FRGpJU>.

[34] HOGGAN, James; LITTLEMORE, Richard. *The Climate Cover-Up*: The Cruzade to Deny Global Warming, Vancouver, Can.: Greystone Books, 2009. Disponível em: <http://dowbor.org/2009/12/climate-cover-up-the-cruzade-to-deny-global-warming-2.html/>; sobre os financiadores, <http://dowbor.org/2010/04/petroleira-dos-eua-deu-us-50-mi-a-ceticos-do-clima-6.

Campanhas desse gênero são veiculadas por gigantes da mídia. No âmbito mundial, Rupert Murdoch assumiu tranquilamente ter sido o responsável pela ascensão e suporte a Margareth Thatcher nos anos 1980. Ele financiou um sistema de escutas telefônicas em grande escala na Grã-Bretanha e ainda sustenta um clima de ódio de direita por meio da Fox, sem receber mais que uma tapinha nas mãos quando se revelam as ilegalidades que pratica.

No Brasil, 97% dos domicílios têm televisão, que ocupa três a quatro horas do nosso dia e está presente nas salas de espera, nos meios de transporte, um incessante bombardeio que parte de alguns poucos grupos. Com controle da nossa visão de mundo essencialmente por quatro grupos privados – Marinho, Civita, Frias, Mesquita e outros –, o próprio conceito de imprensa livre se torna surrealista. Os impactos na Argentina, no Chile, na Venezuela e outros países são impressionantes em termos de promoção das visões mais retrógradas e de geração de clima de ódio social.

A vinculação da dimensão midiática do poder com o sistema corporativo mundial é em grande parte indireta, mas muito importante. As campanhas de publicidade veiculadas empurram incessantemente comportamentos e atitudes, centradas no consumismo obsessivo dos produtos das grandes corporações. Isso amarra a mídia de duas formas: primeiro, porque se podem dar más notícias sobre o governo, mas nunca sobre as empresas, mesmo quando entopem os alimentos de agrotóxicos, deturpam a função dos medicamentos ou nos vendem produtos associados com a destruição da floresta amazônica.

Segundo, como a publicidade é remunerada em função de pontos de audiência, a apresentação de um mundo cor de rosa de um lado, e de crimes e perseguições policiais de outro, tudo para atrair a atenção pontual e fragmentada, torna-se essencial, criando uma população desinformada ou assustada, mas, sobretudo, obcecada com o consumo, o que remunera com nosso dinheiro as corporações que financiam estes programas. O círculo se fecha, e o resultado é uma sociedade desinformada e consumista. A publicidade, o tipo de programas e de informação, o consumismo e o interesse das corporações passam a formar um universo articulado e coerente, ainda que desastroso em termos de funcionamento democrático da sociedade.[35]

---

html/>; MAYER, Jane. *The Dark Money of the Koch Brothers*. New York: Alan Ehrenhalt Ed., 2016. Disponível em: <http://www.truth-out.org/news/item/35450-the-dark-money-of-the-koch-brothers-is-the-tip-of-a-fully-integrated-network>. Para o funcionamento dos *Think Tanks* na manipulação política na América Latina, ver o artigo de FANG, Lee. *The Intercept*. 21/08/2017. Disponível em: <http://dowbor.org/2017/08/lee-fang-esfera-de-influencia-como-os-libertarios-americanos-estao-reinventando-a-politica-latino-americana-the-intercept-brasil-agosto-2017.html/>.

[35] MONBIOT. Idem, p. 217.

5 - Controle do ensino e das publicações acadêmicas – Além dos *think tanks* e do controle da mídia, o controle das próprias visões acadêmicas avançou radicalmente nas últimas décadas, por meio dos financiamentos corporativos diretos, e em particular pelo controle das publicações científicas. Em muitos países, e particularmente no Brasil, as universidades privadas passaram a ser propriedade de grupos transnacionais que trazem a visão corporativa no seu bojo. A dinâmica é particularmente sensível nos estudos de economia.

Helena Ribeiro traz um exemplo dessa deformação profunda do ensino na universidade Notre Dame, de Nova Iorque, onde, dado que corria o ano de 2009 e o mundo financeiro estava a colapsar aos olhos de todos, os alunos pensaram que este seria um excelente tema para ser debatido na aula de macroeconomia. A resposta do professor:

> Os estudantes foram laconicamente informados que o tema não constava do conteúdo programático da disciplina, nem era mencionado na bibliografia afixada e que, por isso, o professor não pretendia divergir da lição que estava planeada. E foi o que fez.

O artigo de Helena Ribeiro, "Os protestos nas universidades por um novo ensino da Economia", mostra as dimensões dessa deformação, mas também os protestos dos alunos e a multiplicação de centros alternativos de pesquisa econômica, como o *New Economics Foundation*, a *Young Economists Network*, o *Institute of New Economics Thinking*, e numerosas outras instituições.[36]

Menos percebida, mas igualmente importante, é a oligopolização do controle das publicações científicas no mundo. Segundo o estudo canadense, *The Oligopoly of Academic Publishers in the Digital Era,*

> [...] nas disciplinas das ciências sociais, que incluem especialidades tais como sociologia, economia, antropologia, ciências políticas e estudos urbanos, o processo é impressionante: enquanto os 5 maiores editores eram responsáveis por 15% dos artigos em 1995, este valor atingiu 66% em 2013.[37]

Temos aqui o domínio impressionante de grupos mundiais como Reed-Elsevier, Springer, Wiley-Blackwell, e poucos mais.[38]

O embate aqui é grande: inúmeros pesquisadores estão fugindo do cartel de publicações científicas com fins lucrativos, e publicando gratuitamente online,

---

[36] RIBEIRO, Helena. Os protestos nas universidades por um novo ensino da Economia. *Jornal dos Negócios*. Lisboa, dezembro de 2013. Disponível em: <http://dowbor.org/2013/12/helena-oliveira-o-protesto-nas-universidades-por-um-no-ensino-da-economia-dezembro-2013-3p.html/>.

[37] LARIVIÈRE, Vincent; HAUSTEIN, Stefanie; MONGEON, Philippe. The Oligopoly of Academic Publishers in the Digital Era. *Plos One*. Montreal, Can.: 10. ed. Jun. 2015. Disponível em: <http://journals.plos.org/plosone/article?id=10.1371/journal.pone.0127502>; <http://dowbor.org/2016/02/the-oligopoly-of-academic-publishers-in-the-digital-era-vincent-lariviere-stefanie-haustein-philippe-mongeon-published-june-10-2015-15p.html/>.

[38] Idem.

no arXiv, PlosOne e outros. O MIT, hoje um dos principais centros de pesquisa do mundo, disponibiliza as suas publicações e pesquisas gratuitamente por meio do *Open Course Ware* (OCW). Os sistemas de Recursos Educacionais Abertos e outros estão se multiplicando, inclusive na China (*China Open Resources for Education – Core*). Nos EUA, já são mais de 15 mil cientistas que se recusam a publicar com a Elsevier e outros grupos do oligopólio. No Brasil, o próprio sistema de pontuação dos professores e das instituições acadêmicas privilegia quem publica no oligopólio.

O *The Economist,* tão solidamente defensor dos interesses privados, insurge-se. Em 2011, Elsevier, o maior editor de revistas acadêmicas teve um lucro de US$ 1,2 bilhões sobre vendas de US$ 3,3 bilhões. Tais margens de lucro (37%, contra 36% em 2010) são possíveis porque o conteúdo das revistas é amplamente fornecido de graça pelos pesquisadores, e os acadêmicos que fazem o *peer-review* dos artigos são normalmente voluntários não pagos... O objetivo das publicações acadêmicas é de tornar o que há de melhor em pesquisa amplamente disponível. Muitas terminaram fazendo o oposto. Já é tempo que isso mude.[39]

Essencial para nós neste ponto é que o próprio controle corporativo das publicações acadêmicas favorece a massa de pseudopesquisas de interesse das próprias corporações, como se viu em inúmeros casos de publicações minimizando os impactos a relação entre fumo e câncer, o impacto dos neo-nicotinóides, as mudanças climáticas, as causas da obesidade e semelhantes. Os estudos de David Miller mostram como a própria pesquisa científica é em grande parte financiada e apropriada:

> No mundo corporativo, administrar a ciência é simplesmente uma parte de estratégias mais amplas para influenciar as políticas governamentais de maneira a proteger os lucros. Fabricar a controvérsia científica, em outras palavras, faz parte do lobbying.[40]

6 - Erosão da privacidade: o controle direto das pessoas – A esse conjunto de mecanismos de captura do poder temos de acrescentar a erosão radical da privacidade nas últimas décadas. Hoje, o sangue da nossa vida trafega em meios magnéticos, deixando rastros de tudo que compramos ou lemos da rede dos nossos amigos, dos medicamentos que tomamos, do nosso nível de endividamento. As empresas têm acesso à gravidez de uma funcionária, a partir da compra de informações dos laboratórios. O CPF que nos pedem as farmácias

---

[39] Sobre essa guerra de controle das publicações científicas, ver DOWBOR, L. Publicar é preciso: os dilemas do Professor. São Paulo, nov. 2011. Disponível em: <http://dowbor.org/2011/08/o-professor-frente-a-propriedade-intelectual-7.html/>, em que discute a propriedade intelectual. O *Economist,* em uma reviravolta impressionante, passou a atacar com força o sistema que trava a expansão da ciência em nome de proteger a sua qualidade, ver: <http://dowbor.org/2012/04/o-questionavel-mercado-das-revistas-academicas.html/>.

[40] MILLER, David. Sweet'n'sour. *New Scientist.* Montreal, Can.: v. 232, n. 3099, p. 20-1. November 2016, p. 20. Disponível em: <http://www.sciencedirect.com/science/article/pii/S0262407916320747>.

em qualquer compra de medicamento faz parte desse universo. A nossa vida deixa em permanência rastros visíveis, identificáveis e individualizáveis.

A defesa dos grandes grupos de informação sobre as pessoas é de que se trata de informações "anonimizadas", mas a realidade é que os cruzamentos dos rastros eletrônicos permitem individualizar perfeitamente as pessoas, influindo em potencial perseguição política, dificuldades no emprego ou maiores custos financeiros na seguradora ou no banco. O acesso às informações confidenciais das empresas também fragiliza radicalmente grupos econômicos menores frente aos gigantes que podem ter acesso às comunicações internas. Não se trata apenas de alto nível de espionagem, como se viu na gravação de conversas entre Dilma e Merkel. Trata-se de todos nós, e com o apoio de um sistema mundial de captura e tratamento de informações do porte da NSA. O *Big Brother is Watching You* deixou de ser apenas literatura.[41] Aliás, com a nossa generosa contribuição: as mídias sociais em que escrevemos constituem uma descrição permanente das nossas atividades, analisadas por algoritmos poderosos.

As pessoas do público em geral tendem a achar que a ninguém vai interessar uma informação pessoal sobre elas, até verem que a informação aflora quando vão buscar um emprego, pedir um visto, necessitar de um empréstimo ou de um seguro. Com as tecnologias modernas, ter informação detalhada e individualizada sobre bilhões de pessoas não representa nenhuma dificuldade, e representa um poderoso instrumento de poder.[42]

7 - Apropriação dos governos pelo endividamento público – O poder político apropriado pelo mecanismo da dívida constitui uma parte muito importante do mecanismo geral. Os grandes grupos financeiros têm suficiente poder para impor a nomeação dos responsáveis em postos-chave como os bancos centrais ou os ministérios da fazenda, ou ainda nas comissões parlamentares correspondentes, com pessoas da sua própria esfera, transformando pressão externa em poder estrutural internalizado. A política sugerida aos governos é de que é menos impopular endividar o governo do que cobrar impostos.

> Essas instituições financeiras são as donas da dívida do governo, o que lhes confere poder ainda maior de alavancagem sobre as políticas e prioridades dos governos. Exercendo este poder, elas tipicamente demandam a mesma coisa: medidas de austeridade e 'reformas estruturais' destinadas a favorecer uma economia de mercado neoliberal que em última instância beneficia estes mesmos bancos e corporações. É a armadilha da dívida.[43]

---

[41] LANE, Frederick S. *The Naked Employee*. New York: Amacon, 2003. Disponível em: <http://dowbor.org/2005/06/the-naked--employee-o-empregado-nu-privacidade-no-emprego.html/>.

[42] Uma excelente apresentação de como funciona hoje o sistema no planeta pode ser encontrada em GREENWALD, Glenn. *Sem lugar para se esconder*. Rio de Janeiro: Sextante, 2014.

[43] MARSHALL, Andrew C. Bank Crimes Pay under the Thumb of the Global Financial Mafiocracy. *Truthout*, 8, Dec. 2015. Disponível em: <http://www.truth-out.org/news/item/33942-bank-crimes-pay-under-the-thumb-of-the-global-financial-mafiocracy>.

Voltaremos a esse assunto em detalhe ao analisar os impactos do endividamento público no Brasil. No mundo em geral, aparecem os exemplos óbvios da Grécia, da Espanha e outros, mas também dos Estados Unidos e outros países desenvolvidos. O denominador comum é o uso da dívida como alavanca de poder, e como fator de apropriação do excedente produzido pela sociedade.

8 - Dimensão política dos paraísos fiscais – Os paraísos fiscais adquiriram uma dimensão absolutamente avassaladora, manejando um estoque da ordem de um quarto a um terço de PIB mundial. Proporção semelhante do nosso PIB, cerca de US$ 520 bilhões de dólares, é a participação estimada de capitais brasileiros. Interessa-nos aqui a dimensão política do processo. Vimos no nosso caso, em 2016, o governo conceder vantagens e implorar grandes grupos de repatriarem os seus recursos, e se felicitou na mídia o feito de ter conseguido que R$ 46 bilhões de reais voltassem ao País, sobre um total da ordem de R$ 1.700 bilhões, uma miséria.

Na realidade, a existência dos paraísos fiscais significa que qualquer decisão de política fiscal e monetária tem de se submeter à realidade de que se as grandes fortunas forem apertadas, têm a opção de simplesmente sumir do mapa do ministério da fazenda, ao se colocarem ao abrigo do segredo *offshore.* Muito mais importante ainda é o fato de que qualquer controle de evasão fiscal, de fraude nas notas fiscais, de mecanismos como *transfer pricing*, do próprio controle de quem é dono de que nos complexos sistemas de propriedade cruzada com segmentos enrustidos nos paraísos, torna-se precário.

Tampouco é secundário que nesta era de expansão do crime organizado, em grande parte de colarinho branco, a repressão torna-se pouco eficiente, enquanto o crime financeiro passa a penetrar na própria máquina política e no judiciário. Nos tempos da pirataria, existiam ilhas no Caribe onde os piratas eram considerados intocáveis, tendo, portanto, sempre uma garantia de refúgio, podendo inclusive trocar e negociar os produtos dos roubos. Francamente, os paraísos fiscais de hoje são pouco diferentes.[44]

Mais grave é que gigantes financeiros como o HSBC e outros desempenhem um papel fundamental na gestão dos recursos da criminalidade, disponibilizando não só a sua expertise de acobertamento, como suas poderosas assessorias jurídicas. A fluidez do dinheiro, hoje simples representação digital

---

[44] O juiz de instrução francês, Jean de Maillard, organizou há anos um magistral *Atlas mondial de la Finance Illégale* (1998), em que mostra os principais procedimentos. Estudos mais recentes sobre a máfia mundial da droga mostram como se organizam as redes mundiais de logística, de lavagem de dinheiro, de cotação internacional da cocaína, de assessoria jurídica e semelhantes. Um país como o México tornou-se hoje em boa parte ingovernável. Na falta de poder para enfrentar o crime organizado, os EUA se concentram na carceragem em massa. Com 4% da população mundial e 25% da população carcerária, deixam solto o crime organizado. Ver HINTON, Elizabeth. *From the War on Poverty to the War on Crime*: Mass Incarceration in America. Harvard: University Harvard Press, 2016.

nos computadores, dinheiro imaterial que pode ser transferido e redirecionado em segundos entre diversas praças, torna a repressão cada vez mais precária. E o fato do crime navegar no espaço planetário enquanto o controle está limitado aos espaços nacionais dificulta ainda mais o processo. A Interpol impressiona, mas apenas impressiona.

A redução da capacidade dos governos promoverem políticas monetárias e financeiras adequadas para fomentar o desenvolvimento impacta todas as nações. Isso gera a erosão da governança e a desmoralização da própria política e da democracia. Esses recursos são hoje vitalmente necessários para financiar uma reconversão tecnológica que nos permita parar de destruir o planeta e assegurar a inclusão produtiva de bilhões de marginalizados, reduzindo a desigualdade que atingiu níveis explosivos.[45]

9 - Exigências de rentabilidade financeira e a pirâmide do poder corporativo – Com o poder, hoje, muito mais nas mãos dos gigantes financeiros, que passam a controlar as empresas produtoras de bens e serviços, estas últimas passaram a se submeter a exigências de rentabilidade financeira. Isso, por sua vez, impossibilita iniciativas, no nível dos técnicos que conhecem os processos produtivos da economia real, de preservar um mínimo de decência profissional e de ética corporativa. Temos assim um caos em termos de discrepância entre a rentabilidade financeira e os objetivos de desenvolvimento econômico e social. Há tensões e guerras sem dúvida entre os gigantes financeiros. Mas é um caos direcionado e lógico quando se trata de assegurar um fluxo maior de recursos financeiros para o topo da hierarquia. A sua competição caótica pode levar a crises sistêmicas, mas quando se trata de travar iniciativas de controle ou regulação, essas corporações reagem de forma unida e organizada.

O dinheiro manda no dinheiro e quem o controla são os grandes grupos financeiros. No Brasil, onde o sistema financeiro esteriliza os recursos por meio de juros extorsivos, ainda é muito discutido o fato de uma instituição como a Fiesp, que reúne e deve representar indústrias, ter aderido ao golpe de 2016, quando os empresários efetivamente produtores de bens e serviços teriam todo interesse em reorganizar o sistema financeiro.[46]

A realidade é que a captura dos processos decisórios das empresas da economia real pelo sistema financeiro se generalizou, e a capacidade de resistência dos tradicionais empresários produtivos não só é pequena, como desa-

---

[45] Ver um excelente estudo desses mecanismos em SHAXSON, Nicholas. *Treasure Islands*: Uuncovering the Damage of Offshore Banking and Tax Havens. New York: St. Martin's Press, 2011. Disponível em: <http://dowbor.org/2015/10/nicholas-shaxson-treasure-islands-uncovering-the-damage-of-offshore-banking-and-tax-havens-st-martins-press-new-york-2011.html/>.

[46] Impressiona essa rara manifestação de bom senso na Fiesp, por parte de Benjamin Steinbruch: "Além da confiança, o consumidor precisa de crédito, mas com juros civilizados, e não com o absurdo custo atual, que passa de 300% ao ano." (1º Vice-presidente da Fiesp e presidente da CSN). *Valor.* São Paulo, 25-08-2015.

parece quando a sua maior rentabilidade vem não da linha de montagem, mas das aplicações financeiras. Os governos passam assim a enfrentar resistências poderosas e articuladas quando tentam fomentar a economia. Recuperar a 'confiança' do 'mercado' não significa mais gerar melhores condições de produção, mas melhores condições de rentabilidade das aplicações financeiras. A produção, o emprego, o desenvolvimento sustentável e o bem-estar das famílias não estão no horizonte das decisões.

O ponto de referência básico do capitalismo de outra era, em que a busca do lucro empresarial gerava ao mesmo tempo produtos, emprego e renda, desarticulou-se. O dreno financeiro trava o conjunto. Enfrentamos esse paradoxo de fantásticos avanços tecnológicos que permitiriam tantos avanços econômicos, sociais e ambientais, e um marasmo tão bem ilustrado com a imagem da 'geleia geral'.

10 - Captura do processo decisório da ONU – Frente ao poder global das corporações, que agem em todos os espaços do planeta, não temos instrumentos públicos multilaterais correspondentes. Pelo contrário: está sendo documentada a captura do processo decisório da ONU pelos mesmos grupos corporativos.

O estudo do *Global Policy Forum* foca diretamente o fato dos interesses corporativos terem adquirido uma influência desproporcional sobre as instituições que definem as regras do jogo globais. O documento apresenta

> [...] a crescente influência do setor empresarial sobre o discurso político e a agenda [das organizações internacionais]", questionando "se as iniciativas de parcerias permitem que o setor corporativo e os seus grupos de interesse exerçam uma influência crescente sobre a definição da agenda e o processo decisório político dos governos.[47]

Da forma tímida e prudente, que caracteriza tantos textos internacionais, temos aqui dito o essencial. Segundo Leonardo Bissio, o livro *Brasil, fuga de capitais*, do economista Dev Kar, do Global Financial Integrity,

> [...] mostra como Big Tobacco, Big Soda, Big Pharma e Big Alcohol terminam prevalecendo, e como a filantropia e as parcerias público-privadas deformam a agenda internacional sem supervisão dos governos, mas também descreve claramente as formas práticas para preveni-lo e para recuperar um multilateralismo baseado em cidadãos.[48]

---

[47] GLOBAL POLICY FORUM. *Fit for Whose Purpose?* New York: Sept. 2015. Disponível em: <https://www.globalpolicy.org/images/pdfs/Fit_for_whose_purpose_online.pdf>.

[48] KAR, Dev. *Brasil*: Fuga de Capitais, os Fluxos Ilícitos, e as Crises Macroeconômicas, 1960-2012. Washington, DC.: Global Financial Integrity/Ford Foundation, Sep. 2014, p. 1-9. Disponível em: <http://gfintegrity.org/wp-content/uploads/2014/09/Brasil-Fuga-de-Capitais-os-Fluxos-Il%C3%ADcitos-e-as-Crises-Macroecon%C3%B4micas-1960-2012.pdf>.

É preciso lembrar que a ONU dispõe de US$ 40 bilhões de dólares para todas as suas atividades, enquanto cada um dos 28 gigantes financeiros (Systemically Important Financial Institutions – SIFIs) maneja em média US$ 1,8 trilhões de dólares, praticamente o mesmo que o PIB do Brasil, sétima potência econômica mundial. O BIS, o FMI e o BM hoje, francamente, apenas acompanham o que acontece. Publicam relatórios interessantes, e por vezes surpreendentemente explícitos.

As chamadas agências de avaliação de risco *Standard & Poor, Moody's & Fitch*, que concedem notas de confiabilidade a países e corporações, vendem nota melhor por dinheiro. Simples assim. *Moody's*, condenada, aceitou pagar US$ 864 milhões de dólares. Standard & Poor já pagou mais de US$ 1 bilhão. Ninguém é preso, não precisa reconhecer culpa. Tudo limpo. O dinheiro sai das empresas que contribuem. Está nos preços que pagamos. Corrupção sistêmica, justiça cooptada (dinheiro pago absolve a culpa). E nos dão lições de responsabilidade fiscal e financeira.

Martin Wolf é economista-chefe do *Financial Time*. Está bem posicionado para este choque de realismo de que todos nós precisamos:

> Aumentos amplamente compartilhados de renda real jogaram um papel vital na legitimação do capitalismo e na estabilização da democracia. Hoje, no entanto, o capitalismo está encontrando muito mais dificuldades em gerar tais avanços na prosperidade. Pelo contrário, os dados mostram uma crescente desigualdade e aumento mais lento da produtividade. Esta mistura venenosa (*this poisonous brew*) torna a democracia intolerante e o capitalismo ilegítimo[49].

2.2 O DILEMA DOS GOVERNOS: A QUEM SERVIR?

Em termos de mecanismos econômicos, na fase atual, é central a apropriação da mais-valia já não apenas nas unidades empresariais que pagam mal os seus trabalhadores, mas crescentemente por meio de sistemas financeiros que se apropriam do direito sobre o produto social a partir do endividamento público e privado. Essa forma de apropriação de riqueza tornou-se extremamente poderosa. Frente aos novos mecanismos globais de exploração, que atuam em escala planetária, e recorrem inclusive em grande escala aos refúgios nos paraísos fiscais, os governos nacionais se tornaram em grande parte impotentes.

---

[49] WOLF apud RUCCIO, David. Capitalism vs. Democracy. *Real-World Economics Review Blog*, Sep. 08, 2016. Disponível em: <https://rwer.wordpress.com/2016/09/08/capitalism-vs-democracy/>.

Temos uma finança global estruturada frente a um poder político fragmentado em 200 nações, isso que o poder dentro das próprias nações, nas suas diversas dimensões, está sendo em grande parte fraturado por dissensões e facilmente capturado. Tornamo-nos sistemicamente disfuncionais.

Wolfgang Streeck traz uma interessante sistematização dessa captura do poder público no nível dos próprios governos.[50] Por meio do endividamento do Estado e dos outros mecanismos vistos acima, gera-se um processo em que, cada vez mais, o governo tem de prestar contas ao "mercado", virando as costas para a cidadania. Com isso, passa a dominar, para a sobrevivência de um governo, não quanto ele está respondendo aos interesses da população que o elegeu, e sim se o mercado, ou seja, essencialmente os interesses financeiros, sentem-se suficientemente satisfeitos para declará-lo "confiável". De certa forma, em vez de república, ou seja, *res publica,* passamos a ter uma *res mercatori,* coisa do mercado. O quadro-resumo ajuda a entender o deslocamento radical da política:

Estado do cidadão	Estado do mercado
nacional	internacional
cidadãos	investidores
direitos civis	direitos contratuais
eleitores	credores
eleições (periódicas)	leilões (contínuos)
opinião pública	taxas de juros
lealdade	'confiança'
serviços públicos	serviço da dívida

Naturalmente, um se financia por meio dos impostos, o outro se financia por meio do crédito. Um governo passa, assim, a depender "de dois ambientes que colocam demandas contraditórias sobre o seu comportamento."[51] Entre a opinião pública sobre a qualidade do governo e a "avaliação de risco" desse mesmo governo deixar, por exemplo, de pagar elevados juros sobre a sua dívida, a opção de sobrevivência política cai cada vez mais para o lado do que qualificamos misteriosamente de "os mercados". Onde havia estado de bem-estar e políticas sociais, teremos austeridade e lucros financeiros.

Não é secundária evidentemente a utilização desse poder corporativo, para gerar sistemas tributários que oneram proporcionalmente mais os que

---

[50] STREECK, Wolfgang. *Buying Time.* London: Verso, 2014, p. 81. Disponível em: <http://dowbor.org/category/dicas-de-leitura/>.

[51] Ibidem, p. 80.

menos ganham. A força vira lei, o Estado vira instrumento de privatização dos próprios impostos. Numa visão muito significativa e abrangente, segundo Streeck, o que enfrentamos não é o fim do capitalismo, mas o fim do capitalismo democrático. Quando milhões de empresas diversificadas competiam entre si, formando uma massa pouco articulada e dispersa, o Estado podia exercer um papel estabilizador importante e assegurar os interesses maiores da sociedade. Frente aos gigantes articulados atuais, o sistema dispensa a democracia que tanto os liberais pensaram defender.

Muito significativa também é a análise de Saskia Sassen, autora que desenvolveu pesquisas marcantes sobre a governança e a globalização, no seu livro *Territory, Authority, Rights,* de 2006:

> Eu afirmo que os componentes institucionais específicos do estado nacional começam a funcionar como o espaço para a operação de dinâmicas constitutivas poderosas do que poderíamos descrever como 'capital global' e 'mercados de capital globais'. Ao fazê-lo, estas instituições do estado reorientam a sua atividade política específica, ou mais amplamente, as agendas do estado, no sentido das exigências da economia global.[52]

Analisando o que chamou de agendas desnacionalizadas do Estado, a autora escreve que

> [...] os bancos centrais e os governos parecem estar crescentemente concentrados em agradar os mercados financeiros em vez de colocar objetivos de bem-estar econômico e social. Lembramos aqui dos governos da Argentina e do Brasil depois da crise do México [1994], que prometeram não desvalorizar as suas moedas e fazer tudo o que fosse necessário para evitá-lo, inclusive jogando as classes médias-baixas na pobreza... Uma questão crítica é se a cidadania dos respectivos países quer que o mercado global de capital exerça esta disciplina sobre os seus governos e imponha tais critérios para a política econômica nacional, fazendo-o a qualquer custo – empregos, salários, segurança, saúde – e sem debate público.[53]

Não está no horizonte de preocupações dos grupos financeiros a quebra ou não da economia: "O caráter especulativo de muitos mercados significa que estenderão (will stretch) as oportunidades de realização de lucros até onde for possível, qualquer que seja o dano implícito para a economia nacional."[54] Na visão de Sassen, não há mais o "nacional" frente ao "global": o global, em particular por meio dos mecanismos financeiros, inseriu-se no nacional.

---

[52] SASSEN, Saskia. *Territory, Authority, Rights.* From Medieval to Global Assemblages. New York: Princeton University Press, 2006, p. 412.
[53] Ibidem, p. 263.
[54] Idem.

A pesquisa e compreensão das novas articulações de poder são indispensáveis para se entender os mecanismos e a escala radicalmente novos de acumulação de riqueza nas mãos dos 0,01% da população mundial, e a espantosa cifra de oito bilionários que são donos de mais riqueza do que a metade mais pobre da população mundial. Igualmente significativo é o fato de a economia brasileira estar em recessão quando os bancos Bradesco e Itaú, por exemplo, viram seus lucros declarados aumentarem entre 25% e 30% em 12 meses.[55] O Brasil não é uma ilha.

CONSIDERAÇÕES FINAIS

Ao analisarmos os mecanismos de captura do poder, estamos desvendando os canais que permitem o dramático reforço da desigualdade entre e dentro das nações, além do travamento do crescimento econômico pelo desvio dos recursos do investimento para aplicações financeiras. Restabelecer a regulação e o controle sobre esses gigantes financeiros que passaram a reger a economia mundial e as decisões internas das nações é hoje simplesmente pouco viável, tanto pela dimensão como pela estrutura organizacional sofisticada de que hoje dispõem, além, evidentemente, dos sistemas de controle sobre a política, o judiciário, a mídia e a academia – e, portanto, a opinião pública –, conforme vimos acima.

A dimensão internacional aqui é crucial. A quase totalidade desses grupos é constituída por corporações de base norte-americana ou da União Europeia. É a poderosa materialização de um poder que é global, mas, no essencial, pertencente ao que nós temos acostumado a chamar de "Ocidente". As tentativas de constituir um contrapeso por meio da articulação dos Brics mostram aqui tanto a importância da iniciativa como a sua fragilidade. O poder financeiro global tem nacionalidades, com governos devidamente apropriados pelos mesmos grupos. A eleição de 2016 nos Estados Unidos e a nomeação do executivo da Exxon para a direção da política internacional do país mais poderoso são uma mostra significativa do que temos qualificado de nova arquitetura do poder. Os processos estão cada vez mais escancarados, e as pessoas cada vez mais céticas quanto à importância do seu voto.

Se há uma coisa que não falta no mundo são recursos. O imenso avanço da produtividade planetária resulta essencialmente da revolução tecnológica que vivemos. Mas não são os produtores dessas transformações – desde a pesquisa fundamental nas universidades públicas e as políticas públicas de saúde, educação e infraestruturas, até os avanços técnicos nas empresas efetivamente produtoras

---

[55] Relativamente a 2013, os bancos Itaú e Bradesco tiveram aumento nos lucros declarados de 30,2% e 25,9%, respectivamente. DIEESE. *Desempenho dos bancos em 2014*. São Paulo: 2015. Disponível em: <http://www.dieese.org.br/desempenhodosbancos/2015/desempenhoBancos2014.pdf>.

de bens e serviços – que aproveitam. Pelo contrário, ambas as esferas, pública e empresarial, encontram-se endividadas nas mãos de gigantes do sistema financeiro, que rende fortunas a quem nunca produziu e consegue, ao juntar nas mãos os fios que controlam tanto o setor público como o setor produtivo privado, desviar-nos radicalmente do desenvolvimento sustentável, hoje vital para o mundo.

Quanto à população de um país como o Brasil, que busca resgatar um pouco de soberania na sua posição periférica, o que parece restar é um sentimento de impotência. Perplexas e endividadas, as famílias vêm aparecer o seu "nome sujo" na Serasa-Experian – aliás, uma multinacional – caso não respeitem as truncadas regras do jogo. Na confusão das regras financeiras, todos contribuem para a concentração de riqueza e de poder por intermédio dos altos juros que pagam nos crediários e nos bancos, por meio de juros surrealistas da dívida pública, e a partir das políticas ditas de 'austeridade' que as privam dos seus direitos.

Essas regras do jogo profundamente deformadas serão naturalmente apresentadas como fruto de um processo democrático e legítimo, pois está escrito na Constituição que todo o poder emana do povo. Na prática, poderemos ter democracia, conquanto a usemos a favor das elites. A construção de processos democráticos de controle e a alocação de recursos constitui hoje um desafio central. Boaventura de Souza Santos fala muito justamente na necessidade de aprofundar a democracia. Mas na realidade, precisamos mesmo é resgatá-la da caricatura que se tornou.

REFERÊNCIAS

BELLUZZO, Luiz Gonzaga; GALÍPOLI, Gabriel. *Manda quem pode, obedece quem tem prejuízo.* São Paulo: Contracorrrente, 2017.

CHOMSKY, Noam. *Chomsky & Cia.* Documentário. 2016. Disponível em: <https://www.youtube.com/watch?v=IHSe9FRGpJU>.

DIEESE. *Desempenho dos Bancos em 2014.* São Paulo: 2015. Disponível em: <http://www.dieese.org.br/desempenhodosbancos/2015/desempenhoBancos2014.pdf>.

DOWBOR, Ladislao. *A era do capital improdutivo.* São Paulo: Outras Palavras & Autonomia Literária, 2017.

_____. *Publicar é preciso:* os dilemas do Professor. São Paulo, Nov. 2011. Disponível em: <http://dowbor.org/2011/08/o-professor-frente-a-propriedade-intelectual-7.html/>.

FANG, Lee. *The Intercept.* 21/08/2017. Disponível em: <http://dowbor.org/2017/08/lee-fang-esfera-de-influencia-como-os-libertarios-americanos-estao-reinventando-a-politica-latino-americana-the-intercept-brasil-agosto-2017.html/>.

GLOBAL POLICY FORUM. *Fit for Whose Purpose?* New York: Sept. 2015. Disponível em: <https://www.globalpolicy.org/images/pdfs/Fit_for_whose_purpose_online.pdf>.

GREENWALD, Glenn. *Sem lugar para se esconder.* Rio de Janeiro: Sextante, 2014.

THE GUARDIAN, *Revealed*: How Google enlisted members of the US Congres. Disponível em: <http://www.theguardian.com/world/2015/dec/17/google-lobbyists-congress-antitrust-brussels-eu>.

HINTON, Elizabeth. *From the War on Poverty to the War on Crime:* Mass Incarceration in America. Harvard: University Harvard Press, 2016.

HOGGAN, James; LITTLEMORE, Richard. *The Climate Cover-Up:* The Cruzade to Deny Global Warming. Vancouver, Can.: Greystone Books, 2009.

HUDSON, Michael. *Killing the Host.* How Financial Parasites and Debt Bondage Destroy the Global Economy. E-Book: Jeffrey St. Clair Editor, 2015.

LANE, Frederick S. *The Naked Employee.* New York: Amacon, 2003. Disponível em: <http://dowbor.org/2005/06/the-naked-employee-o-empregado-nu-privacidade-no-emprego.html/>.

LARIVIÈRE, Vincent; HAUSTEIN, Stefanie; MONGEON, Philippe. The Oligopoly of Academic Publishers in the Digital Era. *Plos One.* Montreal, 10 June 2015. Disponível em: <http://journals.plos.org/plosone/article?id=10.1371/journal.pone.0127502>; <http://dowbor.org/2016/02/the-oligopoly-of-academic-publishers-in-the-digital-era-vincent-lariviere-stefanie-haustein-philippe-mongeon-published-june-10-2015-15p.html/>.

MARSHALL, Andrew C. Bank Crimes Pay under the Thumb of the Global Financial Mafiocracy. *Truthout*, 8 Dec. 2015. Disponível em: <http://www.truth-out.org/news/item/33942-bank-crimes-pay-under-the-thumb-of-the-global-financial-mafiocracy>.

MAYER, Jane. *The Dark Money of the Koch Brothers.* The Hidden History of the Billionaires behind the Rise of the Radical Right. New York: Alan Ehrenhalt Ed. 2016.

MILLER, David. Sweet'n'sour. *New Scientist.* Montreal: v. 232, n. 3099, p. 20-1. November 2016. Disponível em: <http://www.sciencedirect.com/science/article/pii/S0262407916320747>.

MONBIOT, George. *How Did we Get into this Mess.* London/New York: Verso, 2016. Disponível em: <http://www.monbiot.com/2013/11/04/a-global-ban-on-left-wing-politics/>.

RIBEIRO, Helena. Os protestos nas universidades por um novo ensino da Economia. *Jornal dos Negócios.* Lisboa, dezembro de 2013. Disponível em: <http://dowbor.org/2013/12/helena-oliveira-o-protesto-nas-universidades-por-um-no-ensino-da-economia-dezembro-2013-3p.html/>.

RUCCIO, David. Capitalism vs. Democracy. *Real-World Economics Review Blog,* Sep. 08, 2016. Disponível em: <https://rwer.wordpress.com/2016/09/08/capitalism-vs-democracy/>.

SASSEN, Saskia. *Territory, Authority, Rights.* From Medieval to Global Assemblages. New York: Princeton University Press, 2006.

SHAXSON, Nicholas. *Treasure Islands*: Uuncovering the Damage of Offshore Banking and Tax Havens. New York: St. Martin's Press, 2011. Disponível em: <http://dowbor.org/2015/10/nicholas-shaxson-treasure-islands-uncovering-the-damage-of-offshore-banking-and-tax-havens-st-martins-press-new-york-2011.html/>.

STIGLITZ, Joseph. *On Defending Human Rights.* Geneva, 3 December 2013. Disponível em: <http://www.ohchr.org/Documents/Issues/Business/ForumSession2/Statements/JosephStiglitz.doc>.

STREECK, Wolfgang. *Buying Time.* London: Verso, 2014. Disponível em: <http://dowbor.org/category/dicas-de-leitura/>.

WARREN, Elizabeth. *Rigged Justice.* Jan. 2016. Disponível em: <http://www.warren.senate.gov/files/documents/Rigged_Justice_2016.pdf>.

_____. Rigged Justice. *New York Times,* 29/01/2016. Disponível em: <http://www.nytimes.com/2016/01/29/opinion/elizabeth-warren-one-way-to-rebuild-our-institutions.html?_r=0>.

CAPÍTULO 3

LAUDATO SI': TUDO ESTÁ CONECTADO

Arnoldo José de Hoyos Guevara

A Terra não pertence ao homem, o homem é que pertence à Terra. Isto nós sabemos. Somos parte da Terra, e a Terra faz parte de nós. Todas as coisas estão conectadas como o sangue que une uma família. O homem não teceu a Teia da Vida, ele é apenas um fio dela. Seja o que for que cai na Terra cai sobre os filhos da Terra. Tudo o que homem faz na teia, ele faz para si mesmo. (Chefe Seattle -1851).

If the earth must lose that great portion of its pleasantness which it owes to things that the unlimited increase of wealth and population would extirpate from it, for the mere purpose of enabling it to support a larger, but not a better or a happier population, I sincerely hope, for the sake of posterity, that they will be content to be stationary, long before necessity compels them to it. (John Stuart Mill. Principles of Political Economy - 1848).

Eis o Um: nosso amor. Conforme consta em todas as leis naturais, desde o núcleo do átomo até os agrupamentos de galáxias mais distantes: tudo está conectado, tudo está em harmonia, tudo flui, tudo vibra, tudo se atrai mutuamente pela gravidade divina, enquanto de alguma singularidade de amor Ele continua a nos abraçar em meio a este turbilhão sem fim. Tudo se iniciou em um pensamento de amor, e todo o amor do mundo jaz neste momento aos seus pés: o amor de todos os dias dos homens, dos seres de outrora e dos seres do porvir. Vem, lhe direi em segredo aonde leva esta dança. Vê como as partículas do ar e os grãos de areia do deserto giram desnorteados. Cada átomo, feliz ou miserável, gira apaixonado em torno do Sol. Os pés e as mãos conhecem o desejo da alma. Fechemos então a boca e conversemos através da alma. Só a alma conhece o destino de tudo, passo a passo. (Jalal ud-Din Rumi - Século XIII).

Advirto-te, seja quem fores! Tu que desejas sondar os mistérios da natureza!... Se não encontras dentro de ti mesmo o que procuras, tampouco poderás encontrar fora... Se ignoras as excelências de tua própria casa, como pretendes encontrar outras excelências? Em ti está oculto o tesouro dos tesouros! Ó homem! Conhece a ti mesmo e conhecerás o universo e os Deuses! (Gnōthi Seauton, Pórtico Delphos).

É nos momentos de transição que o paradigma da Dinâmica da Complexidade Sistêmica se torna mais evidente. É a crise que abre portas para que a *Metamorfose* possa acontecer[56], e para a qual é necessário ir mais a fundo, no fluxo dos acontecimentos para visualizar o rumo desse caminho crítico[57], no qual precisamos aprender a navegar (F. Pessoa) para encontrar as causas mais ocultas que aparecem quando auscultamos por meio do *Dialogo* nas redes de convivência[58], e utilizamos a abordagem da U[59] para nos tornar proativos na dinâmica do processo[60].

É essa complexidade dinâmica que tem, como raízes, polos complementares como os do Ying e o Yang, gerados pelo próprio Tao, que é o Caminho Natural no qual precisamos aprender a espontaneamente participar (wu-wei). É a Semente na Parábola que tem que morrer para dar lugar a uma nova vida, pois não tem dia sem noite, nem noite sem dia ou Luz sem sombra.

O Papa Francisco surge no momento da inesperada renúncia do Papa Bento XVI, fruto de uma crise existencial estrutural e sistêmica da própria Igreja e, não por acaso, reassume esse papel Franciscano de reconstrução da igreja nos momento dessa crise teológica, moral e institucional, bem como a necessária aproximação à nossa Casa Comum, abraçando todos e tudo.

Curiosamente, da mesma forma que a primeira encíclica do Papa Bento XVI foi *Deus Cáritas Est*, a do Papa Francisco foi *Laudato Si'*, que surge como um símbolo muito oportuno da necessária Renascença de valores essenciais que visam a dar lugar a uma nova vida: um florescer da primavera após um frio inverno e uma promessa de um novo amanhecer, fruto, sem dúvida, da combinação de Inspiração Divina e sensibilidade humana. E esse Cardeal jesuíta argentino, levantando uma bandeira franciscana que faz parte do seu histórico pessoal, parece ter sido preparado ao longo de sua vida para se tornar um símbolo da necessária inovação de ruptura de que estávamos precisando para superar essa crise sistêmica global que, mais do que econômica social ou ambiental, é uma crise de valores.

Não por acaso o Papa Francisco, já na sua primeira homilia, manifesta claramente as profundas conexões entre todo o visível e invisível e, para além do espaço e tempo, coloca sua proposta da premente necessidade de recuperação dos valores essenciais do "saber cuidar"[61] a partir de uma ecologia integral que resgate a profunda unidade e organicidade das raízes da própria "Teia da

---

[56] MORIN, Edgar. *A via para o futuro da humanidade.* Rio de Janeiro: Bertrand Brasil, 2013.

[57] FULLER, Richard Buckminster. *Critical Path.* United States: Griffin Publishing, 1982.

[58] BOHM, David. *Diálogo:* Comunicação e redes de convivência. São Paulo: Palas Athena, 2005.

[59] SHARMER, C. Otto. *Theory U:* Leading from the Future as It Emerges. 2. ed. San Francisco, Cal: Berrett-Koehler Publishers, 2016.

[60] SENGE, Peter M. et al. *Presence Human Purpose and the Field of the Future.* Rio de Janeiro: Sol, 2004.

[61] BOFF, Leonardo. *Saber Cuidar.* Petrópolis: Vozes, 2004.

Vida"[62], que se manifesta e interage em todas as suas dimensões da Geosfera à Biosfera e da Biosfera à Noosfera[63]. Esse processo evolutivo de Consciência Coletiva que poderia manifestar-se por meio de uma Prática de Vida Integral[64] poderia estabelecer padrões de novas fases de desenvolvimento coletivo, bem como estágios de transição (R. Barret), como os mencionados nos "*Princípios do Li*" na Filosofia Chinesa[65].

São então grandes desafios, nesses momentos de ruptura civilizatória, que se apresentam em forma de crises sistêmicas e dos quais precisamos nos sentir corresponsáveis e nos unir para que uma Metamorfose da consciência coletiva aconteça, levando-nos para um mundo melhor, mais solidário e mais fraterno[66], e a uma vida mais plena, sim, mas para todos tomando em conta o todo[67].

De fato, o Papa Francisco, por meio do *Laudato Si'*, nos faz um sensibilizador chamado para caminhar juntos globalmente na direção de uma sociedade caracterizada pelo cuidar e compartilhar.

3.1 O QUE ESTÁ ACONTECENDO COM A NOSSA CASA?

Basicamente, o *Laudato Si'* (O Cuidado da Casa Comum) representa uma retomada da Carta da Terra, formalizada há duas décadas, a qual, reforçando a urgência de recuperar princípios éticos essenciais para a construção de uma sociedade justa, sustentável e pacífica; observando a grave situação da degradação ambiental e humana que estamos vivendo e que está se tornado cada vez mais em evidência a partir dos problemas relacionados às mudanças climáticas – que se tornaram um tema e ameaça atual permanente desde os tempos da ECO-92 até os dias de hoje (G20), e de difícil solução pelo fato de posicionamentos locais terem impactos sistêmicos globais, e a pegada ecológica continuar aumentando sem se chegar a acordos, enquanto avança o esgotamento dos recursos naturais, e a mudança climática continuando seu curso, manifestando-se em eventos extremos cada vez mais frequentes e sem serem tomadas as devidas precauções, apesar de mostrar Verdades Inconvenientes que agora se tornaram Sequelas Inconvenientes[68].

---

[62] CAPRA, Fritjof; LUIGI, Pier. *The System View of Life:* A Unifying Vision. Cambridge, UK: Cambridge University Press, 2014.

[63] CHARDIN, Pierre Teilhard de. *Fenômeno Humano.* São Paulo: Herder, 1965.

[64] WILBER, Ken et al. *Integral Life Practices.* A 21st-Century Blueprint for Physical Health, Emotional Balance, Mental Clarity, and Spiritual Awakening. Boston/London: Integral Publishing, 2008.

[65] NEEDHAM, Joseph. *Science and Civilization in China.* Cambridge, UK: Cambridge University Press, 1972.

[66] MORIN, Edgard. Idem; VIVERET, Patrick. *Como viver em tempo de crise.* Rio de Janeiro: Bertrand Brasil, 2013.

[67] BETTO, Frei; BOFF, Leonardo; CORTELLA, Mário Sérgio. *Felicidade foi-se embora?* Petrópolis: Vozes, 2016.

[68] GORE, Al. An Inconvenient Sequel: Truth To Power. New York: Paramount, 2017.

Por outro lado, a concentração de riquezas e o domínio global e captura do poder[69], inclusive da mídia (Unesco) pelo Sistema Financeiro, torna inviável uma distribuição mais justa dos recursos, com as desigualdades aumentando principalmente nos extremos (os mais ricos e os mais pobres), o que leva a uma degradação humana e instabilidade social (OXFAM), desumanizando o desenvolvimento[70]. O que está claro é que o Sistema Capitalista em vigor está programado para subordinar a vida, em seu sentido mais amplo, ao imperativo do lucro (M. Weber), e essa lógica que continua por trás do neocolonialismo extrativista, levando-nos para perdas na biodiversidade e a um colapso ecológico e social. De fato, o último informe do *Trustbarometer* revela uma alarmante implosão da confiança global, o que dificulta ainda mais a gestão de crises[71] e o desenvolvimento em geral.

O Papa também nos alerta sobre a *Sociedade do Consumo e Descarte descontrolado do lixo*, que termina afetando todo o ecossistema globalmente e que repercute em prejuízo direto na fauna e flora. Fruto de uma desconexão estrutural, uma fragmentação que se observa em todos os setores parece ser parte de uma evolução natural acontecendo da unidade para a diversidade, do epistemológico ao ontológico, do geológico ao biológico, levando-nos a uma fratura das relações com Deus, com o próximo e com a Terra, o que o Papa Francisco chama de as "três relações fundamentais da existência", separando a Criação do Criador e perdendo o Sentido da Vida.

De fato, sabendo que a Urbanização Global continua acelerada e que requer um cuidado especial, o Papa Francisco, na sua mensagem para o *II Congresso Internacional Laudato Si' e Grandes Cidades*, realizado recentemente no Rio de Janeiro, com foco nos temas *Água Potável, Qualidade do Ar e Eliminação do Lixo*, recomendou a implementação de uma nova versão dos 3R da Sustentabilidade: *Reduzir, Reciclar, Reutilizar*, para os 3R de *Respeito, Responsabilidade e Relação. Respeito,* com relação à Criação que por meio de Natureza faz parte da Terra e manifesta a Beleza e o Alimento, reconhecendo que somos 70% água e que, portanto, devemos nos preservar e, igualmente, que o Ar é essencial para viver. *Responsabilidade,* no sentido que não só temos direito inato a morar na Casa Comum, mas, aliado a isso, temos o Dever e Compromisso de Cuidar da Nossa Morada, pensado mais globalmente, expandidos no espaço e no tempo. *Relação,* no sentido de não nos deixar levar por tendências individualistas e narcisistas, desumanizando-nos e isolando das nossas raízes, cortando vínculos de

---

[69] DOWBOR, Ladislau. *A captura do poder no sistema corporativo.* Disponível em: <http://www.vermelho.org.br/am/noticia/283022-1>.

[70] SCHWAB, Klaus. *The Forth Industrial Revolution.* Geneva: World Economic Forum, 2016.

[71] EDELMAN, Richard. *An Implosion of Trust.* Edelman Trust Barometer 2017. Disponível em: <http://www.edelman.com/p/6-a-m/an-implosion-of-trust/>.

pertença a laços de unidade que fazem parte de nossa essência e dão sentido às nossas vidas.

No entanto, se bem que a fragmentação de Existência e Essência já se faziam presentes nas visões de Platão e Aristóteles desde os tempos da academia, ela tem se acelerado como resultado dos avanços e convergências das Ciências e das Tecnologias, defasadas dos avanços socioculturais e ainda mais dos avanços institucionais, sem o acompanhamento adequado de avanços e alinhamentos nos Sistemas de Valores. Porém, hoje em dia, já começam a aparecer visões e iniciativas mostrando-nos a natureza intrínseca dos sistemas vivos não humanos e como nos relacionamos com eles ontologicamente, integrando elementos físicos e metafísicos sobre os bens comuns (*commons*).

O Equador foi o primeiro país a reconhecer os direitos da *Pachamama* (Mãe Terra) em sua constituição em 2008. A Bolívia também o fez alguns anos depois, e a nova Zelândia, recentemente[72]. Nos Estados Unidos, já desde os tempos do Chefe Seattle, era claro que muitas comunidades têm essa consciência da integração nas suas culturas, como é o caso em muitas outras tradições.

3.2 COMO NOS POSICIONAR PERANTE ESSA CRISE CIVILIZATÓRIA?

No momento, e perante esse panorama de Crise Civilizatória, aparece o Papa Francisco no Papel de Guia, de Orientador, de Rabi, com sua mensagem do *Laudato Si'* e, mais recentemente, colocando-se firmemente com o seguinte aviso na porta do seu quarto:

NÃO RECLAME!

Violadores estão sob a influência a Síndrome de Vítima resultante da diminuição no sentido do humor e na capacidade de resolver problemas.

A punição será dupla se a violação for cometida na presença de crianças.

Para se tornar o melhor "Você", deve-se concentrar em seu próprio potencial e não em suas próprias limitações.

Assim sendo: Pare de Reclamar e ocupe-se em fazer sua vida melhor.

Essas orientações representam um chamado para cada um fazer sua parte, cumprindo proativamente o seu papel na vida, atentos às várias formas de propostas metamórficas nos variados contextos, que podem surgir inspiradas e espontaneamente como um chamado por intermédio dos qual podemos colaborar.

---

[72] DORAN, Peter. *A Political Economy of Attention, Mindfulness and Consumerism*: Reclaiming the Mindful Commons. New York: Routledge, 2017.

Sob esse aspecto, cabe o exemplo dos projetos PIAUI e do GPS, elaborados na nossa Pontifica Universidade Católica de São Paulo. Ambas são Guias de Caminhada na Vida que permitem aprender uma com a outra holomorficamente.

PIAUI[73] é um Guia para *Cuidar da Primeira à Última Infância*, dando voz àqueles que não a têm (In-Fan = Sem-Fala). Mostra a importância vital dessas primeiras fases da vida ou da caminhada, onde é primordial saber cuidar e acompanhar bem de perto o processo, dando a cobertura necessária para que isso aconteça e fazer, a partir desses estágios, um acompanhamento nas outras fases, como a adolescência – na qual pode até surgir um Senso Maior de Cidadania Planetária –, até chegarem momentos nos quais os sonhos se tornem realidade, fazendo parte de uma vida plena onde será possível contribuir ativamente (*Active Aging*) com a aprendizagem e sabedoria adquiridas (*Aging and Saging*).

GPS[74] é um guia para *Gestão Pública Sustentável*, para nos iluminar na Caminhada Estratégica de onde estamos para onde queremos chegar, do ponto de vista do Desenvolvimento Sustentável (do PI a UI), que tem versões para cidades e para países.

Para que esse processo Circular de *Desenvolvimento Sustentável* e no contexto tanto individual quanto coletivo, local ou global, e de forma orgânica e sistemicamente colaborativa, aconteça, nosso *mindset* precisa ser o de estar aberto aos sinais e saber interpretar e dar sentido ao momento, para guiar nossa caminhada a fim de que possa surgir o novo e poder contribuir com o emergente conforme esperado[75]. Então, se na ECO 92 surgiu no Rio de Janeiro a esperança de uma nova consciência planetária visando a promover colaborativamente a sustentabilidade, vemos, hoje em dia, como está sendo difícil navegar nos acordos e desacordos de Paris sobre o Clima (COP21). No entanto continuam multiplicando-se, em vários contextos, as inciativas para promover as 17 Metas do Desenvolvimento Sustentável (ODS) que representam um Guia para Salvar o Mundo acabando com a pobreza, a desigualdade e a injustiça, protegendo o planeta e tentando assegurar prosperidade para todos. São, então, de certa forma, um marco ou *framework*, no qual o *Laudato Si'* quer nos ajudar a sensibilizar e conscientizar.

De fato, o recente *II Congresso Internacional Laudato Si' e Grandes Cidades*, focado em Água Potável, Qualidade do Ar e Eliminação do Lixo, acontecido no Rio de Janeiro, lembra-nos de que mais da metade da população mundial é urbana e, no Brasil, isso já representa 80%, o que nos leva a uma necessidade urgente de humanizar o desenvolvimento nesses conglomerados demográficos que muitas vezes não têm a infraestrutura adequada.

---

[73] PIAUI. Disponível em: <http://www.pucsp.br/catedraignacysachs/piaui.html>.

[74] GPS. Disponível em: <http://www.pucsp.br/catedraignacysachs/guia-gps.html>.

[75] SCHARMER, C. Otto. Theory U: Leading from the Future as It Emerges. 2 ed. Oakland-USA: Berrett-Koehler Publishers, 2016.

Reforçando o que já foi dito anteriormente, na sua mensagem para o Congresso, o Papa Francisco transfere as 3R do Consumo Consciente (*Reduzir, Reutilizar e Reciclar)* para as 3R do Serviço Consciente (*Respeito,* como atitude fundamental que o homem há de ter com a criação. *Responsabilidade* diante da criação é o modo com o qual devemos atuar com ela. *Relação* humana e solidária que é indispensável promover e preservar).

Nesse contexto, conforme tinha sido mencionado anteriormente, há poucos anos foi elaborado, a pedido da Rede *Nossa São Paulo,* um guia de Gestão Pública Sustentável – GPS2 –, para lidar com o planejamento estratégico e monitoramento do processo nas cidades no Brasil baseado, naquele momento, em 12 Objetivos pré-estabelecidos. Essa iniciativa, inspirada no modelo Bogotá *"Como Vamos"* (1997), deu lugar a uma *Red Latinoamericana de Ciudades y Territorios Justos, Democráticos y Sustentables,* que já conta com mais de 78 cidades e territórios e que tem como Centro de Operações a Pontifícia Universidad Javeriana, exemplo seguido, parece que por vocação, também pela Pontifícia Universidade Católica de São Paulo.

Inspirados por essa iniciativa surgiu então pouco tempo atrás um observatório para a *Red Iberoamericana de Prospectiva* – Oriber –[76], para cuidar da Gestão Pública Sustentável dos Países da região (GPS para países), baseado em 15 objetivos que são possíveis alinhar aos ODS.

É importante ressaltar que existe um consenso internacional sobre o fato de que em países em desenvolvimento como o Brasil, e segundo os indicadores de Governança do Banco Mundial, falta um marco institucional adequado para que o modelo realmente funcione, pelo menos em certa escala. É algo que tem a ver como as colocações da Futurista Sênior Eleonora Massini, quando falava das grandes defasagens das transformações Científico-Tecnológicas, com as Socioculturais e estas com as Institucionais, que são as mais lentas em acontecer. Esse desajuste das engrenagens faz com que a máquina não ande.

Estamos então vivendo, neste momento de crise civilizatória, a instabilidade da transição mencionada por R. Buckminster Fuller, em seu *Critical Path* (Caminho Crítico), no qual as estruturas socioeconômicas e geopolíticas se mostram abaladas, ficando em aberto não só *As Veias de América Latina,* mas também as *Feridas Morais.* O que, por outro lado, abre oportunidades para enxergar melhor as causas e procurar caminhos para superar os desafios. Foi inclusive para isso que O. Lester Brown, fundador do *Earth Policy Institute,* desenvolveu seu Plano B4[77], traduzido para mais de 40 idiomas.

---

[76] ORIBER. Disponível em: <http://www.pucsp.br/catedraignacysachs/oriber.html>.

[77] BROWN, Lester R. *Plano B-4.0* - Mobilização para Salvar a Civilização. Brasil: Bradesco/World Watch Institute, 2009.

3.3 QUAIS SINAIS ESTÃO SURGINDO NESSA CAMINHADA?

Um conjunto de poderosas megatendências está avançando rapidamente sacudindo os fundamentos da sociedade. A *economia circular* fornece uma abordagem de *design* para aproveitar essas forças e modernizar a economia, repensando as práticas econômicas e indo além dos 3R (reduzir, reutilizar e reciclar), aproximando o modelo sustentável com o ritmo tecnológico e comercial do mundo moderno, baseado num desenho restaurativo e regenerativo com reaproveitamento sistêmico e com base na inovação em todo o sistema, redefindo produtos e serviços para projetar o desperdício, minimizando os impactos negativos.

Tomando como base fontes de energia renováveis, o modelo circular promove simultanemente capital econômico, natural e social, indo além na hierarquia de resíduos, apresentando um enfoque mais holístico sobre a hierarquia dos resíduos, bem como as externalidades e o impacto social; e, principalmente, agregando diversas propostas inovadoras que surgiram recentemente, como: *design regenerativo, economia de performance, cradle to cradle – do berço ao berço, ecologia industrial, biomimética, economia azul, agricultura regenerativa e biologia sintética.*

A Fundação Ellen MacArthur, que se dedica a difundir e apoiar esse novo modelo e *mindset,* em empresas tais como a Coca-Cola, Unilever, Philips e Renault, acredita que é capaz de gerar mais de um trilhão de dólares de lucro para a economia global, além de contribuir a alimentar os 9 bilhões de pessoas por meio de uma restauração do Capital Natural. De fato, o próprio Google quer incorporar o conceito na infraestrutura, na operação e na cultura da empresa.

A recente reunião *Cúpula 2017,* da Fundação Ellen MacArthur, focou a urgente necessidade de Modernizar a Economia, superando modelos obsoletos que levaram a um crescimento desordenado que terminou prejudicando a prosperidade, e surgindo formas para desenhar uma futura prosperidade. Alerta-nos sobre os desafios do sistema atual, tais como: subemprego, baixo crescimento, descontentamento, desigualdade, esgotamento de recursos e degradação ambiental. Mostra também o crescimento exponencial nas tecnologias digitais que levantam questões sobre o emprego como o conhecemos, mas também revelam inovadoras formas de usar os recursos e criar valores. A questão é se é possível e como promover uma Prosperidade mais compartilhada[78]. Então, se quisermos cuidar de *Nossa Casa,* podemos começar por aprender com ela. Esse é o objetivo da Biomimética, que procura soluções inovadoras inspiradas na Natureza. Trata-se então de utilizar a *Natureza como*

---

[78] STIGLITZ, Joseph. *Rewriting the Rules of the American Economy:* An Agenda for Shared Prosperity. New York/London: W. W. Norton & Company, 2015.

Modelo de formas processos, sistemas e estratégias para resolver problemas, como medida de Sustentabilidade nas inovações e como mentor.

Hoje em dia, observamos o andamento das Reuniões Cúpula sobre Mudanças Climáticas tentando procurar formas de controlar as causas e amenizar os efeitos (resiliência), para o qual precisamos nos lembrar da mensagem do visionário Leonardo da Vinci: "Dada a Causa, a natureza (mentor) produz o respectivo efeito no modo mais breve possível". E, portanto, precisamos aprender com nosso mentor e utilizar como *Modelo* para conseguir que o processo caminhe na velocidade que o *timming* exigiria para evitar danos maiores. Porém a *Medida* de desenvolvimento que temos utilizado, baseado no crescimento econômico, mede apenas o fluxo anual e não os estoques de riqueza e sua distribuição, nem foi concebida como medida de bem-estar e sustentabilidade[79].

E tudo isso no meio de um contexto delicado e complexo:

> Diante de uma crise multifacetada – a captura dos governos por bilionários e seus lobistas, a desigualdade extrema, a escalada dos demagogos e, sobretudo, o colapso do mundo vivo –, aqueles que deveriam nos liderar parecem atordoados, mudos, desnorteados. Ainda que tivessem coragem para agir, não têm ideia do que fazer.[80]

E, na verdade, isso talvez requeresse a implementação de uma Democracia mais Colaborativa[81], pensando em particular nas falhas do atual sistema político e econômico que promove um consumismo corporativo-capitalista irresponsável e desenfreando[82], e para o qual é preciso olhar com mais profundidade procurando alternativas para que aconteça a necessária mudança sistêmica[83].

Perante então essas incertezas e as ambigüidades na tomada de decisões no contexto de sistemas dinâmicos complexos em curso, um caminho poderia ser, tomando como base uma sabedoria profunda, utilizar *Design Thinking* para desenvolver inovações de ruptura que promovam a diversidade e a resiliência, como meio de fortalecer a saúde dos sistemas inteiros, adotando uma abordagem sistêmica da sustentabilidade que reconecte e fortaleça o todo[84]. Isso, complementado na prática, já pensando no lado social por meio da utilização da Teoria da Utilização Progressiva – Prout –, que tem como base cinco pilares: prática espiritual, neo-humanismo, ciclo social, governança e sistema socioeconômico[85].

---

[79] RUSHKOFF, Douglas. *Throwing Rocks at the Google Bus*: How Growth became the Enemy of Prosperity. USA: Portfolio/Penguin Random House, 2016.

[80] RAWORTH, Kate. *Doughnut Economics*: Seven Ways to Think Like a 21st-Century Economist. Vermont, USA: Chelsea Green Publishing, 2017.

[81] HOWARD, Ted. *The Democracy Collaborative*. July 2010. Disponível em: <http://democracycollaborative.org/>.

[82] SAMUELSON, Paul A.; NORDHAUS, William D. *Economia*. 19. ed. São Paulo: MacGraw Hill, 2002.

[83] ALPEROVITZ, Gar. *The Next Syste Project*. Disponível em: <https://thenextsystem.org/>.

[84] WALH, Daniel Christian. *Designing Regenerative Cultures*. London: Routledge 2017. Disponível em: <http://www.triarchy-press.net/designing-regenerative-cultures.html>.

[85] INAYATULLAH, Sohail. *Prout in Power*: Policy Solutions that Reframe Our Futures. New Delhi: Proutist Bloc India Publications, 2017.

CONSIDERAÇÕES FINAIS

Vamos observando que cada vez mais e mais rápido *Tudo Está Conectado* e, mais ainda, estamos dando acelerados passos para nos tornar coparticipes do processo de evolução em curso, segundo a visão do *Desenho Inteligente*; e o *Beagle* que estamos utilizando nesse processo de Evolução Consciente e Inteligente[86] consiste nas próprias descobertas, avanços e convergências esperadas das tecnologias NBICS (*Nano, Bio, Info, Cogntive, Social*) e, em particular no concernente à Interação Mente-Matéria, à Inteligência Artificial e à Computação Consciente; bem como as possibilidades de Comunicação instantânea via Emaranhamento Quântico[87] e contato direto e instantâneo com a Nuvem, nuvem que parece já ser mais a *Nuvem do Desconhecido*. Lembramos que o Emaranhamento acontece por intermédio de Luz (fótons), e que, como se menciona no Evangelho Apócrifo de Tomás, *Viemos da Luz*[88].

Sendo assim, fica o desafio e preocupação se para essa empreitada estamos realmente preparados em termos do contexto sociocultural e de Sistemas de Valores para esse salto quântico, que nos permita surfar na segunda camada evolutiva da Espiral Dinâmica[89], em que utilizaremos em maior profundidade os 3C do Coração: *Compreender, Cuidar e Compartilhar*, isto é, um Coração Global e não só um Cérebro Global[90], em que esse compreender significa não só entender, mas plenamente incluir, como nossa própria natureza sabiamente nos mostra, a dinâmica interna oculta nas profundidades que está por trás da beleza que surge espontaneamente das profundidades e observamos no dia a dia e da qual somos parte e podemos compartilhar mais consciente e plenamente.

REFERÊNCIAS

ALPEROVITZ, Gar. *The Next System Project*. Disponível em: <http://thenextsystem.org/>.

BETTO, Frei; BOFF, Leonardo; CORTELLA, Mário Sérgio. *Felicidade foi-se embora?* Petrópolis: Vozes, 2016.

BOFF, Leonardo. *Saber Cuidar*. Petrópolis: Vozes, 2004.

BOHM, David. *Diálogo:* Comunicação e redes de convivência. São Paulo: Palas Athena, 2005.

---

[86] DIAMANDIS, Peter. *Humanity Is About to Transition to Evolution by Intelligent Direction*. July 2017. Disponível em: <https://futurism.com/humanity-is-about-to-transition-to-evolution-bu-intelligent-direction/>.

[87] REN, J. *Chinese Researchers Just Teleported the First Object Ever from Earth to Orbit*. Disponível em: <http://www.collective_evolution.com/2017/07/13/chinese-researchers-justteleported-the-first-object-ever-from-earth-to-orbit/>.

[88] LELOUP, Jean Yves. *O Evangelho de Tomé*. Petrópolis: Vozes, 1997.

[89] WILBER, Ken. *Integral Theory*. Disponível em: <http://www.kenwiler.com./Writings/PDF/IntroductiontotheIntegralApproach_GENERAL_2005_NN.pdf>.

[90] RUSSELL, Peter. *The Global Brain*. The Awakening Earth in a New Century. Edinburg, UK: Floris Books, 2008.

BROWN, Lester R. *Plano B-4.0* - Mobilização para Salvar a Civilização. Brasil: Bradesco/World Watch Institute, 2009.

CAPRA, Fritjof; LUIGI, Pier. *The System View of Life:* A Unifying Vison. Cambridge, UK: University Press, 2014.

CHARDIN, Pierre Teilhard de. *Fenómeno Humano*. Trad. São Paulo: Herder, 1965.

DIAMANDIS, Peter. *Humanity Is About to Transition to Evolution by Intelligent Direction*. Disponível em: <https://futurism.com/humanity-is-about-to-transition-to-evolution-by-intelligent-direction/>.

DORAN, Peter. *A Political Economy of Attention, Mindfulness and Consumerism*: Reclaiming the Mindful Commons. New York: Routledge, 2017.

DOWBOR, Ladislau. *A captura do poder pelo sistema corporativo*. Disponível em: <http://www.vermelho.org.br/am/noticia/283022-1>.

EDELMAN, Richard. An Implosion of Trust. *Trust Barometer 2017*. Disponível em: <http://www.edelman.com/p/6-a-m/an-implosion-of-trust/>.

FULLER, R. Buckminster. *Critical Path*. UK: St. Matin's Press, 1982.

GORE, Al. *An Inconvenient Sequel:* Truth To Power. New York: Paramount, 2017.

HOWARD, Ted. *The Democracy Collaborative.* July 2010. Disponível em: <http://democracycollaborative.org/>.

INAYATULLAH, Sohail. *Prout in Power:* Policy Solutions that Reframe Our Futures. s/l: Proutist Bloc India Publications, 2017.

KALANCHE, Alexandre. *Active Ageing*: A Policy Framework in Response to the Longevity Revolution. Brasil: ILC 2015. Disponível em: <http://www.ilcbrazil.org/wp-ontent/uploads/2015/07/Executive_Summary_20150714.pdf>.

LELOUP, Jean Yves. *O Evangelho de Tomé*. Trad. Petrópolis: Vozes, 1997.

MCDONOUGH, William; BRAUNGART, Michael. *Cradle to Cradle:* Remaking the Way We Make Things. New York: North Point Press, 2002. Disponível em: <https://www.ellenmacarthurfoundation.org/circular-economy/schools-of-thought/cradle2cradle>.

MORIN, Edgard. *A Via para o futuro da humanidade*. Trad. Rio de Janeiro: Bertrand Brasil, 2013.

NEEDHAM, Joseph. *Science and Civilization in China*. Cambridge, UK: Cambridge University Press, 1972.

PEGS POLITICAL ECONOMY OF THE GOOD SOCIETY. *The Good Society*. Penn. USA: Penn State University Press Journal. Disponível em: <http://www.jstor.org/journal/goodsociety>.

RAWORTH, Kate. *Doughnut Economics:* Seven Ways to Think Like a 21st-Century Economist. Vermont-USA: Chelsea Green Publishing, 2017.

REN, Jie. *Chinese Researchers Just Teleported the First Object Ever from Earth to Orbit*. Disponível em: <http://www.collective-evolution.com/2017/07/13/chinese-researchers-just-teleported-the-first-object-ever-from-earth-to-orbit/>.

RESILIENCEpoort. *Cities of the Future*: From Smart Cities to Resilient Cities. Disponível em: <https://resiliencepoort.nl/from-smart-cities-to-resilient-cities/>.

ROCKEFELLER FOUNDATION. *100 Resilient Cities* – 100 RC. Disponível em: <http://www.100resilientcities.org/>.

RUSHKOFF, Douglas. *Throwing Rocks at the Google Bus:* How Growth became the Enemy of Prosperity. Portfolio/Penguin Ramdom House, 2016.

RUSSELL, Peter. *The Global Brain:* The Awakening Earth in a New Century. Edinburg, UK: Floris Books, 2008.

SAMUELSON, Paul A.; Nordhaus, WILLIAM D. *Economia*. Trad. 19. ed. São Paulo: MacGraw Hill, 2002.

SCHARMER, C. Otto. *Theory U:* Leading from the Future as It Emerges. 2 ed. Oakland-USA: Berrett-Koehler Publishers, 2016.

SCHWAB, Klaus. *The Fourth Industrial Revolution*. WEF, 2016.

SENGE, Peter M. et al. *Presence:* Human Purpose and the Field of the Future. Cambridge, Mss.: Sol, 2004.

STIGLITZ, Joseph. *Rewriting the Rules of the American Economy:* An Agenda for Shared Prosperity. New York/London: W. W. Norton & Company, 2015.

VIVERET, Patrick. *Como Viver em tempo de crise*. Rio de Janeiro: Bertrand Brasil, 2013.

WALH, Daniel C. *Designing Regenerative Cultures*. London: Routledge 2017. Disponível em: <http://www.triarchypress.net/designing-regenerative-cultures.html>.

WEBSTER, Ken. *Circular Economy*: A Wealth of Flows. 2. ed. Ellen MacArthur Foundation Publishing, 2017.

WILBER, Ken. *Integral Theory*. Disponível em: <http://www.kenwilber.com/Writings/PDF/Introductionto-theIntegralApproach_GENERAL_2005_NN.pdf>.

_____ et al. *Integral Life Practices*: A 21st-Century Blueprint for Physical Health, Emotional Balance, Mental Clarity, and Spiritual Awakening. Integral Publishing, 2008. Disponível em: <http://www.integral-life-practice.com/>.

WORLD ECONOMIC FORUM. *The New Plastic Economy*. Disponível em: <http://www3.weforum.org/docs/WEF_The_New_Plastics_Economy.pdf>.

_____. *Platform for Accelerating the Circular Economy*. Disponível em: <https://www.weforum.org/projects/circular-economy>.

CAPÍTULO 4

OIKONOMIA, FORMA DE VIDA E ECOLOGIA INTEGRAL: O RETORNO AO PARADIGMA TEOLÓGICO DA ECONOMIA NA CARTA ENCÍCLICA *LAUDATO SI'*

Gustavo Racy

Na segunda parte do segundo volume da tetralogia *Homo Sacer*[91], o filósofo italiano Giorgio Agamben investiga, conforme o próprio título indica, uma "genealogia teológica da economia e do governo". Quer com isso o autor compreender "os modos e razões pelos quais o poder vem assumindo no Ocidente a forma de uma oikonomia, isto é, um governo dos homens."[92] A transformação de poder em *oikonomia* é, segundo Agamben, um desenvolvimento da relação entre poder como governo e gestão eficaz, por um lado, e poder como realeza cerimonial e litúrgica, de outro. Um encontro entre relações de força, governabilidade e ritualismo, portanto, trasveste e outorga ao poder uma forma rígida e *"gloriosa"*, garantida na institucionalidade dos ritos democráticos e na "forma moderna da opinião pública e do consenso [...] centro dos dispositivos políticos das democracias contemporâneas."[93] Relação complexa, Agamben investiga o problema da própria concepção de *economia* como paradigma teológico, voltando à *Política* e à *Economia* de Aristóteles (este último podendo ser, talvez, de um pseudo Aristóteles), e à *Economia* de Xenofonte. É vital para o autor a observação de que, nesses três textos, a Economia surge de modo por vezes complementar, por vezes contraditória, à Política, sempre de modo relacional. É essa pluralidade e contradição, precisamente, que interessa ao autor ao traçar a genealogia da economia, atendo-se à transformação da ideia de economia, pelos diferentes usos dados à palavra.

Partindo do embate entre Erik Peterson e Carl Schmitt, pensadores que marcaram no campo da Teologia e da Teoria do Direito, respectivamente, o debate acerca da natureza da soberania política, Agamben mostra como o paradigma chega à contemporaneidade passando, inclusive, pela fisiocracia e pela economia clássica. Perfazendo o caminho traçado por Peterson e Schmitt, de Aristóteles e Xenofonte a São Paulo, Inácio de Antióquia e além, Agamben investiga

---

[91] 1. ed. Torino, 1995.

[92] *"i modi e le ragioni per cui il potere è andato assumindo in Occidente la forma di una oikonomia, cioè di un governo degli uomini."* (no original). AGAMBEN, Giorgio. *Il Regno e la Gloria*. Per una genealogia teologica dell'economia e del governo. Vicenza: Neri Pozza, 2007, p. 9.

[93] *"forma moderna dell'opinione pubblica e del consenso [...] centro dei dispositivi politici delle democrazie contemporanee."* (no original). Ibidem, p. 10.

de que modo uma concepção de economia, passando do grego ao latim, começa a se incorporar no e paralelamente ao desenvolvimento da teologia cristã nos primeiros séculos da Era Comum. Ainda que se trate de uma discussão sobre a possibilidade de existência da Teologia Política, a Economia aparece como uma relação própria a essa possibilidade na medida em que desenvolve um papel mediador na teoria schmitiana de que o poder política moderno não seria mais do que o exercício de sacralização de conceitos teológicos.

De todo modo, se a relação entre Economia e Teologia de fato nos alcança hoje, como mostra Agamben, parece produtivo tornarmo-nos a uma recapitulação dessa relação, uma vez que, à sombra da grande crise financeira de 2008 e da proclamação de uma nova era geológica, a do Antropoceno, a revisão de teorias econômicas se pauta como central ao destino das sociedades contemporâneas.

O que se tem observado, no cenário internacional, é que, de fato, a crise econômica que já há quase uma década aflige o mundo, é reflexo da crise de um paradigma, no fundo tido como de caráter administrativo. Os ideais neoliberais, embasados num revisionismo conceitualmente pobre — por isso tão apelativo tanto do *homo economicus* quanto do *laissez-faire* –, derrubaram os preceitos do estado de bem-estar social, mas não foram capazes de garantir a autorregulação do mercado, que diante de uma súbita escassez de meios, mostrou-se insuficientemente dinâmico para evitar conflitos e enveredar na crise que hoje conhecemos.

Sob essa perspectiva, as tentativas de se criar um capitalismo consciente ou responsável têm-se mostrado incapazes de lidar com as grandes questões com as quais o capitalismo hoje se depara. A identificação, ou criação, de uma nova era geológica não acontece, nesse sentido, por acaso. O capitalismo contemporâneo se encontra diante do fato de que os meios de que dispõe para garantir a reprodução do modelo econômico e social atual são limitados e que sua exploração vem dando à ação humana uma proporção que influencia o próprio destino geológico do planeta. Essa relação aparece de forma pungente na mais recente encíclica do Papa Francisco, intitulada *Laudato Si'*[94]. O que aí se explora é precisamente como o atual modelo socioeconômico se tornou totalitário no que diz respeito à exploração e ao uso da vida terrestre. Mas o que parece subjazer à reflexão papal é precisamente aquela complexa situação analisada por Agamben, entre a Teologia e a Economia.

Dito isso, o objetivo dessa análise será discutir como a Encíclica Papal resgata o paradigma da *oikonomia*, a partir da ideia de uma ecologia integral, que, fortemente influenciada pelo franciscanismo, flerta com a apologia a

---

[94] PAPA FRANCISCO. *Carta Encíclica Laudato Si' do Santo Padre Francisco sobre o Cuidado da Casa Comum.* Roma: Libreria Editrice Vaticana, 2015.

uma nova *"forma de vida"*, compreendida, mais uma vez, conforme Giorgio Agamben[95]. Assim, o texto se dividirá em três partes: a primeira resgatará a genealogia analisada por Agamben, apresentando os fundamentos teológicos da Economia; a segunda abordará a ideia de Ecologia integral apresentada na Encíclica Papal, mostrando de que modo essa ecologia é, de fato, econômica e, finalmente, a terceira parte articulará a genealogia de Agamben à ecologia integral do Papa Francisco em relação à ideia de *forma-de-vida* oriunda de São Francisco de Assis, de modo a pautar certas considerações sobre o significado e importância da encíclica.

4.1 A *OIKONOMIA* GREGA E A GENEALOGIA TEOLÓGICA DA ECONOMIA

O ponto de partida para a genealogia teológica da Economia de Agamben é, como rapidamente foi acima referenciado, o embate intelectual entre Erik Peterson e Carl Schmitt. Para que se possa articular a questão da Economia, esse debate, bem como a análise de Agamben, deverá aqui ser instrumentalizado, assumindo-se o risco que tal funcionalização possa trazer. Para esse efeito, a crítica de Daniel McLoughlin[96] ao livro de Agamben se mostra riquíssima no resumo do confronto entre Schmitt e Peterson. McLoughlin mostra que o ponto central da discussão se dá pela refutação de Peterson à tese de Schmitt de que os "conceitos significantes da teoria do estado são conceitos teológicos secularizados".[97]

Para Peterson, essa tese seria inconsistente, considerando-se a inovação da tradição cristã operada pela soberania tríplice (Pai, Filho, Espírito Santo), em lugar de uma singular, como nas tradições grega e judaica, que por assim sê-lo garantiam uma identificação entre Estado, como soberano único, e Doutrina Teológica. A Trindade, ao contrário, romperia com esse princípio, impossibilitando aquilo que Schmitt denominara Teologia Política. No fundo, jaz no pensamento de ambos os autores a exegese de uma historiografia da recepção de Aristóteles em seus desdobramentos na Teologia e na Política. Interessa aqui, entretanto, além da exegese do embate entre Peterson e Schmitt, de que modo a Economia encontra fundamentos na *oikonomia* grega, a partir da teologia cristã e sua subsequente tradução para *dipositio*, algo que se mostra de particular importância quando articulada à luz da encíclica *Laudato Si'*.

---

[95] AGAMBEN, Giogio. *The Highest Poverty.* Monastic Rules and Form-of-Life. Tradução A. Kotsko, Ed. Eletrônica Kindle. Stanford: Stanford University Press, 2013.

[96] MCLOUGHLIN, Daniel. On Political and Economic Theology: Agamben, Peterson and Aristotle. *Angelaki. Journal of Theoretical Humanities.* v. 20, n. 4, p. 53-69. Oct. 2015.

[97] SCHMITT apud MCLOUGHLIN, 2015, p. 53-69.

Comecemos, entretanto, refazendo o caminho indicado por Agamben para a genealogia teológica da Economia. Se, para Aristóteles tanto quanto para Xenofonte, a *oikonomia*, a *administração da casa*, constituía-se não como paradigma epistêmico, porém administrativo, "isto é, de uma atividade que não é vinculada a um sistema de normas nem constitui uma ciência no sentido próprio"[98], essa forma de atividade adquiria, portanto, o significado de "atender às exigências da vida, nutrir"[99]. Do mesmo modo, para Marco Aurélio e Cícero, este último traduzindo o termo para *disposito*, a *oikonomia* se dá como práxis e forma de saber não epistêmico. Com a cristandade, entretanto, o termo adquire um significado, a princípio, plenamente distinto, a saber, o de "plano divino da salvação"[100]. Esse significado, não obstante, se deve a um dinâmico empréstimo lexical que historicamente se desenvolverá ao longo da tradição cristã.

São Paulo, de fato, parece ter sido o "primeiro a dar ao termo oikonomia um significado teológico"[101] e, compreendendo-o como a tarefa a ele designada por Deus, a institui como relação fiduciária do apóstolo em relação ao administrador. *"Economia do mistério"* foi a expressão usada então para se referir precisamente "à tarefa de anunciar o mistério de redenção acobertado na vontade de Deus".[102]

É com Hipólito e Tertuliano, contudo, que o termo, introduzido por São Paulo no léxico cristão, adquirirá conteúdo e funcionalidade propriamente teológica ou, conforme Agamben, é com ambos os teólogos que o termo "cessa de ser uma simples extensão analógica do vocabulário doméstico no âmbito religioso e se tecniciza para designar a articulação trinitária da vida divina"[103] em que, além de um referimento metalinguístico, há a reversão da expressão paulina, da *"economia do mistério"* ao *"mistério da economia"*.

Desse modo, a *oikonomia* passa para a esfera da Teologia como léxico referente aos esforços para se entender a unidade divina considerando-se o paradigma da trindade. A partir da inversão do preceito paulino, a *"economia do mistério"* surge como uma tentativa de compreender de que modo, sendo Deus uno, pode Cristo ser também Deus, e com ele o Espírito Santo. A economia do mistério se torna, portanto, não "uma articulação do ser divino, mas de sua práxis"[104]. Estrategicamente, portanto, a Economia volta a seu sentido de *"administração"*.

---

[98] *"cioè, di un'attività che non è vincolata a un sistema di norme nè costituisce una scienza in senso próprio."* (no original). AGAMBEN, 2007, p. 31.

[99] *"sopperire alle necessità della vita, nutrire."* (no original). Ibidem, p. 33.

[100] *"piano divino dela salvezza."* (no original). Ibidem, p. 34.

[101] *"il primo a dare al termine oikonomia un significato teológico."* (no original). Ibidem, p. 35.

[102] *"l'incarico di annunciare il mistero di redenzione nascosto nella volontà di Dio."* (no original). Ibidem, p. 38.

[103] *"cessi di essere una semplice estensione analogica del vocabulário domestico in ambito religioso e si tecnicizzi per designare l'articolazione trinitaria della vita divina."* (no original). Ibidem, p. 49.

[104] *"un'articolazione dell'essere divino, ma della sua prassi"* (no original). Ibidem, p. 55.

O que Agamben mostra em sua investigação, especialmente no segundo capítulo, é que o desenvolvimento histórico da teologia cristã introduz, ressignifica e reapresenta um conceito de Economia, no mínimo, problemático. A inversão do preceito paulino introduz na *oikonomia* um precedente histórico, uma vez que esta, como conceito, será trabalhada diferentemente de acordo com os movimentos religiosos dentro do próprio desenvolvimento eclesiástico. Conforme lembra Agamben, o cristianismo é uma religião considerada histórica "não somente porque se baseia em uma pessoa histórica (Jesus) [...] mas também porque dá ao tempo um valor e significado soteriológico".[105] Nesse sentido, o *mistério da economia* acaba por fundar um signo paradigmático no desenvolvimento da concepção cristã de história. Paradigma este consistente na sinonímia entre *oikonomia* e desenvolvimento histórico, a Economia da unidade divina se refere ao mecanismo, por meio do qual o ser de Deus se revela ao mundo.

Essa relação é especificamente importante para que se compreenda a filosofia da história no ocidente. Nela, "a concepção de história no idealismo alemão, de Hegel a Schelling e finalmente a Feuerbach, não [é] mais que a tentativa de pensar o nexo 'econômico' entre o processo da revelação divina e a história".[106] A economia do mistério se revela, portanto, do mesmo modo em que se articula, isto é, como economia.

O argumento de Agamben é o de que precisamente a inversão do preceito paulino deva ser creditada aos Pais da Igreja, como resultado das querelas acerca dos dogmas que balizariam a doutrina eclesiástica na fundação da Igreja, especificamente a respeito da doutrina da Trindade. A *economia do mistério* paulina, que na verdade dizia respeito à práxis administrativa da pregação e do evangelismo, ao se tornar *mistério da economia*, de certo modo captura o viés essencialmente prático da *oikonomia*, dotando-o de uma faceta transcendental.

De acordo com McLoughlin, os Pais da Igreja "empregaram a linguagem da economia para resolver as aporias do Deus Tríplice que fora posto sob pressão conceitual e política por heresia."[107]. Como resultado de um conflito dogmático entre a Igreja e as doutrinas consideradas heréticas (o Gnosticismo, o Arianismo etc.), nos séculos segundo e terceiro, a Economia se torna, portanto, um dispositivo complexo. Se, de um lado, o cristianismo a torna um mecanismo de ordem imanente da vida divina, ela também o faz com a vida humana. O uso da palavra *dispositivo* não acontece por acaso. Na quarta parte de *O que é um Dispositivo?*, Agamben apresenta de modo sucinto o argumento que desenvolveria em *O Reino e a Glória*.

---

[105] "non soltanto perché si fonda su una persona storica (Gesù) [...] ma anche perché dà al tempo un valore e un significato soteriologico" (no original). Ibidem, p. 58.

[106] "la concezione della storia nell'idealismo tedesco, da Hegel a Schelling e ancora fino a Feuerbach, non sai che il tentativo di pensarei I nesso 'econômico' fra il processo dela rivelazione divina e la storia." (no original). Ibidem, p. 60.

[107] "deployed the language of economy to resolve the aporias of the Triune God once placed under conceptual and political pressure by heresy." (no original). MACLOUGHLIN, 2015, p. 61.

A *oikonomia* grega, consistindo não em um paradigma epistêmico, mas em uma práxis, chega ao cristianismo como a práxis transcendente da pessoa divina. Deus é um, sem dúvida, "mas quanto à sua oikonomia, isto é, ao modo em que administra sua casa, sua vida, a sua vida e o mundo que criou é, ao contrário, tríplice."[108]

Logo, a *oikonomia* se tornou um dispositivo servindo à introdução do "dogma trinitário e [da] ideia de um governo divino providencial do mundo" na fé cristã.[109] Em Clemente de Alexandria, o termo aparece de fato como análogo à Providência, porém traduzido para o latim como *dispositio*. Mais uma vez, genealogicamente, Agamben encontrará na noção de 'dispositivo', por meio de sua origem teológica, a designação "daquilo em que e por meio do qual se realiza uma pura atividade de governo sem nenhum fundamento no ser".[110] Para o autor, decisivo nesse funcionamento é que o dispositivo necessariamente implica um processo de subjetivação, diferentemente de Foucault, que vê nos dispositivos meios de dessubjetivação.[111] É baseado nisso que Agamben propõe que se retome a concepção de 'dispositivo', tal qual empregada pelos teólogos, como algo tanto passível de uma *oikonomia* quanto operando por intermédio de uma *oikonomia* própria, alocando, de um lado, os seres vivos, e de outro os próprios dispositivos que procuram administrá-los. Como "literalmente [...] qualquer coisa que tenha de algum modo a capacidade de capturar, orientar, determinar, interceptar, modelar, controlar e assegurar os gestos, as condutas, as opiniões e os discursos de seres viventes"[112], os dispositivos se propagam economicamente em meio aos seres vivos moldando diferentes processos de subjetivação. No século XVIII, finalmente, o termo dispositivo não possui mais força, e a oikonomia retorna "na forma latinizada oeconomia e, sobretudo, no seu equivalente nas línguas europeias, no significado que lhe é familiar de 'atividade de gestão e de governo das coisas e das pessoas'."[113]

Não é por acaso que a *oikonomia* passa por um processo de vernacularização. Momento de disciplinarização epistêmica, Agamben recorda a partir da publicação de *Specimen Academicum de Oeconomia Naturae*, por Linneu, em 1749, como a Economia vai novamente ganhando uma nova dimensão como termo relativo ao funcionamento da natureza, que informa o desenvolvimento da Ciência Econômica, primeiramente com os Fisiocratas.[114] Afinal,

---

[108] AGAMBEN, Giorgio. *O que é um dispositivo? O que é o Contemporâneo? E outros ensaios.* V. N. Honesko, Trad. Chapecó-SC: ARGOS, 2010, p. 36.

[109] Ibidem, p. 37.

[110] Ibidem, p. 38.

[111] FOUCAULT, Michel. *Segurança, Território, População.* Curso dado no Collège de France (1977-1978). São Paulo: Martins Fontes, 2008; SIISIÄINEN, Lauri. The Shephed Meets the Divine Economy: Foucault, Agamben, and the Christian Genealogy of Governance. *Journal for Cultural & Religious Theory.* v. 14, n. 1, p. 53-69. 2014.

[112] AGAMBEN, 2010, p. 40.

[113] "nella forma latinizzata oeconomia e, soprattutto, nei suoi equivalente nelle lingue europee, nel significato che ci è familiare di 'attività di gestione e di governo dele cose e dele persone'." (no original). AGAMBEN, 2007, p. 305.

[114] Ibidem.

os Fisiocratas, e principalmente Quesnay, compreendiam a Economia como a disposição dos elementos da natureza, conforme criados por Deus. Trata-se, portanto, de uma Polícia da Natureza, de uma ordenação dos elementos, seres vivos ou não, de modo providencial, de modo que, "[E]conomia, para Quesnay, significa ordem, e a ordem funda o governo."[115]

Do mesmo modo, com o desenvolvimento de uma teoria do valor primitiva pelo economista e jurista francês Guillaume-François Le Trosne (1728-1780), reside na concepção fisiocrata um fundamento eminentemente teológico que alia a Economia à compreensão do mecanismo de funcionamento do mundo criado por Deus, que consistia numa ordem imutável instituída divinamente para o governo da sociedade civil. Os fisiocratas legavam à Economia, assim, uma leitura essencialista da ordem natural como forma de governo. Uma natureza advinda do paradigma do governo divino do mundo, a "economia política se constitui, assim, como uma racionalização social da oikonomia providencial."[116] Essa concepção chega, finalmente, a Adam Smith, que na *Teoria dos Sentimentos Morais* (um trabalho mais importante do que se costuma considerar), retoma os estoicos para tratar do governo providencial do mundo, reclamando um Deus que, sendo bom e sábio, organiza todos os eventos no plano geral do universo, ordenando o mundo e promovendo a felicidade geral. A ideia da *mão invisível* ganha, com essa leitura, nova roupagem, uma vez que originalmente teológica. Já anteriormente, para Santo Agostinho, afinal, "Deus governa e administra o mundo, das coisas grandes às pequenas, com um aceno oculto da mão."[117]

A Fisiocracia e o Liberalismo econômico, finalmente, como escolas fundantes da Ciência Econômica, mantêm o paradigma teológico da *oikonomia*. A Economia moderna, como *norma da casa*, como ciência voltada à compreensão e instrumentalização das técnicas voltadas à produção e reprodução dos meios de existência humanos, fundamenta-se, basicamente, na teologia econômica, que prescreve à *administração da casa* um componente divino ao qual ela é análoga. Agamben postula o paradigma da Economia moderna retomando a *Teodiceia* de Leibniz, segundo a qual os cabalistas compreendiam o cerne do pecado original como a separação do "Reino divino de seus outros atributos, constituindo assim um império no império."[118] A profanação no Reino (*Malkut*), por parte de Adão, portanto, incorrendo em seu truncamento (*truncatio Malkut*), é precisamente o que perfaz a economia moderna que, "assumindo uma soberania própria separada de sua origem divina, na verdade mantem o modelo teológico

---

[115] Ibidem, p. 308.

[116] Ibidem, p. 310.

[117] "*Dio governa e amministra il mondo, dale cose grande alle piccole, con un cenno oculto della mano.*" (no original). Ibidem, p. 311.

[118] "*Regno divino dai suoi altri attributi, costituendo così un impero nell'impero.*" (no original). Ibidem, p. 312-3.

do governo do mundo"[119]. Por isso, Agamben termina reafirmando o enunciado schmitiano sobre a secularização de conceitos teológicos como essência de todo conceito decisivo da teoria do Estado moderno.

No que tange à Sociologia, a observação é a de que, diferentemente do que para Max Weber e Ernst Troeltsch, a ascese puritana secularizada não foi aspecto de crescente desencantamento do mundo, mas ao contrário, Agamben mostra que "a teologia continua a ser presente e a agir no moderno de modo eminente"[120]. O capitalismo, desse modo, não seria um fenômeno cujo desenvolvimento se deu a partir de uma ética que crescentemente se descola de seus princípios teológicos, mas de uma que, ao fazê-lo, transforma o teológico em arqueológico, rende-o, à primeira vista, obtuso, de modo que a Teologia se resolve em ateísmo (da *oikonomia* de Deus à *oikonomia* das pessoas), e em política (da *okonomia* aristotélica como princípio monárquico, à *oikonomia* política, como distribuição democrática).

Por meio dessa retomada da genealogia feita por Agamben, é possível, portanto, introduzir a questão do componente teológico da Economia, especificamente em sua problemática moderna, da passagem da *oikonomia* à *dipositio* e desta à *oeconomiae*, donde a fisiocracia e o liberalismo de Smith. Vejamos agora o segundo componente da reflexão a ser articulada a essa genealogia na última parte do 'inquérito', a saber, a Encíclica papal *Laudato Si'* e a questão da *"ecologia integral"*, proposta pelo Papa Francisco.

4.2 A ENCÍCLICA *LAUDATO SI'*: A "ECOLOGIA INTEGRAL" E SUA RELAÇÃO COM A ECONOMIA

A mais recente Encíclica Papal não tarda a apresentar sua questão central: "nossa casa comum é como uma irmã com que compartimos nossa vida"[121]. Essa irmã, entretanto, agora nos grita pelos maus-tratos aos quais a subjugamos. A preocupação com a terra, nossa cassa comum, não é estranha nem recente à doutrina da Igreja. Francisco relembra as considerações não só de seus predecessores, Bento XVI[122], João Paulo II[123] e Paulo VI[124], mas também

---

[119] *"assumendo in próprio una sovranità separata dalla sua origine divina, mantiene in realtà il modelo teologico del governo del mondo."* (no original). Ibidem, p. 313.

[120] Ibidem, p. 15.

[121] PAPA FRANCISCO, 2015, sc. 30.

[122] PAPA BENTO XVI. Discurso ao Corpo Diplomático Acreditado junto à Santa Sé para a apresentação dos Bons Votos de Ano Novo. *L'Osservatore Romano*. Edição Semanal em Português. p. 8-9. 2007. Disponível em: <http://w2.vatican.va/content/benedictvi/pt/speeches/2007/january/documents/hf_ben-xvi_spe_20070108_diplomatic-corps.html>. Acesso em: 28 abr. 2017.

[123] PAPA JOÃO PAULO II. *Carta Encíclica Redemptor Hominis*. Disponível em: <http://w2.vatican.va/content/john-paul-ii/pt/encyclicals/documents/hf_jp-ii_enc_04031979_redemptor-hominis.html>. Acesso em: 28 abr. 2017.

[124] PAPA PAULO VI. *Carta Apostólica Octogesima Adveniens*. Disponível em: <http://w2.vatican.va/content/paul-vi/pt/apost_letters/documents/hf_p-vi_apl_19710514_octogesima-adveniens.html>. Acesso em: 28 abr. 2017.

do Patriarca Bartolomeu I de Constantinopla[125], cujos esforços a respeito da Ecologia são renomados. Segundo o Papa Francisco, as preocupações de papas precedentes, bem como as dos patriarcas ortodoxos, "ecoa as reflexões de inúmeros cientistas, filósofos, teólogos e grupos civis, todos os quais enriqueceram o pensamento da Igreja acerca destas questões".[126] Entretanto, no escopo da doutrina da Igreja, como não poderia deixar de ser tratando-se de uma encíclica, é São Francisco de Assis que parece ditar as diretrizes das novas considerações. *Laudato Si', louvado seja*, em latim, era a benção com a qual o Santo iniciava seus cânticos, devotado a todos os seres criados por Deus, bem como a Terra, a casa a nós destinada. Dedica-se a Encíclica, pois, partindo do preceito franciscano, ao apelo papal para que aceitemos o "desafio urgente de proteger nossa casa comum [que] inclui o cuidado de unir toda a família humana na busca de um desenvolvimento sustentável e integral."[127]

Conforme articula o Papa Francisco, os problemas ecológicos de nossa casa comum afligem a todos, crentes ou não, cientistas ou teólogos, portanto, o Papa propõe uma reflexão de caráter global que se dividirá em seis movimentos: começando pela revisão dos principais problemas da crise ecológica atual, analisados pela ciência, o Papa considera "certos princípios tomados da tradição Judaico-Cristã que podem tornar nosso comprometimento ao ambiente mais coerente."[128] Segue-se a esses passos a consideração dos sintomas e causas da situação atual; a articulação de uma ecologia que não desconsidere a posição única do ser humano no mundo; propostas de diálogo e ação, e, finalmente, propostas de condutas oferecidas pelo cristianismo. Considerando a multiplicidade dos temas abordados pelo Papa Francisco, Agemir Bavaresco estrutura uma análise filosófica da Encíclica a partir de quatro princípios fundantes: "O tempo é superior ao espaço, a unidade prevalece sobre o conflito, a realidade é mais importante do que a ideia e o todo é superior à parte".[129] Atendo-nos a esses princípios, podemos superar a discussão acerca da especificidade de cada problema abordado na Encíclica, uma vez que o que interessa, no escopo deste artigo, é uma consideração geral sobre o significado imanente do documento.

De qualquer modo, é importante, para o bem do argumento, destrinchar os principais aspectos da discussão feita na Carta Encíclica. Primeiramente, o

---

[125] PATRIARCA BARTOLOMEU I. *Address at the Environmental Symposium*. Saint Barbara Greek Orthodox Church. Disponível em: <https://www.patriarchate.org/-/patriarchikon-menyma-epi-te-eorte-tes-indiktou-2012>. Acesso em: 28 abr. 2017; Idem. *Message upon the Day of Prayer for the Protection of Creation*. Disponível em: <https://www.patriarchate.org/-/patriarchikon-menyma-epi-te-eorte-tes-indiktou-2012>. Acesso em: 28 abr. 2017. Cristão otomano e Patriarca de Constantinopla, Bartolomeu I foi elevado a principal patriarca da Igreja Católica Apostólica Ortodoxa em 1991.

[126] PAPA FRANCISCO, 2015, sc. 68.

[127] Ibidem, sc. 114.

[128] Ibidem, sc. 139.

[129] BAVARESCO, Agemir. Leituras Filosóficas da *Laudato Si'*. *Teocomunicação*. Porto Alegre: v. 46, n. 1, p. 24-38. jan.-jun. 2016, p. 25.

Papa se pergunta o que se passa com nossa casa comum. A resposta a essa indagação se encontra, segundo o Papa, na constante e crescente aceleração do ritmo de vida no planeta. O capitalismo aparece, nesse sentido, como o principal agente das transformações atuantes no sistema ecológico terrestre. A poluição e o desperdício ignoram o fato de que o clima seja "um bem comum, pertencendo e destinado a todos", de modo que não fomos capazes, ainda, de "adotar um modelo circular de produção capaz de preservar os recursos para gerações presentes e futuras".[130]

O ciclo econômico, portanto, mostra-se como o principal catalisador dos problemas climáticos, dirimindo recursos naturais que advêm tanto de sua má distribuição quanto de sua má e insustentável exploração. Os recursos hídricos, por exemplo, um bem básico para a vida humana, mostram-se inconsistentes quanto às demandas, havendo, ainda hoje, populações que carecem de acesso à água potável, enquanto países desenvolvidos seguem desperdiçando seus recursos. Do mesmo modo, a exploração da biodiversidade terrestre, florestas e bosques, operam uma constante dizimação de espécies animais, causando desequilíbrio sistemático de diferentes biomas. Finalmente, a degradação da qualidade de vida aparece como causa e efeito deste ciclo vicioso de produção. Cidades se tornam inabitáveis pela poluição e má distribuição de recursos, sendo muitas delas "enormes estruturas ineficientes, desperdiçando excessi-vamente energia e água".[131] A presença massiva de tecnologia, ainda, muitas vezes impede o aprendizado conjunto de princípios de bem-viver, de modo que o crescimento econômico atingido em diversas partes do planeta não pode ser considerado agente do progresso esperado pela sociedade global. É inegável, em suma, que o sistema econômico contemporâneo não tenha acabado com a desigualdade social. Pelo contrário, a deterioração ecológica é mostra da dete-rioração social de um planeta essencialmente desigual.

A postura do Papa Francisco, considerados os problemas contempo-râneos como intimamente ligados ao abuso dos recursos ambientais, é, por conseguinte, a de abordar tais problemas a partir da teologia: "Dada a comple-xidade da crise ecológica e suas múltiplas causas, precisamos assumir que as soluções não emergirão somente de uma forma de interpretar e transformar a realidade".[132] Nesse sentido, Francisco propõe uma releitura da narrativa bíblica da Criação como um ensinamento, revestido de linguagem simbólica, acerca da existência humana. Fundamental, nessa narrativa, é a correta interpretação que compreende que o domínio da terra dado por Deus ao homem diz respeito, de fato, à manutenção e ao cuidado do mundo. Semelhante à narrativa da Criação, os escritos dos profetas nos levam a indagar o papel que ocupamos no

---

[130] PAPA FRANCISCO, 2015, sc. 213.

[131] Ibidem, sc. 351.

[132] Ibidem, sc. 512.

mundo, inquerindo a relação do homem com a natureza, de modo que somos convidados "a encontrar força renovada em tempos de provação, contemplado Deus todo-poderoso que criou o universo".[133]

Ainda que tenha demitologizado a natureza, argumenta o Papa, o Judaico-Cristianismo não desconsiderou a importância, beleza e esplendor da natureza, mas simplesmente outorgou à humanidade a responsabilidade sobre esta, que não é nada mais do que o reflexo da grandeza de Deus. Estar em comunhão com a natureza é, portanto, estar em comunhão com Deus, respeitar sua obra e dela fruir como Ele orginalmente pretendeu. Por isso, a Terra é uma herança, criada por Deus e legada entre gerações humanas que, pertencendo a todos, não deve ser dominada por poucos e negada a muitos.

A crise ecológica demanda uma nova abordagem por parte dos líderes do planeta e tem sua origem, segundo o Papa Francisco, em dois fenômenos retroativamente relacionados: a tecnocracia e o antropocentrismo exacerbado. A revolução digital foi fruto de 200 anos de incrível avanço técnico que, do mesmo modo como aliviou inúmeros males que afligiam a humanidade, legou ao ser humano um poder tremendo. "Mais especificamente, eles deram àqueles com conhecimento, e especialmente recursos econômicos para pô-los em uso, um domínio impressionante sobre toda a humanidade e todo o mundo".[134] O avanço bélico feito em nome da segurança nacional, como as bombas nucleares, por exemplo, são exemplo de como o avanço tecnológico, tomado cegamente como sinônimo de progresso, torna explícita disparidade nos níveis desse mesmo avanço e aquele ao nível da responsabilidade humana. O problema seria, portanto, de uma relação unidimensional com a tecnologia, como se esta fosse neutra e não criadora e modeladora de estilos de vida aliados ao sistema produtivo. Nessa medida, o caráter essencialmente manipulável da tecnologia é transposto à nossa relação com a natureza, que se torna um meio para a obtenção de fins relativos à reprodução do estilo de vida contemporâneo.

A razão técnica, por conseguinte, sobrepõe-se à realidade e se torna o principal escape para a resolução dos problemas ambientais. A ideia de que a tecnologia por si resolverá as questões concernentes ao abuso do meio ambiente se torna o paradigma que enaltece um antropocentrismo exacerbado, um ser humano abstrato e todo-poderoso que mascara o fato de que nós, na verdade, é quem nos tornamos subservientes à tecnologia, ainda que essa seja uma criação humana. A crise ecológica atual é uma crise humana que demanda não só uma nova ecologia, mas uma nova antropologia, pois "tudo está conectado".[135]

---

[133] Ibidem, sc. 599.

[134] Ibidem, sc. 884.

[135] Ibidem, sc. 998.

Finalmente, após o diagnóstico acerca da situação contemporânea, o Papa Francisco chega ao que consideramos ser a principal contribuição e cerne do argumento teológico e filosófico de sua Encíclica: a proposta de uma ecologia integral que será posteriormente enunciada em termos de linhas de ação possíveis. De modo simples, o Papa considera que, uma vez sendo os problemas contemporâneos interligados, uma nova ecologia seja proposta na mesma direção. Integral, portanto, seria uma ecologia "capaz de levar em conta todos os aspectos da crise global [...] que claramente respeite suas dimensões social e humana".[136] O ponto de partida para essa ecologia integral seria o fato de que a própria noção de "meio-ambiente" se dá como a "relação existente entre a natureza e a sociedade que nela habita"[137], de modo que tal sociedade se dá como parte da natureza e não como algo dela separado. Nesse sentido, o reconhecimento de problemas sociais requer a compreensão da relação entre a sociedade e a natureza em termos socioeconômicos, comportamentais e conceituais. No que tange à esfera social, a ecologia integral partiria, para o Papa, de um nível institucional, daí se expandindo aos diversos grupos sociais, da família à comunidade internacional. Do mesmo modo, o patrimônio artístico, histórico e cultural deve ser incorporado e protegido como parte dessa nova ecologia, bem como algo mais do que uma herança histórica, senão como algo vivo, dinâmico e participativo, que enriquece a relação entre humanos e natureza. Economicamente também, deve-se propor dada certa previsibilidade possível à Ciência Econômica, uma simplificação dos procedimentos e uma redução de custos. Os esforços socioeconômicos devem, finalmente, integrar-se como uma ecologia cotidiana, enaltecendo os laços de convivência que, apesar das dificuldades enfrentadas, sobretudo em países pobres, são capazes de gerar um "sentimento de 'estar em casa'".[138] Desse modo, a ecologia integral deve se pautar sobre o princípio do bem comum, sendo este, conforme o Segundo Conselho Ecumênico do Vaticano, "a soma das condições de vida social que permitem a grupos sociais e seus membros individuais acesso relativamente pleno e fácil a sua própria realização".[139] Soma-se a isso o fato de que o bem comum é um direito pleno intergeracional e que o futuro é, portanto, componente central da ecologia integral.

Considerando-se os princípios da ecologia integral, o documento passa então à articulação de linhas de ação interdisciplinares para a realização do projeto ecológico. Entre as relações internacionais, a religião e as políticas locais, parece ser a Economia o eixo que articula os diversos ramos de conhecimento. É o modo

---

[136] Idem.

[137] Ibidem, sc. 1190.

[138] Ibidem, sc. 1282.

[139] Ibidem, sc. 1315.

de produção contemporâneo que, conforme vimos até aqui, dá origem e susten-
tação à presente crise. Ainda que a crise ecológica seja humana, essa dimensão
se encontra precisamente no modelo a partir do qual o ser humano empreende a
exploração do meio ambiente para reprodução de seu modo de vida.

Ao longo de todo o documento, antes de chegar às propostas de linhas
de ação, o Papa dá indícios de que a crise ambiental enquanto crise humana é
explícita nas relações internacionais de dependência entre países pobres e ricos.
É na esfera da administração da riqueza humana (como riqueza derivada da
exploração do meio ambiente) por meio do globo, que o Papa Francisco encontrará o cerne do problema ecológico. Agemir Bavaresco aponta, nesse sentido,
para a centralidade das relações internacionais e da economia política no escopo
da argumentação papal, áreas por meio das quais se encontrarão as causas da
atual crise. O esforço é de não permitir que a política se sujeite à economia e
nem que essa seja "sujeita aos ditames de um paradigma tecnocrático movido
pela eficiência"[140], mas que ambas trabalhem juntas a favor da vida. O par eco-
nomia/política é responsável pela crise ecológica, uma vez que uma se preocupa
com a concentração de capital e a outra com a manutenção de poder a custas da
exploração do meio-ambiente. A crise de 2008 teria tornando explícito o poder
irresponsável do sistema financeiro, dado à sociedade contemporânea a oportunidade de um novo tipo de economia, mas, afirma a Encíclica,

> [...] a resposta à crise não incluiu repensar os critérios antiquados que
> continuam a reger o mundo. A produção nem sempre é racional e em
> geral é aliada a variáveis econômicas que prescrevem a produtos um
> valor que não necessariamente corresponde a seu valor real. Isso fre-
> quentemente leva a um excedente de produção de certas mercado-
> rias, com impacto desnecessário ao meio-ambiente e resultados nega-
> tivos às economias regionais.[141]

Torna-se evidente, nessa citação, que a ecologia integral demanda uma
determinada Economia que restitua o modo de produção a um sistema ético
pautado numa relação de uso e propriedade entre os sistemas produtivos e a
natureza. Isso envolve um desenvolvimento produtivo centrado em corrigir as
disparidades "entre investimento tecnológico excessivo em consumo e investimento insuficiente em resolução de problemas urgentes"[142], o que poderia,
inclusive, gerar resultados lucrativos. Ao contrário, o princípio de maximização
de lucro que rege a economia contemporânea, seria, segundo o Papa Francisco,
reflexo de um "mal entendimento do próprio conceito de economia".[143] A afir-

---

[140] Ibidem, sc. 1545.
[141] Ibidem, sc. 1553.
[142] Ibidem, scs. 1570-8.
[143] Ibidem, sc. 1595.

SUSTENTABILIDADE GLOBAL E REALIDADE BRASILEIRA

mação de que viveríamos regidos por uma má compreensão do que seja a Economia, emerge como algo significativo no escopo da Carta Encíclica, uma vez que esse tipo de afirmação não será repetido acerca de nenhuma outra área do conhecimento, seja às relações internacionais, ao institucionalismo, à política e ao próprio ambientalismo, ainda que sejam todos sujeitos à crítica. É precisamente por esse destaque dado à Economia que, conforme explicitado na apresentação deste texto, uma avaliação crítica da Encíclica Papal encontra terreno fértil na relação entre a Teologia e a Economia, uma vez que é objetivo do Papa Francisco pautar as diretrizes de uma nova Ecologia que, integral, alie as ciências à Teologia, a racionalidade científica à espiritualidade. Como entender, entretanto, tal proposta, considerando-se a centralidade da crítica à Ciência Econômica à luz da retórica teológica?

4.3 DE SÃO FRANCISCO DE ASSIS AO SANTO PADRE FRANCISCO: ALTÍSSIMA POBREZA E ECOLOGIA

É a respeito de São Francisco de Assis que aparece pela primeira vez na Carta Encíclica do Papa Francisco o termo *ecologia integral*, que "clama a uma abertura a categorias que transcendam a linguagem da matemática e da biologia, e nos levem à essência do que é ser humano".[144] É no fechamento do documento, entretanto, que a referência ganhará sua força. Na medida em que o Papa declara que o atual sistema socioeconômico, centrado na economia do livre mercado que "promove consumismo extremo [...] pessoas podem facilmente se envolver num redemoinho de compras e despesas desnecessárias"[145], a crítica se volta contra os efeitos que o capitalismo contemporâneo inflige na vida cotidiana. Nesse sentido, a sociedade de consumo leva à ideia de liberdade por meio de uma imposição de padrões de comportamento que se resolvem na esfera econômica individual, que iguala a liberdade de consumo à liberdade enquanto exercício pleno de nosso potencial, de modo que realmente livres seria, segundo o Papa, "a minoria que retêm o poder econômico e financeiro"[146]. É imprescindível que se opere, portanto, uma mudança nos estilos de vida. Algo tornado explícito por certos movimentos sociais que, ao boicotarem determinados produtos, demonstram a falibilidade dos mecanismos de produção no que diz respeito à sustentabilidade. Na medida em que tal conduta remete à responsabilidade que nos cabe quanto ao usufruto do meio ambiente, é precisamente nosso estilo de vida que se vê desafiado.

---

[144] Ibidem, sc. 96.
[145] Ibidem, sc. 1689.
[146] Idem.

Portanto, o retorno a São Francisco de Assis não se mostra como acaso. Patrono dos ambientalistas, o Santo é reconhecido pelo tratamento igualitário dispendido entre todos os seres da natureza. Esse tipo de conduta consistia, entretanto, de um princípio eclesiástico desenvolvido por São Francisco de Assis que reivindicava, da parte dos Frades Menores, a mais *altíssima pobreza*, uma forma de vida, conforme analisada por Giorgio Agamben[147], que abdicava da propriedade enquanto mantinha o direito ao livre uso dos meios providos pela natureza e pelo artifício humano. Tendo sob perspectiva a referência a São Francisco de Assis, tomaremos um momento para resgatar o preceito da altíssima pobreza como o terceiro componente necessário a uma leitura filosófica da *Laudato Si'*. Se num primeiro momento introduzimos a teologia econômica de Agamben, de modo a articular a relação entre religião e economia, bem como, num segundo momento, debruçamo-nos sobre o conceito de 'ecologia integral', por meio do qual o Papa tece sua crítica ao modelo socioeconômico contemporâneo, a inserção do conceito de 'altíssima pobreza' e 'forma-de-vida', tais quais lidas, mais uma vez, por Agamben, emerge como peça faltante que permitirá concluir essa reflexão com apontamentos sobre possíveis significados, mensagens e propósitos subliminares à mensagem papal.

O objeto de Agamben, em sua análise da Ordem franciscana, é tentar "construir uma forma-de-vida, isto é, uma vida que se alia tão fortemente à sua forma que se mostra dela inseparável".[148] Como no caso da Teologia econômica, o estudo da forma-de-vida e da altíssima pobreza envolve uma longa análise filológica, dessa vez eminentemente latina, que desvela a mudança de significado de sintagmas eclesiásticos que se articulam retoricamente contra e a favor da proposta franciscana. Fundamental nesta análise, para nós, entretanto, além do sucesso ou fracasso da empresa franciscana, é a própria existência da forma-de-vida e do princípio de altíssima pobreza, que legou ao Ocidente a demanda de se pensar numa forma-de-vida e de usos de corpos "e do mundo que nunca se substanciam em apropriação. Isto é, mais uma vez: pensar a vida como aquilo nunca dado como propriedade, mas somente como uso comum."[149] Perpassando a ética, a legalidade e a política, a transformação operada pelo franciscanismo pautou, segundo Stephen Healy "um engajamento com o aqui e o agora [...] um tipo de protesto contra a autoridade da Igreja"[150], por intermédio de uma "vida e um novo modo de viver, uma novum vitae genus, uma vida [...] apostólica."[151]

---

[147] AGAMBEN, 2013.

[148] Ibidem, p. 49.

[149] Ibidem, p. 88.

[150] HEALY, Stephen. Saint Francis in Climate-Changing Times: Form of Life, the Highest Poverty, and Postcapitalist Politics. Rethinking Marxism. *A Journal of Economics, Culture & Society.* v. 28, n. 3-4, p. 367-84. 2016, p. 372-3.

[151] AGAMBEN, 2013; PAPA FRANCISCO, 2015, sc. 1386.

Distanciando-se da *ordem* eclesiástica, o que importava às novas ordens dos Séculos XII e XIII era a *vida*. Mais ainda, a "habilidade de viver de certo modo, de praticar alegre e abertamente uma certa forma de vida."[152]

Nessa nova dinâmica monástica, as regras cenobitas deixam de ser aplicadas à vida para, ao invés disso, produzi-la e ao mesmo tempo serem nelas produzidas. É fundamental para Agamben interrogar a importância de terem sido os reclames das novas ordens monásticas articuladas ao nível da própria vida. O significado inerente da proposta de uma nova forma de vida dentro do franciscanismo se origina nas discussões contemporâneas à origem do movimento, nas quais a própria noção de "forma de vida" já existe como sintagma *forma vitae*, que se põe como modelo, paradigma ao qual um estilo de vida se adere de forma plena. O que o franciscanismo faz é adotar como regra para sua forma de vida a própria vida de Cristo. Para São Francisco de Assis, a questão se torna não tanto a de "aplicar uma forma (ou norma) à vida, mas de viver de acordo com aquela forma, à de uma vida que, em sua sequência, faz de si aquela mesma forma, coincide com ela."[153] No escopo das discussões e dogmas eclesiásticos sobre a vida monacal, o franciscanismo instala uma tensão entre regra e vida, na medida em que não sobra à vida espaço para regras com força de lei ditando a forma de vida a ser adotada e praticada pelos monges. Ora, essa nova forma de vida, pretendida pelo fundador da Ordem, definia-se precisamente pela ideia de *altíssima paupertas*, "altíssima pobreza" que, conforme mostra Agamben, resumirá a empreitada franciscana, essencialmente descolada da esfera legal, enquanto condição para a prática de uma forma de vida. Ainda que a questão legal não seja insignificante para uma análise da Encíclica Papal, interessa discutirmos a problemática do uso e da propriedade que emerge, uma vez que é essa a relação que, ao final, dará substância à forma-de-vida franciscana. Nesse sentido, de acordo com Stephen Healy, Agamben adota a distinção de Boaventura, que define quatro categorias de propriedade:

> [...] propriedade, posse, usufruto e simples uso (também chamada uso pobre). As três primeiras nos são familiares hoje como diferentes formas de manter, possuir ou usufruir de uma propriedade. A última categoria, a de uso simples ou pobre é aquela praticada nos monastérios como a mais alta pobreza: o direito de usar algo sem o direito de possui-lo.[154]

Esse direito ao uso era garantido e aceito pela Igreja. Assim, os frades franciscanos podiam usufruir aquilo que pertencia à Igreja, sem reclamar direito à sua posse, ainda que eles, também, fossem membros da Igreja. Enquanto

---

[152] PAPA FRANCISCO, 2015, sc. 1407.
[153] Ibidem, sc. 1532.
[154] HEALY, 2016, p. 374.

na Igreja e no ofício pastoral se operavam uma cisão entre regra e vida, que garantia o exercício do sacramento ao padre, independentemente da pessoa exercendo tal ofício, os franciscanos buscavam, destarte, uma alternativa a tal cisão, que constituiu, no fundo, a separação entre liturgia de um lado, isto é, a profissão da fé, e vida de outro, isto é, a vida pessoal do sacerdote. O franciscanismo, ao reclamar a vida de Cristo como o paradigma formativo de sua forma de vida, radicalizando o voto de pobreza ao relacioná-lo com uma relação de uso sem propriedade, explicitou o que é, para Agamben, "o 'paradigma ontológico operativo', o 'molde' ao qual a sociedade secular foi forçada."[155] Interessantemente, a noção de "uso" é precisamente o que é deixado em aberto pelos franciscanos. Como parte de uma defesa da ordem contra diferentes frentes eclesiásticas, a ideia de altíssima pobreza não resistiu aos ataques jurídicos da cúria e, teoricamente, veio abaixo com o tempo. Ao mesmo tempo, essa abertura deixada pela literatura franciscana é o que Agamben identifica como o que há de relevante à contemporaneidade, na medida em que nos propõe, ainda, a possibilidade de uma forma de vida em que esta não seja sujeita à regra e à lei como estatutários de um *ethos* ideal.

À luz da ideia de altíssima pobreza, que critica a relação entre uso e propriedade, a crítica papal ao sistema contemporâneo adquire novo significado e pode-se refletir sobre o significado da presença de São Francisco de Assis na reflexão, a começar pelo título. Não só, o inicial apelo papal à "reunião de toda a família humana"[156], não consiste à criação de um mundo novo, mas à reparação e restauração dele, elementos chave da doutrina franciscana. Não é um mundo novo o que precisamos, mas um mundo melhor. O apelo a uma nova forma de vida se torna, a partir disso, explícito, quando o Papa se aproxima da conclusão de sua Carta. Se não é possível conter a marcha desenfreada do progresso que vem acabando com o nosso lar comum, essa mudança virá com "novas convicções, atitudes e formas de vida"[157], de modo que não basta, para que a ecologia integral exista, uma educação ambiental. Ainda que esta tenha ampliado horizontes de conduta, a educação ambiental muitas vezes se limita "a prover informação, falhando em instituir bons hábitos."[158] É necessário, portanto, para além de medidas institucionais, uma transformação pessoal. A ecologia integral se torna, logo, não um problema educacional, mas um paradigma de conversão, no qual o cuidado da casa comum se equivale a uma conduta.

---

[155] Ibidem, p. 376.
[156] PAPA FRANCISCO, 2015, sc. 114.
[157] Ibidem, sc. 1682.
[158] Ibidem, sc. 1732.

CONSIDERAÇÕES FINAIS

Conforme destaca Jiao Xue Zhang[159], o Papa Francisco não faz em sua Encíclica uma simples menção a São Francisco de Assis, como referência introdutória ao problema a ser abordado, senão uma retomada explícita do paradigma franciscano segundo o qual nos é permitido, "como colegas de trabalho do Criador, ver e experienciar uma ecologia integral que está além de qualquer compreensão e entendimento humanos."[160] Uma experiência de tal modo transcendente resgata e centraliza o componente teológico ao redor do qual o Papa desenvolve seu argumento. Determinante aqui, entretanto, é a possível articulação entre tal argumento e o longo argumento de Giorgio Agamben, segundo o qual a concepção papal teologicamente voltada a uma crise humanitária decorrente do sistema econômico, resgata precisamente o componente ignorado da Teologia na Economia. Facilmente articulando-se o diagnóstico social ao se considerar o papel da Igreja e da religião na gênese do Estado-nação e do capitalismo modernos, a crítica teológica, nesse sentido, incorpora não só o desenvolvimento do pensamento econômico no seio das mudanças sociais decorrentes e produtoras das sociedades modernas, mas o próprio princípio econômico filológico e epistemologicamente compreendido, como um processo de longa duração no escopo maior da constituição da sociedade moderna como fenômeno de raiz eminentemente teológica.

A hipótese levantada neste artigo, portanto, é a de que é possível inferir no argumento papal aquela genealogia teológica da economia de que Agamben trata. O preceito de uma humanidade "parte da comunidade das criaturas viventes da Terra [...] correlacionada a seu ambiente vivente"[161], e a deterioração deste como resultado do sistema econômico humano religa o meio-ambiente à administração humana. Na medida em que a humanidade comparte o trabalho da Criação, a administração da casa comum se torna uma economia que encontra seu paradigma na *economia do mistério*. Se, num primeiro instante, essa conclusão parece forçada, contando um salto grande entre a genealogia de Agamben e as premissas papais, é porque a reflexão demandaria, como aponta o próprio Agamben a respeito de seu trabalho, uma investigação mais apurada no que diz respeito ao paradigma teológico da economia, da modernidade em diante. Isso, entretanto, não impede a realização de perguntas importantes e o levantamento de uma hipótese importante à análise da Encíclica papal. O que deve ficar claro é que o Papa parece ciente do com-

---

[159] ZHANG, Jiao Xue. How St. Francis Influenced Pope Francis' *Laudato Si'*. *Crosscurrents*. Hoboken, USA: v. 66, n. 1, p. 42-56. March 2016. Disponível em: <http://onlinelibrary.wiley.com/doi/10.1111/cros.12170/full>.

[160] Ibidem, p. 46.

[161] Ibidem, p. 48.

ponente teológico da economia e da gênese filológica e epistemológica desse componente no desenvolvimento da Economia, inclusive e especialmente, como disciplina autônoma.

A segunda hipótese que se levanta nessa breve análise é a de que o elo entre Teologia e Economia é resolvido pelo Papa a partir do paradigma franciscano da *forma-de-vida*, termo vindo de Agamben, que surge como resultado da capacidade transformativa das condutas humanas, especialmente guiadas pelos preceitos cristãos. Na medida em que a ecologia integral, como resposta a uma questão socioeconômica, surge explicitamente aliada ao franciscanismo, o Papa, dessa vez, articula um salto que vincula a conduta política humana ao paradigma econômico, uma vez que, no escopo do catolicismo, somente essa conduta é capaz de garantir o *cuidado da casa comum*. A ideia de uma forma-de-vida capaz de reivindicar um uso sem propriedade subjaz, a nosso ver, a essa forma-de-vida como um paradigma originalmente revolucionário. Porém, como demonstra Agamben[162], faltante de desenvolvimento para além do direito canônico e, portanto, materialmente se reduzindo a um léxico técnico, cuja praticidade foi, antes de poder ser desenvolvida, capturada pela Igreja nos processos políticos. Nesse caso, dogmáticos e retóricos, que garantiram a manutenção da ordem franciscana após a morte de seu fundador.

Considerando-se a multiplicidade de relações possíveis contidas na Carta Encíclica *Laudato Si'*, torna-se evidente, portanto, a existência de diversas possibilidades que dela se desdobram, uma vez reconhecida a presença do paradigma teológico da Economia. Além de uma interessante contribuição ao embate entre Schmitt e Petersen, que de algum modo pretendemos aqui dar conta, a crítica papal ao sistema socioeconômico contemporâneo pode nos garantir uma nova mirada e dimensão à relação entre economia e religião, repaginada diversamente à clássica leitura weberiana, e entre esta e a teoria política. Na medida em que o paradigma da teologia econômica entre em vigor, a Teologia se encontra finalmente inserida no pensamento político para além de seu aporte sócio histórico, como vemos em Max Weber[163] ou Ernst Troeltsch[164]. O que se opera é a abertura do discurso teológico à esfera do pensamento político a partir de seu próprio domínio. Dado que mesmo a relação entre Economia e Política se solidifica ao nos aproximarmos da modernidade, e dado que, a começar por Aristóteles, a Economia era uma prática mantida fora da Política, a inserção do paradigma teológico da economia no debate contemporâneo, que retomamos por meio da Encíclica papal, problematiza o princípio

---

[162] AGAMBEN, 2013.

[163] WEBER, Max. *A Ética Protestante e o Espírito do Capitalismo*. São Paulo: Companhia das Letras, 2004.

[164] TROELTSCH, Ernest. *Le Dottrine Socili delle Chiese e dei Gruppi Cristiani*. v. 2 : Il Protestantesimo. Firenze : La Nuova Italia, 1969.

fundante da Economia como prática. Esse princípio se torna crescentemente claro na medida em que a ecologia integral se mostra fundamentalmente embasada em um problema que, precisamente, articula Economia e Política, uma vez que, demandando ações e não só princípios, ela resgata o preceito do *cuidado da casa comum* como uma práxis.

Parece haver, portanto, dois lados à Encíclica papal, consoante o argumento aqui desenvolvido. Primeiramente, a declaração do Papa Francisco, tomada em sua totalidade, apresenta um argumento radical que sem dúvida tem em vista resgatar um papel predominante da Igreja no cenário internacional. Como bom jesuíta, Bergoglio demonstra uma exímia competência para compreender as demandas sociais relativas à Igreja, assim como extrema capacidade para a formação de um discurso que, ao mesmo tempo em que dá sequência à doutrina social da Igreja, reformula certos princípios religiosos ao demonstrar um retorno à religião como prática, algo há muito tempo ausente na Igreja. Ainda que um tanto lógico, esse retorno e constante rememoração e reafirmação do Cristianismo como prática, é precisamente o que vem fundamentando o radicalismo do papado atual. Interessante é notar, nesse sentido, como o Papa vem sendo adotado carinhosamente por movimentos sociais de esquerda, tanto em sua América natal quanto alhures. Atualmente, a ideia de um "Papa marxista", que aceita discursos como *ideologia de gênero*, pede desculpas a homossexuais e diz que inferno não existe, assustando fervorosos católicos liberais[165], chega a ponto de não parecer absurda. Afinal, na Era Trump da pós-verdade e do fracasso das esquerdas globais, como qualificar alguém que não se alinha à lógica liberal, senão como marxista? Não seria essa uma resposta lógica e óbvia? Essa primeira faceta da Encíclica, de um retorno ao cristianismo como prática, é de fato radical dentro da comunidade cristã, como recusa da ideologia liberal que alinha grandes potentados católicos a dispositivos de poder governamentais. De modo direto, o Papa afirma que cristãos são aqueles que se dedicam aos pobres e necessitados, não os que servem ao poder. É precisamente aí que a segunda faceta da encíclica vem à tona.

Na medida em que o Papa restabelece um preceito acerca de uma vida "verdadeiramente" cristã, isto é, de uma vida que é praticamente cristã, o Santo Padre resgata a humildade franciscana que informa sua forma-de-vida específica. Não se negando que essa conduta seja perfeitamente coerente, religiosa ou secularmente, e até necessária, é preciso que inqueramos o que subjaz à ideia de uma vida cristã conforme o preceito franciscano. A resposta a essa indagação parece residir no fato de que o franciscanismo, revolucionário como foi, não resistiu por muito tempo, conforme vimos, na forma a ele dada

---

[165] GREGG, Samuel. *Laudato Si'*: Well Intentioned, Economically Flawed. *Police*. n. 31, p. 49-51. July 2015. Disponível em: <https://spectator.org/63160_laudato-si-well-intentioned-economically-flawed/>.

por seu fundador. Se o franciscanismo teve que ceder às exigências monásticas, cenobitas, dogmáticas, canônicas e retóricas, para que garantisse sua manutenção, o que subjaz à reflexão papal e seu retorno ao franciscanismo é a reafirmação de que a Igreja continua soberana em relação a seus fiéis. Desse modo, o Papa impõe o signo distintivo da autoridade eclesiástica sobre o corpo político formado pela comunidade de fiéis, mas principalmente sobre o *mistério da economia*, que se retorna ao seio da Igreja por intermédio da retomada do paradigma teológico da economia.

Finalmente, a título de conclusão, uma reflexão filosófica sobre a Carta Encíclica *Laudato Si'* é possível, e necessária, a partir de diversas matrizes. Escolhendo, nesse caso, uma reflexão que problematiza os paradigmas teológicos da Economia e sua relação com o resgate do franciscanismo, por meio da ecologia integral proposta pelo Papa Francisco, é possível trazer à tona uma compreensão do documento que destaca a proposta papal como uma com duas facetas: uma voltada à sociedade global e uma voltada mais especificamente à comunidade católica. A primeira afirma o carisma radical do papado atual, que, dando continuidade à doutrina social da Igreja, reformula a posição desta em relação a grupos minoritários e realinha sua posição a favor do meio ambiente como questão central da atualidade. Assim como reendossa sua predominância no cenário internacional, direcionando sua crítica a setores específicos do sistema socioeconômico contemporâneo (indústrias e mercado, especificamente). Por outro lado, o retorno ao franciscanismo no seio da comunidade católica também reafirma a soberania eclesiástica sobre essa mesma comunidade. Uma vez que historicamente o franciscanismo não pôde se desenvolver dando continuidade à forma na qual havia se originado, precisando ceder às demandas da Igreja para que pudesse seguir existindo, ajustando-se, portanto, ao cânone ecumênico, o Papa limita, assim como a Igreja limitou o potencial revolucionário dos franciscanos, a forma-de-vida radical da ecologia integral ao seio da Igreja. Em outras palavras, subentende-se que, a despeito de qualquer caráter libertário que liberais e socialistas possam ver no Papa, Francisco de fato parece estar afirmando que, aos católicos (primeiramente), a nova forma-de-vida necessária aos novos tempos só virá por meio da Igreja, o que faz dela soberana e protagonista no destino da nossa *casa comum*.

Um jesuíta, sem dúvida, Francisco demonstra, por intermédio de sua Carta Encíclica *Laudato Si'*, a capacidade da Igreja de se adaptar (talvez mais do que tanto liberais quanto socialistas) aos problemas da sociedade contemporânea. Mais ainda, o Papa se posiciona de forma, de fato, radical, independentemente da agora talvez evidente manutenção da soberania eclesiástica contida no documento. Se o documento, por si, não é capaz de operar uma grande mudança no cenário político, ele não obstante expressa os objetivos da Igreja em relação a tal cenário e nos fornece contribuições teóricas e possivelmente práticas dentro da comunidade de fieis, valiosas a diferentes esferas de atuação. Se o retorno à religião já vinha sendo operado no seio de certos setores da esquerda, esse retorno se mostra, com a Encíclica, definitivo, indicando de fato uma afinidade do Papa com as reivindicações de grande parte da esquerda atual, especialmente a latino-americana e a europeia, mas também a dos movimentos sociais de países islâmicos. Se o impacto que as medidas do Papa causam, sejam revolucionárias ou não, há de se conferir. De qualquer modo, não parece preciso afirmar que o Papa é um marxista, ainda que o marxismo tenha uma relação de longa data com a manutenção da soberania.

REFERÊNCIAS

AGAMBEN, Giorgio. *Il Regno e la Gloria.* Per una genealogia teologica dell'economia e del governo. Vicenza: Neri Pozza, 2007.

_____. *O que é um dispositivo?* O que é o Contemporâneo? e outros ensaios. Trad. V. N. Honesko. Chapecó-SC: ARGOS, 2010.

_____. *The Highest Poverty.* Monastic Rules and Form-of-Life. Tradução A. Kotsko. Stanford: Stanford University Press, 2013.

_____. *What is an Apparatus?* What is an Apparatus? and Other Essays. Tradução D. Kishik; S. Pedatella. Stanford: Stanford University Press, 2009.

BAVARESCO, Agemir. Leituras Filosóficas da Laudato Si'. *Teocomunicação.* Porto Alegre: v. 46, n. 1, p. 24-38. jan.-jun. 2016.

FOUCAULT, Michel. *Segurança, Território, População.* Curso dado no Collège de France (1977-1978). Tradução Eduardo Brandão. São Paulo: Martins Fontes, 2008.

GREGG, Samuel. Laudato Si': Well Intentioned, Economically Flawed. *Policy.* n. 31, p. 49-51. 2015.

HEALY, Stephen. Saint Francis in Climate-Changing Times: Form of Life, the Highest Poverty, and Postcapitalist Politics. Rethinking Marxism. *A Journal of Economics, Culutre & Society.* v. 28, n. 3-4, p. 367-84. 2016.

MCLOUGHLIN, Daniel. On Political and Economic Theology: Agaben, Peterson and Aristotle. *Angelaki. Journal of Theoretical Humanities.* v. 20, n. 4, p. 53-69. Oct. 2015.

PAPA BENTO XVI. Discurso ao Corpo Diplomático Acreditado junto à Santa Sé para a apresentação dos Bons Votos de Ano Novo. *L' Osservatore Romano.* Edição Semanal em Português. p. 8-9. Disponível em: <http://w2.vatican.va/content/benedictvi/pt/speeches/2007/january/documents/hf_ben-xvi_spe_20070108_diplomatic-corps.html>. Acesso em: 28 abr. 2017.

_____. *Encyclical on Capitalism & Inequality.* On Care for ur Common Home. Versão eletrônica Kindle. London: Verso, 2015.

PAPA FRANCISCO. *Carta Encíclica Laudato Si' do Santo Padre Francisco sobre o Cuidado da Casa Comum.* Roma: Libreria Editrice Vaticana, 2015.

PAPA JOÃO PAULO II. *Carta Encíclica Redemptor Hominis*. Disponível em: <http://w2.vatican.va/content/john-paul-ii/pt/encyclicals/documents/hf_jp-ii_enc_04031979_redemptor-hominis.html>. Acesso em: 28 abr. 2017.

PAPA PAULO VI. *Carta Apostólica Octogesima Adveniens*. Disponível em: <http://w2.vatican.va/content/paul-vi/pt/apost_letters/documents/hf_p-vi_apl_19710514_octogesima-adveniens.html>. Acesso em: 28 abr. 2017.

PATRIARCA BARTOLOMEU I. *Address at the Environmental Symposium*. Saint Barbara Greek Orthodox Church. Disponível em: <https://www.patriarchate.org/-/patriarchikon-menyma-epi-te-eorte-tes-indiktou-2012>. Acesso em: 28 abr. 2017.

_____. *Message upon the Day of Prayer for the Protection of Creation*. Disponível em: <https://www.patriarchate.org/-/patriarchikon-menyma-epi-te-eorte-tes-indiktou-2012>. Acesso em: 28 abr. 2017.

SIISIÄINEN, Laurie. The Shephed Meets the Divine Economy: Foucault, Agamben, and the Christian Genealogy of Governance. *Journal for Cultural & Religious Theory*. v. 14, n. 1, p. 53-69. Fall 2014.

TROELTSCH, Ernst. *Le Dottrine Socili delle Chiese e dei Gruppi Cristiani*. Firenze: La Nuova Italia, 1969. v. 2: Il Protestantesimo.

WEBER, Max. *A Ética Protestante e o Espírito do Capitalismo*. Trad. São Paulo: Companhia das Letras, 2004.

ZHANG, Jiao Xue. How St. Francis influenced Pope Francis' Laudato Si'. *Crosscurrents*. v. 66, n. 1, p. 42-56. March. 2016. Disponível em: <http://onlinelibrary.wiley.com/doi/10.1111/cros.12170/full>.

PARTE II

**DIREITO AMBIENTAL;
CRISES HÍDRICAS E ENERGÉTICAS;
SUSTENTABILIDADE E CIDADANIA**

CAPÍTULO 5

O CASO SAMARCO COMO PARADOXO DO DESASTRE

Nair d'Aquino Fonseca Gadelha e Rodrigo Priolli de Oliveira Filho

A sociedade capitalista moderna pauta-se em três grandes paradigmas industriais: um modelo baseado na energia gerada pelo carvão e sua acelerada e desordenada urbanização; um segundo impulsionado pelo petróleo e gás natural e uma terceira via marginal, voltada para a produção de energias renováveis (verdes), ecologicamente autossuficientes que tenta se consolidar a partir de um novo olhar lateral de poder pós-carbono.[166]

Na gestão do risco, o licenciamento ambiental é visto como o pilar regulador das atividades industriais de larga escala. Em suas fases (licença prévia, licença de instalação e licença de operações), estabelecem-se prerrogativas fundamentais para mitigação, previsão e prevenção de impactos intermodais (naturais e antropogênicos) que englobam níveis ecossistêmicos complexos dos pilares normativos de consolidação dos direitos ambientais e sociais regulados.

Na contramão dessa terceira via encontra-se o Brasil, país que nas últimas décadas tem optado pelo modelo de reprimarização de sua economia, centrado no escoamento de recursos energéticos e na defesa de *commodities* agrícolas e minerais. Na lógica da inserção periférica, destaca-se a consonância entre governo e setor privado, articulados na coadunação de um modelo de desregulação econômica, no qual o EIA/Rima é visto como procedimento dispendioso e desnecessário, cujo custo excessivo seria impeditivo dos interesses público ou nacional, entrave ao *virtuoso modelo agroexportador brasileiro*. Essa mudança neoliberal radical do olhar que visa a destruir as conquistas consagradas na Constituição Federal de 1988 encontra-se sintetizada nas emendas em votação da PEC 215/2000, que sugere a liberação da mineração em terras indígenas e quilombolas; na Emenda Constitucional 65/2012, que visa à extinção do licenciamento ambiental no país, e no PL 5807/2013 de novo código de Mineração. Desde 2013, o Projeto de Lei da Mineração tramita no Congresso Nacional, coloca a mineração como prioridade absoluta de uso

---

[166] RIFKIN, Jeremy. *A Terceira Revolução Industrial: como o poder lateral está transformando a Energia, a Economia e o Mundo.* São Paulo: M. Books, 2012, p. 92-3. Para Rifkin, o discurso da substituição dos automóveis por transporte público de qualidade e dos corredores de bicicletas, os carros *flex* movidos à energia elétrica ou a álcool em substituição ao petróleo, ou mesmo a geração de energia eólica e placas fotovoltaicas solares, é um bom exemplo do terceiro modo de produção e se insere em duro embate travado entre pesquisadores, comunidade científica mundial e as empresas que baseiam sua produção nos primeiro e segundo paradigma.

territorial, acima dos demais usos. Pela nova redação, a criação de unidades de conservação ambiental, demarcação de terras indígenas, assentamentos rurais e definição de comunidades quilombolas seriam submetidos à autorização prévia da Agência Nacional de Mineração. São três eixos de mudança: 1) jurídico-administrativa pela criação do Conselho Nacional de Mineração; 2) transferência de tecnologia, para o setor jurídico privado e pessoas físicas, da concessão da pesquisa e lavra que antes era controlado pelo Estado brasileiro; 3) modelo de compensação financeira e tributária (CFEM) por meio da negociação em sistema balcão e de ações de *royalties da mineração* negociadas por alíquotas de até 4% do faturamento bruto anual.[167]

Essas leis, em conjunto, integram um projeto alicerçado no tripé agro-hidro-minério *business*, provocando mudanças profundas no marco legal constitucional e são apresentadas nos dias atuais, como forma de saída mais rápida à atual crise econômica brasileira; a nova agenda independe de posição político-partidária, e é pauta presente desde o programa *"Uma ponte para o futuro"* (governo Dilma Rousseff) e está sendo consolidado na atual Agenda *Brasil* (governo interino de Michel Temer). O caso da empresa *holding* Samarco/Vale/BHP Billinton Minerações é paradigmático.

O acidente da barragem de Mariana pela onda de 450 quilos de rejeitos de mineração e 80 milhões de toneladas de lama e detritos, atingiu oficialmente cerca de 20 mil pessoas distribuídas em 15 municípios, cobrindo desde a localidade de Bento Rodrigues (Mariana), local do acidente, e percorrendo 400 km de extensão, passando pelo córrego Santarém e rios Gualaxo do Norte e do Carmo até alcançar o Rio Doce. A pluma de contaminação chegou à foz desse rio, no litoral do Espirito Santo, gerando impactos socioeconômicos e ambientais significativos.

O *hard case* analisado nesse artigo permite deslindar alguns aspectos indissociáveis ao modelo de desenvolvimento implementado na nova agenda do País, captando elementos da relação indissociável entre poder político e empresa, mas também os elementos dissonantes à reparação civil efetiva da população impactada pelo empreendimento. Nesse sentido, o presente artigo tem por objetivo geral refletir alguns aspectos da problemática do Direito do Desastre (Teoria Integral do Risco) à luz do acidente da Samarco como paradoxo do processo de desmantelamento legislativo ambiental em *aggiornamento* político com interesses difusos empresariais.

---

[167] O modelo de gestão enfraquece o controle do CPMR (Serviço Geológico do Brasil) e aprofunda a relação entre mineração e mercado financeiro, regulamentando a penhora dos direitos minerários negociados nos mercados de bolsa e balcão, gerando ativos financeiros isentos de imposto de renda à Pessoas físicas e jurídicas que investirem no setor. Dentre as insígnias defendidas pelo projeto de lei, encontra-se a eliminação das audiências públicas de consulta às populações impactadas.

5.1 A DIMENSÃO DO RISCO COMO UM 'CARRO DE JAGRENA'

No binômio *energia-comunicação-sustentabilidade,* a inflexão do marco regulatório de controle e a gestão do risco ocorrem na recusa sistêmica em adotar uma visão reflexiva de que o consumo nos moldes atuais é insustentável porque os recursos existentes são finitos. Por outro lado, a questão do acesso ao mundo tecnológico se alicerça numa visão geopolítica e econômica que dividem os detentores da riqueza (ditos países avançados) e o restante do planeta que inclui mais ou menos 3,6 bilhões de miseráveis que detêm pouco menos de 0,25% da riqueza global produzida. Dessa população mundial total composta por 7,5 bilhões de pessoas, apenas oito homens concentram a riqueza da metade mais pobre do planeta.[168]

O outro lado da questão é que estamos vivenciando uma sexta onda de destruição planetária em massa, que ameaça a biodiversidade do planeta pela exclusiva responsabilidade de uma só espécie, o *homo sapiens,* que a partir dos anos 70, com o avanço do capitalismo em escala, intensificou suas atividades industriais ocupando todos os cantos do planeta. Segundo dados da Organização Não Governamental WWF *(Living Report.2016. Risk and Resilience in a New Era),* a população de animais selvagens do planeta decaiu para 58% das espécies. Um terço dos tubarões e arraias foi extinto, sendo que dentre os animais que vivem em água doce, o declínio atingiu a marca de 81%. Entre 1970 e 2009, 48% das florestas tropicais e subtropicais do planeta foram desmatadas para ocupação e uso humano, levando ao declínio de 41% das populações nativas, incluindo mamíferos e pássaros que desapareceram.[169]

No Cerrado brasileiro, dados revelam que após a flexibilização do Código Florestal (2012), fez com que o desmatamento na região quase dobrasse, atingindo metade das florestas desmatadas para agricultura e pastagem. Segundo dados da FAO, em 1990, foram 129 milhões de hectares de floresta brasileira desmatada, cujo auge ocorreu em 2016, com 239 milhões de perdas de vegetação e biomas. Os mesmos números alarmantes podem ser observados na Região Norte do País (Amazonas, Acre e Pará), que saltou dos 41% de desmatamento (1990) para 54% em 2016. Em números absolutos, o estado que mais desmatou foi o Pará, que conta com 3025 km² de floresta a menos, seguida pelo

---

[168] Os oito homens mais ricos do mundo são Bill Gates (EUA), da Microsoft – US$ 75 bilhões –; Amancio Ortega (Espanha), da Inditex, da Zara – US$ 67 bilhões –; Warren Buffett (EIA), maior acionista da Berkshire Hathaway – US$ 60,8 bilhões –; Carlos Slim Helu (México), dono do Grupo Carso – US$ 50 bilhões –; Jeff Bezos (EUA), da Amazon – US$ 45,2 bilhões –; Mark Zuckerberg (EUA), do Facebook – US$ 44,6 bilhões –; Larry Ellison (EUA), da Oracle – US$ 43,6 bilhões – e Michael Bloomberg (EUA), da Bloomberg LP – US$ 40 bilhões. Dados da *Revista Forbes* 2016. OXFAM. *A distância que nos une.* Um retrato das desigualdades brasileiras. Brasília: Oxfam Brasil, 2017. Disponível em: <https://www.oxfam.org.br/sites/default/files/arquivos/Relatorio_A_distancia_que_nos_une.pdf>.

[169] WWF STOCKHOLM RESILIENCE CENTRE. *Living Report 2016.* Risk and Resilience in a New Era. Gland, Switzerland: 2016, p. 144. Disponível em: <http://awsassets.panda.org/downloads/lpr_2016_full_report_low_res.pdf >. Acesso em: nov. 2016.

Mato Grosso, que perdeu 1508 km² de vegetação nativa; Rondônia, com 1394 km² de derrubadas, e que juntos respondem por 75% dos desmatamentos.[170]

Dados do Instituto de Pesquisa da Amazônia (Ipam) revelam que, em 2014, o desmatamento da Amazônia foi de 27.772 km² de floresta, saltando entre agosto de 2015 e julho de 2016 para 7989 km² de floresta desmatada, superando as perdas de 2008 (6080 km² anuais) e equivalendo a 128 campos de futebol por hora. Em 2012, a taxa mais baixa de desmatamento dos últimos 20 anos contou com 4571 km² anuais de desmatamento de floresta, em período anterior à flexibilização do código florestal.[171]

As causas desses sucessivos aumentos com poucos recuos são bem conhecidos e sofrem poucas variações fundiárias: o incentivo ao agronegócio e pecuária extensiva, o comércio ilegal de animais, a exploração ilegal de madeira e mineração, o corte de árvores para formação de pasto e a falta de investimentos governamentais de fiscalização e controle em áreas invadidas pelos homens, leniência na aplicação de sanções legislativas. A maior porcentagem de derrubada encontra-se em propriedades privadas (35,4%), seguida de assentamentos (28,6%) e terras públicas sem cadastro (24%).[172]

É consenso entre os especialistas, que não importa o ângulo com que analisemos a evolução história dos desastres causados pela ação humana, seja do ponto de vista econômico ou geopolítico, elas estão atreladas à história do industrialismo e ao avanço do capitalismo mundial *in situ*. O outro lado da questão é que a nível global os países industrializados possuem tecnologia e recursos para reestruturarem espaços degradados, embora na prática suas empresas prefiram se instalar em localidades cujas legislações trabalhistas, ambientais e de segurança e monitoramento sejam mais lenientes às irregularidades cometidas. Esse tipo de prática abusiva fez com que os desastres industriais fabricados se tornassem mais frequentes, resultado de vários eventos, doutrinariamente divididos entre *eventos endógenos naturais* (inundações que causaram o rompimento do dique em New Orleans, terremoto que causou o acidente nuclear de Fukushima, secas etc.) ou *eventos autoproduzidos pela ação humana* (rompimento da barragem em Mariana; acidente de Bhopal, na Índia, entre outros) e *eventos mistos*, envolvendo causas naturais e humanas.[173]

A evolução histórica dos acidentes indústrias demonstra que o avanço tecnológico não elimina a constatação de que vivemos numa sociedade de

---

[170] OCDE-FAO. *Perspectivas agrícolas.* 2015-2024. Disponível em: <http://www.fao.org.br/dowload/PA20142015CB.pdf>. Acesso em: mar. 2016. p. 12-3.

[171] IPAM/PRODES. *Panorama do desmatamento.* 2016. Disponível em: <http://agenciabrasil.ebc.com.br/geral/noticia/2017-01/amazonia-perde-7989-km2-de-floresta-maior-desmatamento-desde-2008>. Acesso em: 17 dez. 2016.

[172] Idem.

[173] CARVALHO, Délcio Winter de; DAMACENA, Fernanda Dalla Libera. *Direito dos Desastres.* Porto Alegre: Livraria do Advogado, 2013, p. 28-9.

risco, povoada por catástrofes planetárias, mas também pela constatação de que os recursos naturais são escassos e finitos, incompatíveis em longo prazo com a mentalidade do consumismo ilimitado operante do sistema. Para o autor alemão Ulrich Beck, o conceito do risco possui uma dupla face de oportunidade e perigo sobre eventos futuros resultantes do processo civilizatório no qual o homem assume o *risco do futuro* comprometido que ele mesmo constrói como ator principal. Antes, esse controle era exercido pela religião, pela tradição e pelo poder supremo da natureza, onde tentamos controlar o incontrolável, explica. Por isso, conclui: "risco é um tema mediador que demanda nova divisão de trabalho entre ciência, política e economia".[174]

Beck chama atenção para as três crises sistêmicas (ecológica, financeira internacional e terrorismo global) que ocorrem nas sociedades hodiernas e constata que somos incapazes de calcular a abrangência e a dimensão do risco, porque são eventos transnacionalizados fundados no binômio racionalismo e irracionalismo. Na sociedade dos *experts* especialistas, afirma, a divisão social do trabalho entre a política e a economia estruturam fragmentações de saberes, produzindo falhas conscientes ou inconscientes no sistema de informação. Nesse sentido, o leigo sempre terá uma visão compartimentalizada da sociedade do risco, vivenciando verdadeira encenação dos riscos globais (espetacularização dos desastres), apesar de alguns momentos em que as falhas se encaixam na realidade. Esses momentos de *falha da confiança no sistema* são efeitos colaterais não intencionais (crises ecológica e financeira), com exceção da crise terrorista estruturada na própria intencionalidade da produção do risco.[175]

Essas são apenas algumas das dificuldades sociopolíticas, econômicas e jurídico-organizacionais (regulação da urbanização desenfreada, desigualdade social e injustiça ambiental) da sociedade moderna. O ponto de inflexão dessa nova forma de poder paralelo é de que o sistema globalizado opera em países com relações desiguais de produção (a potência emergente chinesa e a Índia ainda operam na Revolução do carvão juntamente com os EUA). Hodiernamente, o aquecimento global que modifica o clima e provoca o derretimento das calotas polares, elevando as temperaturas na Europa com subsequente queda nos hemisférios sul, é um bom exemplo em sua correlação ao aumento dos gases poluentes, sobretudo dos derivados da queima de combustíveis fósseis (gasolina, dieses) e gases metano, ozônio, monóxido e dióxido de carbono que contribuem ao efeito estufa, no qual os EUA e a China são hoje os maiores poluentes mundiais de carvão.

---

[174] BECK, Ulrich. *Sociedade de risco.* Rumo a outra modernidade. 2. ed. São Paulo: 34, 2012, p. 26.
[175] Ibidem, p. 23-5.

Nos EUA, o recém-empossado presidente Donald Trump decretou no dia 25/03/2017 que a Agência de Proteção Norte-americana removesse de seu site qualquer informação incluindo base de dados atinente ao aquecimento global e afirma a ausência de correlação entre o aumento dos gases poluentes derivados da queima de combustíveis fósseis (gasolina, diesel, metano, monóxido e dióxido de carbono), nega o efeito estufa e promete publicamente que os países dependentes da economia central norte-americana até o final de seu mandato, iriam revogar as ratificações e tratados internacionais, incluindo a revogação constitucional plena de quaisquer cláusulas ambientais. Seu recém--inaugurado *"American First Energy Plan"* revoga os avanços do Plano de Ação Climática do governo Barack Obama.[176]

O problema ao encaminhamento dessas políticas desarticuladoras das legislações ambientais é que na história da dominação do homem sobre a natureza em relação ao risco integral dos desastres (ambientais, causados pelo homem ou de tipo misto), não existem "outros", porque os impactos são globais limitadores de qualquer *resiliência jurídica*. Nesse projeto civilizatório residem, inclusive, os problemas da falha do operador, que no caso de ativar o botão da bomba nuclear, por exemplo, pode significar, como bem demonstra Anthony Giddens, a extinção planetária do homem. É nesse sentido que o autor conclui ser esse modelo de modernidade irracional como um *carro de Jagrená*[177].

A própria aplicação da Teoria do Risco à hermenêutica do Direito ambiental como instituto autônomo da lógica patrimonialista do Código Civil não é tarefa fácil. Se pensarmos que o Direito atua no campo da abstração, cuja complexidade gira em torno do elemento base lícito/ilícito, que nos dizeres do sociólogo alemão Niklas Luhman consagram a *autopoiése do direito* (totalidade normativa), perceber-se-á de maneira sistêmica a dificuldade epistemológica em lidar com problemas do meio ambiente, cujo núcleo duro é complexo e desestruturado. A saída epistemológica encontra-se na teoria dos sistemas luhmaniano pelo reconhecimento normativo de operacionalização entre dois limites: a certeza absoluta e a dúvida total, já que só apreenderemos a aperfeiçoar os mecanismos fiscalizatórios e de monitoramento do desastre ambiental se formos capazes de observar e regulamentar a normatização definidora do que é ilícito.[178]

---

[176] USA. *America First Energy Plan. 2017:* Clear Air Act, 02/06/2013. Plano de Ação Climática de Barack Obama. Disponível em: <http://www.whitehouse.gov/america-first-energy>.

[177] GIDDENS, Anthony. *As consequências da modernidade.* São Paulo: Unesp, 1991. 151-2. A alegoria utilizada por Anthony Giddens refere-se ao mito hindu do Senhor do Mundo (*Jagannäth*, também conhecido como a deidade Krishna) e à festa anual, na qual um grande carro alegórico percorre as ruas da Índia transportando uma figura gigantesca de Krishna, cujos seguidores se atiram em adoração para serem esmagados pelo carro. Essa alegoria se baseia na constatação de que não há sustentabilidade sistêmica no sistema regulado exclusivamente pela mão invisível dos mercados, não há supremacia no controle do risco, já que a sociedade tecnológica se baseia em um saber técnico limitado, pela perícia oficial do sistema, que rege os mecanismos do desencaixe globais (Ibidem, p. 133).

[178] LUHMAN, Niklas. *El Derecho de la Sociedad.* México, DC: Universidad Iberoamericana, 2002.

Esse é um problema que tangencia a própria abrangência e alcance das tecnologias em geral. O outro lado da inflexão é que o sentido jurídico do que é "desastre" só pode ser apreendido numa semântica pendular entre causas e consequências específicas e complexas, cuja semântica é "policontextual"[179] entre a esfera econômica, política, jurídica e ambiental, sob pena de não ser capaz de assegurar a estabilidade do sistema, já que o direito ambiental em seu escopo de atuação tem que atuar na ação protetiva de instrumentos cogentes de prevenção futura do risco que foge do controle normativo, porque acidentes e desastres ambientais são sempre intrinsicamente ligados aos avanços tecnológicos em transformação.

A responsabilidade objetiva ocorre quando a atividade ou empreendimento de pessoas físicas ou jurídicas, entidades públicas de administração direta ou indireta, por sua natureza, gera risco ao direito de terceiros. É regida ainda pelo princípio da precaução seguida pelo da recuperação e por último do sopesamento de valores no ressarcimento integral, material ou moral. Pressupõe inversão do ônus probatório, competindo a quem supostamente promoveu o dano ambiental comprovar que não o causou ou que a substância lançada ao meio ambiente não é lesiva.[180]

Nesse sentido, o conceito do risco possui uma dupla face de oportunidade e perigo sobre eventos futuros resultantes do processo civilizatório no qual o homem assume o *risco do futuro* comprometido que ele mesmo constrói como ator principal e agente. Os países industrializados a nível global possuem recursos para reestruturarem os espaços degradados, embora na prática suas empresas prefiram se instalar em localidades cujas legislações trabalhistas, ambientais e de segurança são lenientes. Talvez esse seja o limite da falácia do mito discursivo do "empreendedorismo social das empresas" para a construção do planeta sustentável.[181]

A experiência parece demonstrar que, sem a regulamentação do Estado, os mercados no sistema capitalista são sempre concentradores de capital. Geógrafos como David Harvey e o falecido professor Aziz Ab'Saber ensinam uma lição fundamental: na relação entre espaço capitalista e sua atividade econômica concentradora, os cidadãos recebem os impactos diretos dos desarranjos espaciais da atividade econômica implementada, porque na relação de dependência com a vocação econômica do lugar, pequenas regiões e comuni-

---

[179] O termo é de TEUBNER, Günther. *Direito, sistema e policontexturalidade*. Piracicaba: Unimep, 2005.

[180] Para o Direito, a responsabilidade da empresa será sempre objetiva, informada pela Teoria do Risco Integral. A jurisprudência do STJ e STF é questão pacificada consensual na qual "a responsabilidade pelo dano ambiental é objetiva, informada pela teoria do risco integral, sendo o nexo de causalidade o fator aglutinante que permite que o risco se integre na unidade do ato, sendo descabida a invocação pela empresa responsável pelo dano ambiental, de excludente de responsabilidade civil para afastar sua obrigação de indenizar". (Resp. 1374284/MG. Rel. Min. Luís Felipe Salomão, II Seção, Julgado de 27/08/2014 e 05/09/2014).

[181] BECK, 2012, p. 27-8.

dades se tornam economicamente dependentes do empreendimento implementado, ao mesmo tempo em que ocorre a pulverização territorial dessas microlocalizações. Por outro lado, a subordinação desse conjunto de povoamentos ao centro da atividade desloca ou expulsa as populações locais da região atraídas pela consolidação dessas estruturas econômicas empresariais, apartadas da realidade social e fito-econômica dos moradores, populações ribeirinhas, indígenas, quilombolas e outras.

5.2 PONTOS DE CONVERGÊNCIA DA HISTORIOGRAFIA DOS DESASTRES

Na historiografia dos desastres, poderíamos citar inúmeros acidentes, passando por Chernobyl (1984), Césio em Goiânia (1987), Plataforma P-36 da Petrobrás na Bacia de Campos (2001), Fukuyama, no Japão (2011), Samarco (2015), e nossa lista seria interminável. Ao dividirmos os acidentes em catástrofes de grande escala, envolvendo megaempreendimentos, e ignoramos os pequenos e recorrentes acidentes, que por sua recorrência acumulam graves danos socioambientais que se estendem por muito tempo.

A inflexão nos parece em um desvirtuamento de conduta por parte de empresas e corporações, que se utilizam da base constitucional aberta dos valores precípuos do bem comum ao meio ambiente equilibrado (Artigo 225 da CF/1988), transformam esse caráter coletivo do bem comum como valor subordinado e subsidiário ao crescimento e desenvolvimento econômico. Nesse sentido, da constatação de que o *dano reflexo* das atividades poluidoras de grande escala é caracterizado pela impossibilidade de recomposição efetiva do meio ambiente degradado, algumas empresas tentam se utilizar dessa dinâmica para "violação de conduta", ancoradas no *Princípio da vedação ao enriquecimento ilícito*, sobretudo no que tange à reparação civil das vítimas. A ampla gama de acidentes possuem pontos em comum das lições apreendidas:

1. Danos ambientais industriais abrangem um número alto de vítimas cuja capacidade destrutiva se espraia em grandes áreas (sobretudo nos casos que envolvem poluição hídrica ou atmosférica), contaminando biomas e deixando para trás um amplo rastro de devastação, cujo impacto é maior em localidades estruturadas e com alta concentração populacional. Os danos ambientais industriais tendem a irreversibilidade na medida em que a poluição e a contaminação nos leitos dos rios e atmosferas por dejetos e componentes químicos tem efeito cumulativo, podem se manifestar além das proximidades vizinhas. São danos coletivos e difusos em sua manifestação e têm repercussão direta nos direitos

coletivos, e indireta nos danos individuais. No direito, o critério da certeza é substituído pela verossimilhança da análise entre o liame da causalidade e o feito do dano pela adoção da teoria objetiva de responsabilidade civil ambiental, sem que se garanta a reparação integral dos danos ao meio ambiente e à população impactada já que o retorno ao *status quo* originário é impossível.[182]

2. Danos ambientais industriais possuem interconexão causal entre desenvolvimento industrial, com falhas técnicas e humanas concomitantes ou não a eventos naturais (exemplo: falhas de monitoramento e segurança; contratação de mão de obra pouco especializada e imperícia ou negligencia na manutenção das máquinas e equipamentos do circuito produtivo). As falhas técnicas, naturais e humanas de tipo misto são os eventos mais comuns do desastre ambiental e que sempre ocorrerá em escala, já que atividades como mineração, petroquímico, usinas nucleares etc., dependem de uma vasta rede energética, hídrica e logística de transportes para o desempenho de suas atividades (ferrovias, porto, plataformas, gasodutos etc.).

3. Parte dos acidentes industriais em escala é marcada por processos organizacionais complexos, que envolvem processos decisórios balizados pela indissociável interdependência das corporações e empresas (transnacionais e nacionais) com o poder local, na medida em que os grandes empreendimentos se alocam em regiões que favorecem o exercício pouco regulamentado aos interesses da atividade. No âmbito do sopesamento de valores, a desproporcionalidade tende a ser latente, já que frequentemente os denunciantes do conflito ambiental, as vítimas impactadas por empreendimentos de grande porte são aquelas socialmente desprovidas do saber jurídico, técnico e produtivo da atividade concentrada em poucas mãos.

4. O planejamento e saber técnico-científico não conseguem impedir, qualquer que seja a análise histórica da evolução dos desastres industriais, a indissociável interdependência conexa das corporações porque transnacionais. É característica inerente das empresas poluidoras se instalarem em locais onde possam explorar o superuso dos combustíveis fósseis até seu esgotamento, concentrando-se preferencialmente em regiões com pior qualidade de mão de obra (mão de obra terceirizada e/ou flexibilizada), em sinergia governamental com países de legislação deficitária ou leniente ao permeio dos abusos e violações sócio ambientais.

---

[182] Seu caráter *metaindividual* pode ser dividido em (i) *interesses difusos indivisíveis* atingindo grupos indetermináveis de pessoas unidas pela situação fática do desastre (exemplo: população de Bento Gonçalves e pescadores do Espirito Santo atingidos pelo desastre da destruição da Barragem da Samarco); (ii) *interesses coletivos*, envolvendo um grupo de pessoas determináveis (grupos diretamente ou indiretamente impactados) divididas em grupos, categorias, classes, comunidades tradicionais (pescadores, ribeirinhos), comunidades reguladas por legislação especial própria tais indígenas e quilombolas. No conjunto, esses grupos se reúnem em uma relação jurídica indivisível do ponto de vista da lesão sofrida, mas determinável em termos de reparação civil coletiva (exemplo: moradores de Bento Rodrigues, bairro soterrado pelo *"mar de lama"*); (iii) *interesses individuais homogêneos*, determináveis e divisíveis, porque reunidos em torno de uma origem comum (impacto direto do acidente da Samarco e o dano material da perda: casas, automóveis, animais etc.). MAZZILLI, Hugo Nigro. *Tutela dos Interesses Difusos e Coletivos*. 7. ed. São Paulo: Saraiva, 2014, p. 27-31.

Tem sido consensual de maneira mais ou menos generalista entre os estudiosos da Teoria do Risco que o "gigantismo do empreendimento" nos casos de acidentes industriais gera a erosão da *accountability corporativa* pela diluição da responsabilidade, na medida em que se concentram em *holdings*, cuja matriz encontra-se distanciada de suas filiais. O acidente de Seveso na Itália (1987) é exemplo clássico. Pertencente ao conglomerado suíço Hoffmann-La Roche, cuja filial italiana, Mannesmann, provocou o acidente em sua fábrica de pesticida e fungicida (ICMESA), a partir do vazamento do componente químico "dioxina TCDD", que atingiu a atmosfera da planície Lombarda entre Milão e o Lago Como. Em consequência do acidente, 30 mil moradores tiveram de ser imediatamente hospitalizados pela toxidade do TCDD e, de maneira reflexa, triplicaram-se as mortes por câncer ao longo dos anos. Ainda foi necessário o abate de 75 mil animais e a retirada de 1800 hectares de terra contaminada, que tiveram de ser lacradas em duas bacias de concreto do tamanho de um estádio de futebol.[183]

No caso da cidade de Bhopal, na Índia (madrugada de 03 de dezembro de 1984), o vazamento causado pela fábrica de agrotóxicos da Union Carbide Corporation do composto isocianato de metila (MIC) acarretou na contaminação atmosférica de 40 toneladas dessa substância tóxica, matando na noite do acidente quase três mil pessoas, atingindo nos dias seguintes entre 15 e 25 mil pessoas. Como dano reflexo, o acidente vitimou mais de 200 mil pessoas que ficaram com sequelas permanentes: cegueira, câncer de fígado, de estomago, pulmões, transtornos hormonais e mentais, cujos filhos de segunda geração nasceram surdos, cegos ou com deformidades físicas e mentais. O acidente industrial foi considerado um dos piores do século XX, e do acordo de reparação civil entre a Union Carbide e o governo indiano (1989), estimado em US$ 3 bilhões iniciais, foi pago apenas US$ 41 bilhões de indenização, dos quais cada vítima direta recebeu cerca cinco mil rupias à época (€ 72 euros hoje).[184] A sociedade brasileira não parece fugir à regra da história dos ressarcimentos materiais pela responsabilização civil de interesse difuso e coletivo.

Conforme matéria da *Revista Exame* (31/12/2016), o cálculo e pagamento das indenizações aos atingidos de Mariana ainda não foram totalmente

---

[183] BALLAREN-DENTI, A. Ed. *Chemistry, Man and Enviroment.* The Seveso Accident 20 Years on: Monitoring, Epidemology and Remediation. NY: Elsevier Science, 1999. Em 1982, um caminhão atravessou a fronteira da Itália para França transportando a perigosa carga oriunda de Seveso para Saint Quentin, França. Os responsáveis pelo transporte eram o conglomerado suíço ICMESA cuja filial cobrou a época 180 mil marcos pelo serviço repassando a duas firmas fantasmas chamadas Vadir e Spelidec para sumirem com a carga. Após oito meses de investigação, foram descobertos os barris de dioxina em um sítio a 60 metros de uma escola de um vilarejo de 300 moradores, no norte da França. Somente em 1985, o lixo tóxico foi incinerado na Suíça. O número de vítimas de doenças cardíacas e vasculares em Seveso aumentou drasticamente, morte por leucemia duplicara e os tumores cerebrais triplicaram-se além dos casos de câncer do fígado e de vesícula multiplicados em dez vezes e doenças de pele.

[184] SUBRAMANIAM, M. Arun; MOREHOUSE, Ward. *The Bhopal Tragedy*: What Really Happened and What It Means for American Workers and Communities at Risk. NY: The Apex Press, 1988.

estimados. Até dezembro de 2016, a Fundação Renova, criada pela mineradora Samarco para gerir os fundos de reparação dos danos causados pela tragédia, antecipou alguns valores aos que perderam veículos e moradia. Foi definido como montante padrão "R$ 20 mil para quem perdeu moradia e R$ 10 mil para os que perderam moradia de fim de semana". As famílias das 19 pessoas que morreram obtiveram um adiantamento parcial calculado em R$ 100.000,00 mil reais no total (R$ 5.263,157 por pessoa).[185]

Um cadastro elaborado junto ao MPMG classificando a situação dos impactos está sendo realizado, no qual aqueles que perderam renda em decorrência da tragédia receberão em torno de R$ 937,00 a 1.000 por mês, por um período de dois anos. O cartão é similar a um Bolsa Família assistencial compensatório, com o qual cada beneficiado recebe um salário mínimo acrescido 20% para cada dependente familiar. Lembra-se que uma diária de pedreiro na região de Mariana era de R$ 130 mensais à época do acidente. Os moradores de Mariana ainda têm que conviver com o estigma de que 'estariam se aproveitando da empresa', já que a empresa se viu obrigada a alugar casas temporárias às vítimas do desastre, cujos haveres estão em fase de apuração pelo Termo de Ajustamento de Conduta (TAC) elaborado pelo Ministério Público Federal.

O TAC é meio extrajudicial que se desenvolveu entre as décadas de 1980 e 1990 à luz dos preceitos constitucionais da CF/1988, na busca por garantias de uma justiça mais igualitária norteada por preceitos de celeridade processual, desburocratização administrativa e universalização do acesso à Justiça. Por outro lado, do ponto de vista ideológico, esse mecanismo de solução de conflitos foi sendo emoldurado nos espaços discursivos dos aparatos governamentais como instrumento de mediação e flexibilização da legislação ambiental como mecanismo alternativo de cobrança de empresas poluidoras, modelo de modernização racionalizador do Estado brasileiro.[186]

Dentre os ideários de privatização e terceirização do modelo de desenvolvimento liberalizante dos mercados, esse instrumento extrajudicial foi visto como mecanismo regulatório de intermediação dos interesses políticos e econô-

---

[185] O argumento jurisprudencial no Brasil, com destaque os tribunais federais, fundamenta-se no argumento de que as mortes ocasionadas não podem ser materialmente compensadas em face de bem indisponível maior que é seria a vida, e por outro lado, os danos morais e materiais são restritos ao princípio de vedação do enriquecimento ilícito.

[186] O instrumento jurídico-administrativo extrajudicial do TAC foi oriundo do aperfeiçoamento de experiências pioneiras dos Conselhos de Conciliação e Arbitragem do Rio Grande do Sul (1982), a criação dos Juizados de Pequenas causas (Lei n.º7244 de 1984), os Juizados Especiais (1988). Na década de 1990, citam a importância da lei Federal nº 8.069/90 e da Lei nº 8.078/90 que modificou a lei de Ação Civil Pública (Lei n.º 7.347/85) para o estabelecimento de legislação especial autônoma do Código Civil para a executividade extrajudicial (custo legis do MP e outros legitimados). Destacam ainda as experiências do Juizado Especial Cível e Criminal (Lei n.º 9.099/95 e a Lei n.º 9.307/96), que introduz o compromisso arbitral extrajudicial incluindo a própria Lei nº 9.958/00 da Justiça do Trabalho que introduziu à CLT, as Comissões de Conciliação Prévia. Essas leis em conjunto contribuíram para o desenvolvimento do Termo de Ajuste de Conduta (TAC). Ver VIÉGAS, Rodrigo Nuñez; PINTO, Raquel G.; GARZON, Luís Fernando Novoa. *Negociação e Acordo Ambiental*: o Termo de Ajustamento de Conduta (TAC) como forma de tratamento dos conflitos ambientais. Rio de Janeiro: Fundação Heinrich Böll, 2014, p. 12. Vide ainda: CAPPELLETTI, Mauro; GARTH, Bryant. *Acesso à Justiça*. Porto Alegre: Fabris, 1988.

micos na prevenção de disputas contenciosas na Justiça. No campo ambiental, a expansão de experiências preventivas extrajudiciais de litígios interpessoais ou metaindividuais, originalmente idealizado como instrumento facilitador do acesso à justiça, por outro lado, esses mecanismos foram apropriados por determinados segmentos chamados por autores como Rodrigo Nuñes Viégas, Raquel Giffoni Pinto e Luiz Fernando Novoa Garzon de *empreendedores institucionais* que atuam com força política para a maleabilidade da legislação.[187]

Nesse sentido, o TAC atua sob essa dupla inflexão normativa, cujo pilar estruturante repousa sob a égide da *justiça restaurativa*, que demanda nos casos de acidente com objetivo de celeridade burocrática-organizacional nas ações de socorro imediatas e assistência às vítimas, garantindo condições de incolumidade mínimas (fornecimento de água potável, provimento de alimentos, apoio logístico-médicos etc.) para o restabelecimento de serviços essenciais.[188]

O termo de ajustamento de conduta preliminar (TAC) da Samarco Mineração S/A, Vale S/A e BHP (Billiton Brasil Ltda.) e o Ministério Público Federal foi firmado em 18/01/2017, e encontra-se em fase de ajustamento, no processo de negociação das demandas cíveis da população de Minas Gerais e Espírito Santo, relacionadas ao rompimento da Barragem do Fundão e dispõe os seguintes aspectos: implementação de 41 programas socioambientais e socioeconômicos de recuperação ambiental, programas de gestão dos rejeitos e melhoria da qualidade da água contaminada, restauração florestal e conservação de biodiversidade, Segurança Hídrica, além de outras medidas mitigatórias. O Termo de Ajustamento de Conduta elaborado pelo Ministério Público prevê a contratação das empresas de perícia técnica cujos custos serão arcados pela empresa.[189]

5.3 A DIMENSÃO TÉCNICO-JURÍDICA DO ACIDENTE DA SAMARCO

O acidente da barragem de Mariana não foge à regra dos casos envolvendo falha técnica e humana. Em estudo publicado pela Revista *Hazardous Material* em 2007, os pesquisadores espanhóis M. Rico, G. Benito, A. Diez-Herrero e portugueses A. R. Salgueiro e H. G. Pereira, intitulado "Reported Tailings dam Failures: A Review of the European Incidents in the Worldwide Context", analisaram 26 locais de acidentes envolvendo barragens na Europa,

---

[187] VIEGAS; PINTO; GARZON, 1988, p. 11-2.

[188] Ibidem, p. 12.

[189] Fazem parte do pool de experts contratados para o diagnóstico socioambiental pós-acidente, o Instituto de Ciência e Tecnologia LACTEC e a empresa INTEGRATIO de relações públicas, a dinamarquesa RAMBOLL para avaliação e monitoramento dos Programas de reparação socioambiental e socioeconômica e o Banco Mundial ou outra entidade definida pelas partes para realização de trabalho de consultoria ao MPF. Essas empresas auxiliaram no termo de ajuste de conduta final que será arcado pela empresa e ajudarão nas Audiências Públicas, etapa obrigatória para o ajuste final. Ao total, estima-se que a empresa pagará R$ 2,2 bilhões de reais a título de reparação dos danos ambientais causados.

cujos acidentes recorrentemente tiveram como consequência alterações hidrodinâmicas, socioeconômicas e ambientais significativas. No ranking Europeu, 18% dos acidentes envolvendo 1/3 diques de barragens de 10 a 20 metros de altura sofreram ruptura por fatores climáticos, tais como chuvas torrenciais, associados a liquefações sísmicas. Os pesquisadores estimam que ao redor do mundo mais de 90% dos acidentes ocorrem em minas ativas e apenas 10% se referem a barragens de lagos ou lagoas abandonadas pelo empreendimento e cerca de 60% das barragens mundiais de rejeitos que se romperam, foram construídos com alteamento a montante, enquadrando-se em duas categorias de acidente combinadas: Causas climáticas (chuva histórica) e Gestão deficiente (operação/manutenção).[190]

A Samarco inicialmente bem que tentou alegar em sua defesa, as causas abalo sísmico seguido de intensa chuva, mas essa teoria não foi aceita. Antes do acidente, em 21 de outubro de 2013, um laudo técnico tinha sido encomendado pelo MP de Belo Horizonte em resposta ao parecer único n.º 257/2013 emitido pela Samarco. Esse laudo pericial elaborado pelo Instituto Pristino já demonstrava as falhas oriundas das atividades desenvolvidas pela Samarco e hoje é usado como descrição de uma das prováveis causas do acidente. O relatório alertava ao perigo de proximidade entre a barragem do Fundão e a pilha estéril União da Mina da Fábrica Nova da empresa Vale, incluindo as áreas de influência direta do empreendimento (Fundão) com outras minas, poderiam gerar uma sinergia combinada de impactos. Descreve o laudo técnico pericial encaminhado ao MP em 2013:

> [...] tal situação é inadequada para o contexto das estruturas. Na figura 1º percebemos as áreas de contato entre a pilha e a barragem. Esta situação é inadequada para o contexto de infraestruturas, devido à possibilidade de desestabilização do maciço da pilha e da potencialização de processos erosivos. Embora todos os programas atuem na prevenção dos riscos, o contato entre elas não é recomendado pela sua própria natureza física. A pilha de estéril requer baixa umidade e boa drenagem; a barragem de rejeitos tem alta umidade, pois é reservatório de água, [favorecendo a liquefação].[191]

---

[190] RICO, Maite et al. Reported tailings dam failures: a review of the European incidents in the worldwide context. *Journal of Hazardous Materials*. Porto: v. 152, n. 2. p. 846-52. 2008. Disponível em: <www.elsevier.com/locate/jhasmate>. Acesso em: 2017. O estudo levantou que em 15 diferentes falhas mais comum para o rompimento de barragens, 39% foi resultado da combinação de fatores meteorológicos (intensa chuva, furacões, desgelo com acumulo na estrutura da barragem), sendo que a combinação mista da má gestão com falha humana foi apontado em 35% dos casos europeus e 25% no restante do mundo e 12% dos casos europeus eram condizentes somente por falha humana e demais por aspectos estruturais tais: má administração das barragens e rejeitos de lama; presença de maquinaria pesada próxima dos diques desestabilizando a construção, má aplicação das regulações de segurança (observado em apenas 6% dos continentes e 12% casos europeus) e terremotos concentrou 14% dos casos.

[191] INSTITUTO PRISTINO. Parecer único n.º 257/2013. Laudo Técnico. Disponível em: <www.institutopristino.org.br/>.

Entende-se como pilha de estéril o rejeito das rochas sem minério, oriundos de processo técnico de acumulação de rejeitos (passivos ambientais) para o preenchimento de cavas já exauridas. Segundo o relatório, o acúmulo desses rejeitos na barragem causou *desestabilização do maciço da pilha e potenciou os processos erosivos*. Baseado nesse laudo, o Ministério Público recomendou a elaboração de outro EIA esclarecendo a situação e recomendou que a Samarco apresentasse projetos para previsão dos possíveis impactos do contato entre as estruturas, monitoramento periódico, e elaborasse um plano contingencial para casos de acidentes futuros.[192]

Atualmente, já se sabe que a empresa Samarco, no ano do acidente, aumentou sua produção em 15%, correspondendo a cerca de 25 milhões de toneladas de minério, fator que contribuiu para o aumento dos rejeitos lançados nas barragens. Ainda, descobriu-se que os vários Estudos de Impacto Ambientais (EIAs) elaborados pela Samarco, a carta de risco e o manual de operação estavam desatualizados, comprometendo o monitoramento efetuado pela própria equipe de engenharia da Samarco, que continuou realizando alteamentos sucessivos à disposição de rejeito argiloso e arenoso disposto nas barragens.

A análise crítica dos EIA Rimas produzidos mostra que a empresa emprega esse método em suas três barragens: Germano, com capacidade esgotada desde 2009, que utilizava de cava exaurida o sistema mais alto do Brasil (175 metros de altura); Santarém e Fundão. O poder judiciário não avaliou ainda a responsabilidade criminal dos envolvidos após o acidente, nem da equipe técnica, nem do corpo dirigente da Samarco, mas se sabe que o monitoramento foi omisso e a questão dos estudos de estabilidade dos diques. No que tange ao processo de licenciamento ambiental, a empresa omitiu dados da Análise do Impacto Ambiental (AIA), elaborando EIAs descritivos sem se preocupar com a análise da Matriz de Impactos diretos e indiretos e considerou o subdistrito Bento Rodrigues como área de impacto indireto quando a localidade se encontrava na área de influência e abrangência direta do empreendimento.[193]

---

[192] PoEMAS – Grupo Política, Economia, Mineração, Ambiente e Sociedade. *Antes fosse mais leve a carga: avaliação dos aspectos econômicos, políticos e sociais do desastre da Samarco/Vale/BHP em Mariana (MG).* Relatório Final. Dez. 2015, p. 7-41. Mimeo. Disponível em: <http://www.ufjf.br/poemas/files/2014/07/PoEMAS-2015-Antes-fosse-mais-leve-a-carga-vers%C3%A3o-final.pdf >.

[193] Ibidem, p. 51. A Resolução 001/86 CONAMA exige expressamente o cumprimento de diretrizes gerais, incluindo a previsão de impactos diretos e indiretos. Versa o artigo 5º que o estudo de impacto ambiental obedecerá às seguintes diretrizes gerais: "I - Contemplar todas as alternativas tecnológicas e de localização de projeto, confrontando-as com a hipótese de não execução do projeto; II - Identificar e avaliar sistematicamente os impactos ambientais gerados nas fases de implantação e operação da atividade; *III - Definir os limites da área geográfica a ser direta ou indiretamente afetada pelos impactos, denominada área de influência do projeto, considerando, em todos os casos, a bacia hidrográfica na qual se localiza;* IV - Considerar os planos e programas governamentais, propostos e em implantação na área de influência do projeto, e sua compatibilidade". Em seu Parágrafo Único dispõe: "ao determinar a execução do estudo de impacto ambiental o órgão estadual competente, ou o IBAMA ou, quando couber, o Município, fixará as diretrizes adicionais que, pelas peculiaridades do projeto e características ambientais da área, forem julgadas necessárias, inclusive os prazos para conclusão e análise dos estudos". MINISTÉRIO DO MEIO AMBIENTE. IBAMA. *Resolução CONAMA* n.º 001/1986. Disponível em: <http://www.mma.gov.br/port/conama/res/res86/res0186.html>.

A Empresa tampouco realizou estudo de viabilidade técnico-científica. Para a análise dos impactos bióticos e físicos, obrigatórios por meio da apresentação do *Ato Declaratório Ambiental* (ADA), a ser apresentado ao Ibama (lei 9.393/96), este se restringiu à área de ocupação do empreendimento restrito à barragem do Fundão e à área de entorno descrita ficou limitada à microbacia dos córregos do Fundão e Germano, chamados pelo EIA de AII (área de impacto indireto) pela soma das duas barragens Fundão e Germano. Ao total, foram realizados quatro EIA-Rimas. O primeiro, em 2005 – EIA-Rima Barragem do Fundão – com respectiva licença de Operação aprovada em 2008 e prorrogação aprovada em 2011. O segundo EIA-Rima, para unificação e alteamento das Barragens de Fundão e Germano, foi apresentado para licença prévia de instalação em 2013 (ao total foram apresentados três EIA-Rimas por motivos de irregularidades), e em 2014, a empresa obteve a licença prévia de Operação da Barragem do Fundão. Em 2015, foi concedida a licença prévia de instalação para Unificação do Fundão e Germano.[194]

Esse quadro descritivo encaixa-se no cenário de flexibilização do licenciamento ambiental. Após o acidente, os laudos periciais auferiram que as violações cometidas pela Samarco (carta de risco e manual de operação desatualizada) comprometeram o monitoramento efetuado pela própria equipe técnica e demonstram o descumprimento sistemático da legislação ambiental, contribuindo para a diluição da responsabilidade empresarial. A Samarco já produzira 22 infrações notificadas pela Fundação Estadual do Meio Ambiente (FEAM-MG), pelo Instituto Estadual do Meio Ambiente (Iema-ES) e Instituto Brasileiro de Meio Ambiente e Recursos Renováveis (Ibama) antes do acidente.

O primeiro auto de infração foi em 1996, seguido por autos de irregularidades datados dos anos 1999-2000, 2002, 2004, 2005-08, 2010-11, 2013-14, dos quais quatro notificações foram emitidas pelo Ibama (órgão federal responsável pelo meio ambiente), duas por descumprimento dos condicionantes de licenciamento; uma por supressão irregular de vegetação nativa e outra por danos causados em vegetação de áreas de preservação permanente, oriundos de vazamento de um dos minerodutos da empresa.[195] Segundo relatório de 2015, elaborado por pesquisadores da Universidade Federal de Juiz de Fora, Universidade do Estado do Rio de Janeiro, Universidade do Estado do Rio de Janeiro e Instituto Federal de Educação, Ciência e Tecnologia do Rio de Janeiro

---

[194] PoEMAS, 2015, p. 7-41.

[195] Dados coletados no sistema IBAMANET-Sistema de Controle de Transporte de Madeira (DOF), Ibama. Acesso em: 06 dez. 2016. Disponível em: <https://ibamanet.ibama.gov.br>.

(Grupo PoEMAS)[196], a mineradora Samarco contabilizou a média de uma infração por ano. O Relatório descreve:

> Dentre os casos mais graves estão os vazamentos de polpa dos minerodutos, contaminando cursos d'água e comprometendo, em especial, o consumo humano. Assim, em 2006, em Barra Longa (MG), a empresa foi multada em R$ 32,9 mil; em 2008 em quase 2 mil m² de polpa que vazaram em Anchieta (ES), resultando numa multa de R$ 1,6 milhões; e em 2010, o município de Espera Feliz (MG) teve que decretar situação de emergência por conta da contaminação de água que abastecia 30 mil pessoas e a mineradora pagou módicos R$ 28 mil.[197]

Existiram outras violações consideradas pelos próprios técnicos da Samarco *"ruídos menores"* de falha operacional e que resultaram em autos de infração envolvendo a Samarco. Em 2004, a Samarco pagou multa de R$ 3,7 mil reais, por ausência de licença de operação da barragem de Santarém, em 2005, foi autuada no valor de R$ 42,5 mil reais por elevada turbidez nas águas dos extravasores das barragens Santarém e Germano, característico de amina (classe nitrogenada de composto orgânico derivada da amônia). A notificação prescreveu e nunca foi paga e o processo foi arquivado. Em 2006, após vazamento de polpa de minério em um dos minerodutos da empresa, os rios Gualaxo do Norte e Carmo, no município de Barra Longa (MG), foram contaminados em 500 m² de extensão com multa de R$ 32,9 mil. Em 2007, a empresa pagou R$ 20 mil pela não realização de relatório de segurança da estrutura de sua barragem de descarga e, em 2008, ocorreu a contaminação de um córrego, após vazamento no mineroduto de Anchieta (ES), equivalente a 1890 m² de polpa de minério tendo sido autuada em R$ 1,6 milhões.

Em 2010, após novo vazamento envolvendo 430 m³ de polpa de minério que contaminaram 18 km do rio São Sebastião (Guaçuí–ES), deixando 30 mil pessoas sem abastecimento em Espera Feliz (MG) e outras localidades, além de atingir áreas de preservação permanente, gerando uma multa autuada pelo Ibama de R$ 40 mil. O Ministério Público ingressou com uma ação civil para ressarcimentos materais que se encontra ainda em andamento. A Equipe do grupo PoEMAS, que levantou esses dados, constatou que em todos esses casos a estratégia da empresa Samarco tem sido de "declarar-se inocente" e de recorrer ao judiciário, protelando o processo pela deslegitimação das argumentações técnicas ou se aproveitado de brechas legais na lentidão da lavratura dos autos de infração para o não pagamento das multas.[198]

---

[196] Equipe coordenada pelos professores Bruno Milanez (UFJF) e Rodrigo S. Pereira dos Santos (UFRJ).

[197] Ibidem, p. 71.

[198] Ibidem, p. 41-4.

No subcampo de *"resoluções negociadas"*, envolvendo órgãos de licenciamento e fiscalização ambiental, percebe-se tratar-se de prática sistemática e reiterada. Se pensarmos que o faturamento mensal da Samarco em 2014 atingiu a marca de R$ 2,8 bilhões mensais, percebe-se um custo dessa *desutilização do capital,* conceito econômico que significa o emprego do capital improdutivo da empresa. Mesmo após o acidente de Mariana, ocorrido em 05 de novembro de 2015, a Samarco continuou a praticar atos ilícitos e violações ambientais.

Em 2016, segundo matéria do Jornal *O Estado de São Paulo* (24/08/2016), desde o rompimento da barragem do Fundão (Mariana) a mineradora recebeu sete novos autos de infração, convertidos em multas que totalizaram R$ 292,8 milhões, sendo que a última multa ocorreu no dia 20/08/2016, decorrente de omissão no *Plano de Monitoramento da Qualidade do Ar* sobre a existência de um depósito temporário de rejeitos em Barra Longa (MG). O depósito temporário contém 35 mil m³ de rejeitos depositados no Parque de Exposição. A Samarco alega que esta operação foi autorizada pela Prefeitura de Barra Longa, sendo de conhecimento dos órgãos ambientais.

Esse é apenas um dos aspectos que conformam a regra do jogo da responsabilidade empresarial da Samarco, vigente no campo ambiental brasileiro da maneira de dirimir conflitos. Por outro lado, ao analisarmos o ciclo ambiental dos desastres, *os princípios da cautela e ação imediata* que se articulam à rapidez de mobilização para o pronto atendimento das vítimas (brigadas de resgate, ambulâncias) em intercessão judicial. Com base no levantamento das matérias divulgadas pela imprensa nacional, percebe-se em relação às vítimas a omissão da empresa de uma política estratégica de segurança. As medidas urgentes e fundamentais de garantia dos direitos humanos só foram tomadas pelo empenho dos brigadistas, com cerca de 200 integrantes (bombeiros federais, policiais e Defesa Civil) que utilizaram bastões de ferro para perfurar o solo e cães farejadores. O sistema de segurança e prevenção de acidentes da empresa era falho e o sistema de alertas sonoros e equipe treinada para assessoria das vítimas, exigido em lei, era inexistente.[199]

Segundo relatos das vítimas do acidente, a empresa só realizou o contato telefônico com as autoridades e não tomou medidas imediatas de atendimento à população diretamente impactada pelo acidente. Segundo relatos dos sobreviventes, o contato inicial foi feito por dois funcionários terceirizados que se encontravam no local. A falta de abastecimento de água foi uma grave consequência do desastre.

---

[199] Os dispositivos que definem as ações de assistência às vítimas encontram-se regulados em conformidade ao artigo 2º, incisos V a VIII, do decreto 72.571/2010, que define as diretrizes de ação nos casos de acidente, como parte estrutural da Política Ambiental Nacional. Em seus dispositivos encontram-se *ações de socorro e atendimento imediato às vítimas*, ações de *restabelecimento de serviços essenciais*, ações de reconstrução, de prevenção etc. A regulação é aplicada em concomitância com o decreto n.º 6.270/07 referente à aplicação da Convenção Internacional n.º 176 e n.º 183 da OIT, sobre segurança e Saúde das Minas. O decreto considera a aplicação de medidas de segurança e saúde relativas aos perigos e riscos inerentes à atividade industrial mineradora. Determina alguns aspectos do princípio de cautela e segurança mineira, que todo empreendimento deve seguir. Os artigos 7 a 12 estabelecem a responsabilidade do empregador.

Destarte, a estrutura institucional/constitucional, normativamente consolidada em nosso ordenamento jurídico, pacificou a ideia de que um *desastre* dificilmente pode ser estruturado a partir de uma estrutura estatal organizada centralizada. Nesse processo, a descentralização é a chave para uma articulação integrada das Políticas Públicas de gestão, envolvendo uma estrutura jurisdicional do risco mais ampla, que desenvolve competências compartilhadas: defesa civil, Ministério da Integração, Ministério do Meio Ambiente, órgão de segurança nacional, órgãos técnicos de gerenciamento do risco institucionalizado (Sisnama), órgãos de segurança nacional e outros regulados pela Lei 12.608 de 10/04/2012.

Trata-se de uma lei ampla que depende de monitoramento e estudos constantes, documentados, em sistema aberto e contínuo às definições de outras espécies de risco ambientais (presentes e futuros), envolvendo as esferas político-sociais, econômicas, de planejamento e gestão jurídico-administrativa dos riscos ambientais. Seu sistema é descentralizado e bipartido de dois órgãos: o órgão diretivo do Conselho Nacional do Meio Ambiente (Conama) com função resolutiva de aconselhamento do poder executivo para a formulação de uma política nacional do meio ambiente nacional, e o Ibama, que tem a função executiva da política nacional do meio ambiente exercendo o poder de fiscalização, autuação e monitoramento da sociedade em âmbitos federais, estaduais e locais divididas em subsistemas que reúnem os institutos e secretarias de meio ambiente. Em nível local, concentra autoridades e organizações públicas responsáveis pelo controle das medidas de proteção ambiental atuando inclusive nas audiências públicas e enquetes de opinião pública da sociedade.[200]

Este é apenas um dos aspectos que conformam a regra do jogo da responsabilidade sustentável das empresas, vigente no campo ambiental brasileiro que não pode ser ignorado no campo legislativo da maneira de dirimir conflitos. Por outro lado, ao analisarmos o ciclo ambiental do desastre, *os princípios da cautela e ação imediata* se articulam à rapidez de mobilização, cuja efetividade de ação ambiental nos casos de acidentes industriais depende da rapidez de ação do poder público para o pronto atendimento das vítimas (brigadas de resgate, ambulâncias) em intercessão judicial.

---

[200] SOBRAL, Maria; CHARLES, H. Peter. Relatório de Impacto Ambiental: Procedimentos e Processo de Decisão. In: AB' SABER, Aziz; MÜLLER-PLANTENBERG. (Org.). *Previsão de Impactos*. O estudo de Impacto Ambiental no Leste, Oeste e Sul. Experiências na Rússia e na Alemanha. São Paulo: EDUSP, 1994, p. 85-7. A importância do Sistema Nacional do Meio Ambiente (Sisnama) encontra-se ancorado no princípio administrativo da descentralização e foi fruto de um processo de reinvindicação iniciado em 1971 pela Secretaria de Meio Ambiente (Sema), que se fundiu incorporando o Instituto Brasileiro de Desenvolvimento Florestal (IBDF) e a Secretaria de Desenvolvimento da Pesca (Sudepe). Esse processo ocorreu em 1981, com um processo de reestruturação do Sema, órgão que se transformou no Sisnama, para a consolidação da política de proteção ambiental integral. A regulamentação legislativa do meio ambiente é anterior à década de 1970. O Código de Águas de 1934, o Código Florestal de 1934, o Código de Pesca de 1938, o Estatuto da Terra de 1964 e o Código de Caça, bem como o respectivo Código de Mineração, de 1967, apesar do Decreto revogado n.º 24.642, de 10 de julho de 1934, inserem-se no cenário das políticas desenvolvimentistas brasileiras das décadas de 1930 e 1960.

Outro aspecto importante do licenciamento ambiental diz respeito às audiências públicas no Brasil como o momento de formalização das informações do empreendimento junto à população. Apesar de sua obrigatoriedade durante todo processo de licenciamento, a linguagem técnica informativa da empresa, por intermédio do *marketing* e geração de expectativas econômicas (geração de empregos e desenvolvimento da economia local), traduz-se na hipossuficiência das populações impactadas. Nesse sentido, o Relatório de Impacto Ambiental (Rima) deve conter todas as informações do Estudo dos Impactos Ambientais (EIA) transcritos em linguagem simplificada de fácil entendimento para publicizar a obra junto à população.

Foi nesse contexto que no dia 05 de novembro de 2015 ocorreu o rompimento da barragem de rejeitos de mineração controlada da empresa jurídica de direito privado Samarco Mineração S.A. que atua em conjunto com as maiores empresas de mineração do mundo a Vale S.A. (primeira empresa no ranking das empresas nacionais) e a anglo-australiana BHP Billinton (10ª empresa).[201]

Essa dimensão é importante, sobretudo no caso da mineração, que apresenta a particularidade de ser um dos setores fundamentais para o desenvolvimento do industrialismo moderno ao mesmo tempo em que é marcada por uma rigidez locacional com impactos diretos no uso e aproveitamento do solo, porque envolve concessão de terceiro, mediante alvará governamental de autorização. Seu mercado global é marcado pela volatilidade cíclica no preço da produção e pela distribuição desigual do consumo e das reservas mundiais de suas jazidas, concentradas como setor de proteção estratégica do Estado, como são exemplo as jazidas de petróleo. Nesse sentido, em espécie, a relação entre Política, estratégia e vocação territorial são diretamente impactas pelas Políticas Públicas.

5.4 A DIMENSÃO ECONÔMICA DO ACIDENTE

A empresa jurídica Samarco Mineração S.A. foi criada em 1973 e se define como sociedade anônima fechada, com sede em Belo Horizonte, atuando no beneficiamento, pelotização e exportação de minério de ferro. Inicialmente, a Samarco dividia seu poder acionário entre a empresa brasileira Samitri S.A. –

---

[201] Em relação à Samarco, a BHP Billinton se registra como empresa que exerce atividades de estudos geológicos, empresa de *holding* subsidiária de investimentos registrada sob o nome BHP Billinton Brasil Investimentos Ltda. Seu padrão de atuação a nível mundial é centrada na desresponsabilização operacional por meio de *commodities* minerais, centrando suas operações acionárias na extração e processamento mineral (cobre, zinco, ferro, urânio etc.), óleo e gás natural. A CVRD foi privatizada em 1997 por R$ 3,3 bilhões a um ágio de 20% apenas, apesar de seu patrimônio ter sido então avaliado em R$ 3 trilhões. Em 1977, o poder societário passou por processo de expansão na extração de minério de ferro, transporte dutoviário, pelotização e transporte, sendo adquirido pela empresa estadunidense *Utah International*. Em 1984, concentrou suas atividades na região de Itabira (MG) tendo a australiana BHP *Limited* (The Broken Hill Proprietary Hill) especializada em minas de prata, chumbo e zinco, substituído a empresa norte-americana.

Mineração da Trindade (51% do capital acionário) – e a estadunidense *Marcona Corporation* (49%), atuando na operacionalização de usina de pelotização e porto (município de Anchieta, no Espírito Santo) envolvendo 400 km de extensão de mineroduto, atravessando 24 municípios de Minas Gerais desde Mariana.[202]

A partir da década de 1990, a Samarco iniciou a distribuição de dividendos entre seus acionistas e passou por várias fases de expansão em um cenário de abertura irrestrita para o mercado de capitais abertos. Entre 1994 e 1997, ampliou as exportações do minério de ferro para o mercado internacional e em 1998 passou a abastecer o mercado chinês. Em um cenário de abertura irrestrita para o capital aberto, a empresa, após forte período de crise financeira, passou a ser controlada australiana BHP.[203] Em 2001, a empresa BHP passou por um processo de fusão com a empresa inglesa Billinton Plc., transformando-se na *BHP Billinton Limited,* empresa australiana que, além de possuir ações da Samarco, atua no setor de Alumínio, detendo o controle do maior complexo de produção de alumina e alumínio do mundo, localizado em São Luiz (MA) e da Mineração Rio Norte, em Oriximiná (PA), para extração de bauxita.[204]

A partir de 2000 a empresa Samarco, em crise financeira, passa a se organizar como *joint venture* societária, cujo controle acionário se dividiu igualmente entre a Companhia Vale (50%) e a *holding* anglo-australiana BHP Billinton (50%). Em conjunto, essas duas empresas passaram a controlar 16% do mercado mundial transoceânico de pelotas de minério de ferro, comercializados em mais de 15 países. A companhia Samarco, nesse processo de fusão, caracteriza-se como *non operated joint venture,* e nessa relação de intermediação, a Companhia Vale foi registrada como *holding controladora* de instituições financeiras e principal empresa responsável pela Samarco. Em 2008, a Samarco aproveitando o *boom* das *commodities* no governo Lula, ampliou sua capacidade de produção em cerca de 54%, gastando R$ 3,1 bilhões em investimentos concentrados em Germano e Ubu (sede da terceira usina de pelotização), com objetivo de ampliar suas operações a nível mundial, concentrando 19% do mercado *de commodities* minerais por intermédio da produção de 10,2 milhões de toneladas anuais de ferro, enviados para os EUA, China e Japão. Em 2009, após atravessar forte crise financeira provocada pela queda das *commodities* no mercado mundial, a Samarco foi comprada pela Vale S.A., que adquiriu a Samitre, por R$ 971 milhões, absorvendo parte de seu capital societário.

---

[202] GAGETE, Élida. *Livro Azul:* Samarco. 30 anos depois. Belo Horizonte: Ed. Institucional Samarco Mineração S.A., 2008, p. 9-10.

[203] Ibidem, p. 10.

[204] O Conselho de Administração da Vale, a Valepar S.A., concentrava 53,9% do controle acionário da Samarco (2015). Faz parte do grupo acionário da empresa a Valepar S.A. e o BNDESPAR, concentrando 11,5% das ações; a Mitsui & Co ltd., controlando 18,2% das ações; seguida da Bradespar, com 21,2%, e a Litel, com 49% das ações. Lite é a maior acionista da empresa *holding* dedicada ao controle de participação acionária, que reúne recursos dos seguintes fundos de pensão: Previ (BB), Petros e Funcef. Acesso em: 12 dez. 2016. Hoje registrada como BHP Billinton, essa empresa anglo-australiana assume a forma de companhia aberta e se descreve, junto à Receita Federal do Brasil, como investidora de ações.

Em 2014, a Samarco passou por nova fase de expansão e ampliou sua capacidade de produção em 37%, concentrando sua operacionalização na quarta usina de pelotização, instalada em Ponta Ubu, por meio de uma terceira linha de mineroduto.[205] Em 2015, essa expansão de atividades acarretou o desastre de Mariana.

A importância da descrição histórico-econômica dessa empresa revela sua estratégia corporativa em *holding*, mas também o distanciamento existente entre a empresa de extração do minério e os diversos níveis corporativos das *holdings* mundiais, que de fato detém o controle pulverizado da empresa, utilizando-se de complexo sistema jurídico-organizacional.

A inflexão é que este sistema corporativo para a questão legislativa ambiental de responsabilização das empresas produz reflexos na cadeia da responsabilidade empresarial, coadunada à questão judicial da responsabilização que se torna o *motif molotov* das ilegalidades. Vale lembrar que esse ambiente de *compliance* corporativa, entendido como conjunto das disciplinas que regulam as normas legais e determinam as diretrizes das atividades institucionais empresariais, revela uma nova fase da construção do mito do desenvolvimento sustentável dessas empresas.

O *aggiornamento* político pela reprimarização da economia brasileira, ancorada no megaciclo das *commodities*, entre 2003 e 2013, quando as importações globais de minérios saltaram de US$ 38 bilhões para US$ 277 bilhões (aumentando 630% a taxa de rentabilidade), sofreria abrupta queda deste mercado em 2014. O tripé das *commodities* agrícolas, minerais e energia ocupava, então, a segunda posição nas exportações (minérios = 14,3%), aprofundando a dependência econômica do Brasil com relação ao setor minero-exportador do qual a Samarco era modelo exemplar de inserção no mercado mundial. Esse modelo, porém, baseia-se num caráter cíclico oscilante, subordinado às necessidades das economias avançadas, receptadoras de matérias primas.[206]

Sem embargo, o Brasil possui experiência em grandes projetos de mineração de ferro e siderurgia, sendo ainda um país privilegiado no que tange ao fornecimento de insumos para cadeias de produção a jusante no país. Coadunado ao setor de mineração, o Plano Mineiro de Desenvolvimento Integrado para o Meio Ambiente (PMDI 2007-2023) foi arquitetado para acolher o chamado *Estado para Resultados. Estratégia de Desenvolvimento*, de autoria do Vice-Governador Aécio Neves da Cunha, e o então Governador Antônio Augusto Junho Anastásia.

---

[205] GAGETE, 2008, p. 9-10.

[206] IBRAM. *Informação sobre a economia mineral brasileira. 2015*. Brasília, DF: 2015. Disponível em: <http://www.ibram.org.br/sites/1300/1382/00005836.pdf>. Acesso em 20 fev. 2017. A exemplo das oscilações do mercado, pode-se citar o pico de US$ 196 dólares para o preço do minério de ferro no mercado mundial, chegando a US$ 50 ao final de 2015. Na discursividade do novo pilar estrutural do Estado brasileiro, o governo mineiro local teve de favorecer o *Estado de Resultados* desconcentrador e facilitador do mercado internacional de reprimarização, no *aggiornamento* da subversão dos valores alçados na Constituição Federal de 1988, por meio do desmantelamento das insígnias do Estado Social.

No plano da *promoção de investimentos privados*, a flexibilização do licenciamento ambiental é o ponto essencial do programa, transformando os ativos ambientais em negócios a partir de três agendas integradas:

1) uma **agenda azul** direcionada para "áreas que concentram as maiores atividades econômicas do país", no qual a bacia do rio São Francisco é visto como o "rio da integração nacional" pela propositura de drenagem e desvio dos rios para unidades produtivas minero-agrárias; 2) uma **agenda verde,** na qual o governo considera ser a preservação dos biomas e biodiversidade das unidades de conservação mineiras essenciais para a política florestal, *polo siderúrgico e de papel e celulose* dando oportunidade das empresas com certificado ISO venderem passivos ambientais "nos termos do Protocolo de Kyoto"[207] e uma **agenda marrom,** para gestão da cadeia de resíduos urbanos e industriais, gerida pela parceria público-privada, com destaque para a participação de "pequenos e médios empreendimentos", coadunado à política nacional de desenvolvimento petista.[208]

Nesse novo velho olhar, compete remover os obstáculos ao desenvolvimento (crescimento) da iniciativa privada. Nesse sentido, seria função do Estado

> [...] desobstruir os empreendimentos chamados estruturantes para novos modelos logísticos, ancorados em 'corredores de exportação', catalizadores de capital estrutural da reprimarização da economia brasileira, num movimento cujo fluxo dominante vai do hemisfério sul para o norte.[209]

Nesse sentido, o plano prioriza marcadamente a iniciativa privada pela promoção e atração de investimentos produtivos, segundo os critérios de "seletividade, agressividade e articulação do Estado, pelo favorecimento da iniciativa privada"; reforçando o mercado exportador de *commodities* primárias agrominerais, por meio da simplificação do licenciamento ambiental, pelo que chamam de "aprimoramento das exigências legais", voltadas à simplificação do licenciamento ambiental e à ampliação dos setores de geração de energia elétrica (Santa Maria, Furnas) e oferta de gás natural. De mesmo, está voltado para a produção de *commodities* industriais de insumos básicos agrários (soja e

---

[207] 95% da eletricidade brasileira é gerada por usinas hidrelétricas e por biomassa voltada a utilização de álcool nos veículos e uso do bagaço de cana-de-açúcar para geração de vapor, uso de carvão vegetal para indústria siderúrgica etc., esse modelo alimenta o mercado de commodities agrárias mundiais cuja lógica pode ser sintetizada na máxima: o que é bom para o mercado é bom para o Brasil. Os especialistas afirmam que este modelo coaduna com os princípios aplicados no Proalcool (Programa Nacional de Álcool – decreto 76.593/75); Procel (Programa Nacional de Combate ao desperdício de Energia Elétrica de 1985) e Concet (Uso de Derivados de Petróleo e Gas Natural -1991). A lei 10.438 de 2002 criou o Proinfa (Programa de Incentivo às Fontes Alternativas de Energia Elétrica) e em 2004 os decretos 5.297 e 5.298 referem-se à redução de tributos PIS/PASEP e COFINS na produção e comercialização de biodiesel incluindo redução do IPI (Programa Nacional de Biocombustível). Segundo dados do Ministério da Energia o novo combustível misturado com o álcool permitirá a redução de 1,1% a 2,5% das emissões de monóxido de carbono e hidrocarbonetos (1,9 a 3,2%). Estudo do CENBIO - Banco de Dados de Biomassa do Brasil, USP, elaborado por COELHO, Suani Teixeira et al. *Atlas de Bioenergia do Brasil*. São Paulo: CENBIO-IEE-USP/ MME, 2008. Disponível em: <www.iee.usp.br/sites/default/files/biblioteca/producao/2009/.../coelhoatlasbioenergia.pdf>.

[208] GOVERNO DE MINAS GERAIS/SECRETARIA DE ESTADO E PLANEJAMENTO E GESTÃO. *PMDI–2007-2023*. Estado para Resultados. Estratégia de Desenvolvimento. Belo Horizonte: 2007, p. 21-3.

[209] Idem.

café), mas também para estimular os passivos da mineração. Ao final, defende a terceirização dos serviços por intermédio da reforma trabalhista de uma legislação, que passa a ser considerada pelo Programa do PSDB como obsoleta.[210]

De acordo com a discursividade do novo pilar estrutural do Estado brasileiro, o governo mineiro local passaria a favorecer o *Estado de Resultados*, desconcentrador e facilitador do mercado internacional de reprimarização, verdadeiro *aggiornamento* subversivo dos valores alçados pela Constituição Federal de 1988, das insígnias do Estado Social. Nesse processo, à frente de cada setor produtivo privado, ocorreu o desmantelamento de cada *agência setorial* regulatória da legislação ambiental, o que esconde um desmantelamento, no qual o capital não mais se regionaliza, mas se articula na tentativa de consolidar um arranjo estrutural integrado do espaço produtivo (arranjo integral e integralizado para o exterior), de acordo com o modelo hegemônico dominante.

CONSIDERAÇÕES FINAIS

Ao final da década de 1980 e com a Constituição Federal de 1988, a incorporação pelo direito brasileiro do instrumento preventivo de tutela ambiental (EIA/Rima) contribuiu para a consolidação do marco da ECO/92 e estimulou a participação da sociedade civil e das comunidades impactadas inseridas nas discussões democráticas de implantação dos megaprojetos industriais. De fato, as agendas das consultorias junto a essas comunidades prometiam conter em seu interior políticas de manejo adequado dos recursos naturais e matérias-primas, acopladas à utilização de tecnologias de ponta, evitando altos custos futuros. Nesse sentido, o licenciamento ambiental foi um importante instrumental para o controle, monitoramento e mitigação dos danos ambientais causados por empresas.

No entanto esse cenário foi modificado desde o final dos anos 90, agravando-se em consequência da crise estrutural de 2008, que atingiu todos os mercados de *commodities* e os países periféricos. Somente em 2016, o governo interino do presidente Michel Temer implementou 55 medidas provisórias para desmantelar a legislação ambiental do País.

Os exemplos são variados. A avaliação técnica elaborada pelo Instituto socioambiental do Programa Xingu (2015), referente à proteção das terras indígenas impactadas pela construção da Usina de Belo Monte, teve impacto direto sobre os direitos dos povos indígenas, no que tange ao usufruto exclusivo de áreas de reservas de recursos naturais, perdidas para mineração.[211] De todos os

---

[210] Ibidem, p. 20; 34-5; 41; 49-52.

[211] ISA. PROGRAMA XINGÚ/INSTITUTO SÓCIOAMBIENTAL. *Dossiê Belo Monte:* Não há condições para licença de operação. Brasília: ISA/Charles Stewart Mott Fondation/Regnskogsandet, Junho 2015. 205p. Disponível em : <www.socioambiental.

condicionantes acordados no licenciamento ambiental dos empreendimentos, somente foram atendidas algumas demandas no Pará: a demarcação física de áreas indígenas de Arara de Volta Grande e Cachoeira Seca, mineração de ouro, cobre etc., com levantamento fundiário em ação conjunta da Funai, Ibama e Incra, e publicação de portaria de restrição das terras indígenas de Trincheira Bacajá e Koatinemo para proteção de índios isolados. A questão da desintrusão dos posseiros, de áreas das comunidades Juruna, à margem do km 17 da rodovia que leva a Belo Monte e o estabelecimento de corredores ecológicos, entre outras 16 medidas ambientais, foram completamente ignoradas.[212]

No *aggiornamento* do sistema, o Código Florestal (Lei n.º 12.651 de 25/05/2012) também permitiu a isenção da punição de pequenos proprietários que invadiram áreas de Reserva Legal das florestas, como indicam os decretos n.º 9142/2017 e 9147/2017, que permitiram a extinção da Reserva Nacional de Cobre e Associados (Renca), pertencente à antiga estatal Vale do Rio Doce, hoje privatizada. Esse ponto permitiu que o governo Michel Temer levasse a cabo reformas legislativas ambientais mais radicais, no sentido desejado pelo mercado, mediante a MP 765, de 21/12/2016, e já convertida Lei n.º 13.464, de 2017, que retirou 305 mil hectares (equivalente a quase duas cidades de São Paulo) de reserva, da Floresta Nacional do Jamaxim, no sudoeste do Pará (Flona). A redução do nível de proteção legal permitiu a permanência de posseiros e garimpeiros na região. Segundo o Instituto Chico Mendes, desde 2009, esses garimpeiros haviam irregularmente invadido terras e se instalado na Flona, forjando escrituras de compra e venda, com pretensões fundiárias para pecuária extensiva. No pacote das medidas de Michel Temer, a MP incluiu radical mudança na legislação, com a inclusão de outros 230 mil hectares da Flona, em benefício dos grileiros. A construção de uma rodovia, que atravessa a floresta, aumentou em 70% o desmatamento da Amazônia legal.

A operação realizada contra madeireiros na região ocasionou o assassinato de um policial militar que atuava junto ao Ibama, morto de maneira atroz. O Ministério Público foi acionado e entrou com uma ação civil, mas a Justiça Federal ainda não julgou o caso. Na região, 80% dos posseiros invasores se beneficiaram e praticam atividades ligadas ao garimpo e pecuária. A própria presidente da Associação dos Produtores Rurais das Glebas, Mônica Corrêa, afirma possuir 200 cabeças de gado distribuídas em 1 mil hectares, verdadeiro latifúndio. 67,7% dos moradores chegaram à Flona após sua criação em 2006 e hoje ocupam 1.301.000 de hectares.[213]

---

org/sites/blog.socioambiental.org/files/dossie-belo-monte-site.pdf.>.

[212] MINISTÉRIO DA JUSTIÇA/FUNAI/Diretoria de Promoção ao Desenvolvimento Sustentável. *Parecer Técnico.* Informe n.º 223/2015/CGLIC/DPDS/FUNAI-MJ. Processo de Licenciamento da UHE Belo Monte Terras Indígenas. Brasília: Funai, 23 set. 2015, p. 416. Disponível em: <www.funai.gov.br/arquivos/conteudo/ascom/2015/img/11-nov/analisetecnica.pdf>.

[213] *Folha de São Paulo*, 15/06/2015. Caderno B-7.

Segundo a mesma matéria do Jornal *Folha de São Paulo*, a Medida Provisória 758 objetivava organizar o processo de ocupação na área de proteção ambiental. Rio Branco corre o risco de perder 12% de sua área florestal (unidade de conservação) para construção da ferrovia Ferrogrão, equivalente a 51 mil hectares. O objetivo é a concessão de atividades de garimpo, licenciadas pela prefeitura de Trairão, região caracterizada pela extração ilegal de madeira e ouro.

Em 25 de julho de 2017, o Código de Mineração foi desmembrado por meio de três Medidas Provisórias, todas aprovadas e incorporadas no Novo Código de Mineração: a MP 789, que regulamentava a compensação financeira pela exploração de recursos minerais (CFEM) a partir de *royalties* minerais; a MP 790, que reformulava o Código de Mineração (Decreto Lei n.º 227, de 28/02/1967); e a MP 791, que criava a Agência Nacional de Mineração (ANM). Essas medidas provisórias foram convertidas na Lei n.º 13.575, de 26/12/2017.[214]

Portanto, constitui paradoxo dos desastres, o rompimento da barragem da Samarco, em Mariana (MG), uma das piores tragédias ambientais no Brasil, e que contaminou de maneira irreversível toda a bacia do rio Doce, através dos Estados de Minas Gerais e Espírito Santo, atingindo pelo mar até o sul da Bahia. De mesmo, completa esses acontecimentos a construção da usina hidrelétrica de Belo Monte, obra pública construída no rio Xingu à revelia da sociedade, em plena floresta amazônica, e que provocou o alagamento de uma área de 503 km^2, afetando inúmeras cidades e povos ribeirinhos e indígenas. Estes são alguns exemplos da necessidade de luta e defesa da gestão jurisdicional ambiental e em defesa da Constituição. De fato, essa legislação ambiental, atualmente desmontada, é representativa do longo processo de amadurecimento do marco regulatório ambiental brasileiro, desde a década de 1940 e que tornou, nos anos 80, nossa legislação ambiental referência às exigências de órgãos financiadores internacionais.

Na nova propositura, no entanto, qualquer interessado (pessoa física ou jurídica) poderá requerer a exploração de área de pesquisa ou lavra, de maneira prioritária, e áreas de garimpo hoje passam a serem consideradas "áreas livres" (caput artigo 18, da MP 790, de 25/07/2017). Com base na lógica da "participação da União no resultado da lavra", como uma remuneração ofertada pelos concorrentes ao ente licitante, a nova lei prevê que lavras com alto potencial de extração de riquezas minerais possam pagar renda adicional sob as formas de participação especial, bônus de assinatura ou bônus de descoberta.

O projeto de lei de junho de 2013, origem do atual código de Mineração de 2017, no entanto, foi palco de disputas por mudanças estruturais na antiga lei. Aprovada na calada do dia de 26 de dezembro, a aprovação dessa

---

[214] BRASIL. PRESIDÊNCIA DA REPÚBLICA. CASA CIVIL. *Lei n.º 13.575, de 26 de dezembro de 2017*. Disponível em: <http://www.planalto.gov.br/ccivil_03/_ato2015-2018/2017/lei/L13575.htm>.

lei na atual agenda antidemocrática significa poderoso marco de retrocesso de direitos e violações da Constituição Federal de 1988, e se insere em PECS maiores e em outras medidas provisórias que estão sendo aplicadas no sistema jurídico nacional, tais como a aprovação da PEC da terceirização do trabalho, que reformula a antiga CLT, a reforma da Previdência, o Estatuto da família, a flexibilização do estatuto do desarmamento e as tentativas de redução de maioridade penal, formas de promoção de um saneamento econômico, social e moral da sociedade brasileira.

O setor minerador internacional comemora a nova Agenda Brasil. O novo Código tira do regime de licitação uma parcela relevante das áreas de pesquisa e lavra, esvaziando seu alcance, e inclui a concessão de novas áreas a empresas estrangeiras, ocupando inclusive áreas das fronteiras brasileiras, antes definidas como áreas exclusivas prioritárias, próprias aos cidadãos brasileiros. Nesse novo cenário, o velho ditado medieval inglês, *"O diabo atua nos detalhes"*, sintetiza a nova realidade.

REFERÊNCIAS

AB'SABER, Aziz Nacib; MÜLLER-PLANTENBERG, Clarita (Org.). *Previsão de Impactos*. O estudo de Impacto Ambiental no Leste, Oeste e Sul. Experiências na Rússia e na Alemanha. São Paulo: Edusp, 1994.

ANDREUCCI, Ricardo Antônio. Meio Ambiente - Lei 9.605/98. In: *Legislação Penal Especial*. 11. ed. rev. atual e ampliada. São Paulo: Saraiva, 2016.

BALLARIN-DENTI, António. Ed. *Chemistry, Man and Enviroment*. The Seveso Accident 20 Years on: Monitoring, Epidemology and Remediation. New York: Elsevier Science, 1999.

BARTOLO, Mariana. Estados Unidos lança plano para reduzir em 30% as emissões de carbono. *Web Jornal*. 15/06/2014. Disponível em: <https://webjornalunesp.wordpress.com/2014/06/15>. Acesso em: 2017.

BECK, Ulrich. *Sociedade de Risco*. Rumo à outra Modernidade. Trad. 2. ed. São Paulo: 34, 2012.

BERWIG, Juliane Altmann. *Direito dos Desastres:* Na exploração offshore do Petróleo. Curitiba: Jaruá, 2015.

BRASIL. PRESIDÊNCIA DA REPÚBLICA. CASA CIVIL. *Lei n.º 13.575, de 26 de dezembro de 2017*. Disponível em: <http://www.planalto.gov.br/ccivil_03ato2015-2018/2017/lei/l.13575.htm>.

CAPPELLETTI, Mauro; GARTH, Bryant. *Acesso à Justiça*. Porto Alegre: Fabris, 1988.

CARVALHO, Délcio Winter de; DAMACENA, Fernanda Dalla Libera. *Direito dos Desastres*. Porto Alegre: Livraria do Advogado, 2013.

COELHO, Suani Teixeira et al. *Atlas de Bioenergia do Brasil*. São Paulo: CENBA/IEE-USP/MME, 2008. Disponível em: <www.iee.usp.br/sites/default/files/biblioteca/producao/2009/.../coelhoatlasbioenergia.pdf>.

EBEJI. Escola Brasileira de Ensino Jurídico na Internet. *Revisão das principais decisões do STF e do STJ (2015) em Direito Ambiental*. Disponível em: <https://blog.ebeji.com.br/principais-julgados-e-testes-de-direito-ambiental-stf-e-stj-em-2015>. Acesso em: 15 jan. 2017.

GAGETE, Élida. *Livro Azul*: Samarco. 30 anos depois. Ed. Institucional. Belo Horizonte: Samarco Mineração S.A., 2008.

GIDDENS, Anthony. *As consequências da modernidade*. Trad. São Paulo: Unesp, 1991.

_____. *Mundo em descontrole*: o que a globalização está fazendo de nós. Trad. Rio de Janeiro: Record, 2000.

GOVERNO DE MINAS GERAIS/SECRETARIA DE ESTADO E PLANEJAMENTO E GESTÃO. PMDI–2007-2023. Estado para Resultados. Estratégia de Desenvolvimento. Belo Horizonte: 2007.

IBRAM. *Informação sobre a economia mineral brasileira*. 2015. Brasília, DF: 2015. Disponível em: <http://www.ibram.org.br/sites/1300/1382/00005836.pdf>. Acesso em: 20 fev. 2017.

IPAM/PRODES. *Panorama do desmatamento*, 2016. Disponível em: <http://agenciabrasil.ebc.com.br/geral/noticia/2017-01/amazonia-perde-7989-km2-de-floresta-maior-desmatamento-desde-2008>. Acesso em: 17 dez. 2016.

INSTITUTO PRISTINO. *Parecer único n.º. 257/2013*. Laudo Técnico. Disponível em: <www.institutopristino.org.br/>.

INSTITUTO SÓCIO AMBIENTAL-ISA. Programa Xingú. *Dossiê Belo Monte*. Brasília, DF: ISA/Charles Stewart Mott Fondation/Regnskogsandet, Junho 2015. 205p. Disponível em: <http://www.socioambiental.org/sites/blog.socioambiental.org/files/dossie-belo-monte.pdf>.

LUHMAN, Niklas. *El Derecho de la Sociedade*. México, DC: Universidad Iberoamericana, 2002.

MAZZILLI, Hugo Nigro. *Tutela dos Interesses Difusos e Coletivos*. 7. ed. São Paulo: Saraiva, 2014.

MINISTÉRIO DA JUSTIÇA. FUNAI-Diretoria de Promoção ao Desenvolvimento sustentável. *Parecer Técnico*. Informe n.º 223/2015/CGLIC/DPDS/FUNAI-MJ. Processo de Licenciamento da UHE Belo Monte Terras Indígenas. Brasília: Funai, 23/set./2015, p. 416. Disponível em: <www.funai.gov.br/arquivos/conteudo/ascom/2015/img/11-nov/analisetecnica.pdf>.

MINISTÉRIO DO MEIO AMBIENTE. IBAMA. *Resolução CONAMA* n.º 001/1986. Disponível em: <http://www.mma.gov.br/port/conama/res/res86/res0186.html>.

_____. *Sistema de Controle de Transporte de Madeira – DOF* (Ibamanet). Disponível em: <https://ibamanet.ibama.gov.br>. Acessado em 06 dez. 2016.

OCDE-FAO. *Perspectivas agrícolas. 2015-2024*. Disponível em: <http://www.fao.org.br/dowload/PA20142015CB.pdf>. Acesso em: mar. 2016.

OXFAM. *A distância que nos une*. Um retrato das desigualdades brasileiras. Brasília, DF: Oxfam Brasil, 2017. Disponível em: <https://www.oxfam.org.br/sites/default/files/.../Relatorio_A_distancia_que_nos_une.pdf>.

PoEMAS – Grupo Política, Economia, Mineração, Ambiente e Sociedade. *Antes fosse mais leve a carga: avaliação dos aspectos econômicos, políticos e sociais do desastre da Samarco/Vale/BHP em Mariana (MG)*. Relatório Final. Dez. 2015. Mimeo. Disponível em: <www.ufjf.br/poemas/.../PoEMAS-2015-Antes-fosse-mais-leve-a-carga-versão-final.pdf>.

RICO, Mayte et al. Reported tailings dam failures: a review of the European incidents in the worldwide context. *Journal of Hazardous Materials*. Porto: v. 152, n. 2. p. 846-52, 2008. Disponível em: <www.elsevier.com/locate/jhasmate>. Acesso em: 2017.

RIFKIN, Jeremy. *A Terceira Revolução Industrial:* Como o poder lateral está transformando a Energia, a Economia e o Mundo. Trad. São Paulo: MBooks, 2012.

SOBRAL, Maria; CHARLES, H. Peter. Relatório de Impacto Ambiental: procedimentos e Processo de Decisão. In: AB'SABER, Aziz Nacib; MÜLLER-PLANTENBERG, Clarita (Org.). *Previsão de Impactos*. O estudo de Impacto Ambiental no Leste, Oeste e Sul. Experiências na Rússia e na Alemanha. São Paulo: Edusp, 1994, p. 85-102.

SUBRAMANIAM, M. Arun; MOREHOUSE, Ward. *The Bhopal Tragedy*. What Really Happened and What It Means for American Workers and Communities at Risk. New York: The Apex Press, 1988.

TEUBNER, Günther. *Direito, Sistema e Politexturalidade*. Piracicaba: Unimed, 2005.

USA. *America First Energy Plan. 2017*. Plano de Ação Climática de Barack Obama (Clear Air Act, 02/06/2013). Disponível em: <http://www.whitehouse.gov/america-first-energy>.

VIÉGAS, Rodrigo Nuñez; PINTO, Raquel Giffoni; Garzon, Luis Fernando Novoa. *Negociação e acordo ambiental*: o Termo de Ajustamento de Conduta (TAC) como forma de tratamento dos conflitos ambientais. Rio de Janeiro: Fundação Heinrich Böll, 2014.

WWF STOCKHOLM RESILIENCE CENTRE. *Living Report 2016*. Risk and Resilience in a New Era. Switzerland: 2015. Disponível em: <www.panda.org>. Acesso em: nov. 2016.

CAPÍTULO 6

A AGENDA DE INOVAÇÃO PARA O SETOR DE MINERAÇÃO NA SUÉCIA: UMA REFERÊNCIA PARA O BRASIL

João Batista Pamplona e Ana Carolina Penha

A Suécia e o Brasil iniciaram uma parceria na área de inovação em 2009 – o *Plano de Ação Estratégico*[215] –, fruto do interesse comum em promover inovação, alta tecnologia e cooperação industrial, e do desejo de aumentar o comércio e investimento bilateral. A parceria Brasil/Suécia tem por objetivo a interação entre universidades, institutos e empresas, inclusive centros de excelência e clusters industriais; pretende-se abranger uma vasta gama de áreas, que vai da nanotecnologia à eficiência energética.

Nos três primeiros anos do acordo, foram implementados três Laboratórios de Inovação e Aprendizagem, já foram organizadas cinco edições da Semana da Inovação que acontece em várias cidades brasileiras e vários projetos de pesquisa foram iniciados. O resultado mais visível da colaboração talvez seja o Centro de Pesquisa e Inovação Sueco-Brasileiro (CISB), inaugurado na cidade de São Bernardo do Campo, em Maio de 2011.

Em 2015, o *Plano de Ação Estratégico* foi renovado, confirmando o interesse por parte dos dois países em manter a parceria estratégica bilateral. Na renovação do acordo, ficou explicitado que as áreas de auxílio mútuo seriam: comércio e o investimento; defesa; energia sustentável; mudanças climáticas e desenvolvimento sustentável; intercâmbio cultural e social entre Brasil e Suécia, com destaque para as áreas de ciência, tecnologia e inovação, que contou com a integração do Ministério de Ciência, Tecnologia, Inovação e Comunicação à parceria.[216]

A Suécia é hoje o maior produtor de minério de ferro da Europa e seu governo vem há muito tempo oferecendo incentivos à inovação no setor e estimulando a atuação cooperada entre empresas e universidades, com resultados significativos no aumento da produtividade.[217] Assim, é relevante

---

[215] MINISTÉRIO DE RELAÇÕES EXTERIORES. *Novo Plano de Ação da Parceria Estratégica Brasil-Suécia.* Estocolmo 19/Out./2015. Disponível em: <www.itamaraty.gov.br/pt-BR/notas-a-imprensa/12156-novo-plano-de-acao-da-parceria-estrategica-brasil-suecia-estocolmo-19-de-outubro-de-2015+&cd=1&hl=pt-BR&ct=clnk&gl=br>.

[216] MINISTÉRIO DA CIÊNCIA, TECNOLOGIA E INOVAÇÃO. *Estratégia Nacional de Ciência, Tecnologia e Inovação 2016-2019.* Disponível em: <http://www.mct.gov.br/upd_blob/0218/218981.pdf>. Acesso em: 22 nov. 2016.

[217] THE SWEDISH TRADE&INVEST COUNCIL. *Metals & Mining in Sweden (Sector Overview).* Business Opportunities in a Mineral Rich and Underexplored Region. Estocolmo: 2016.

para o Brasil que se compare o esforço de inovação da Suécia para o setor de mineração com o respectivo esforço brasileiro. Pressupõe-se que há o que aprender com os suecos.

O objetivo central deste capítulo é apresentar e analisar a formulação da atual agenda de inovação sueca[218] para o setor de mineração e transformação mineral (exclusive petróleo e gás) e compará-la com a principal ação de política de inovação para o setor existente no Brasil, ou seja, com o *Inova Mineral*, lançado em 2016.[219] A análise de tal documento será feita de forma descritiva, atentando-se para os detalhes que fazem da agenda de inovação sueca um dos padrões de referência na área de inovação. A partir de tal investigação, tentaremos compreender o que falta à agenda brasileira para que alcance o padrão de excelência ditado hoje pelo Strim.[220]

É importante destacar que a relevância econômica do setor de mineração no Brasil não o livra de importantes impactos adversos sociais e especialmente ambientais, como o devastador e recente (2015) desastre causado pela Samarco Mineração S.A., caracterizado pelo rompimento de uma barragem que gerou uma enorme destruição ao longo do vale do Rio Doce em Minas Gerais. Além dos desafios econômicos que o setor naturalmente enfrenta, como queda de preços e redução de margens, e também aqueles relacionados à ampliação dos seus efeitos de encadeamento sobre a economia brasileira (especialmente o encadeamento para trás) e da inovação de produtos (materiais de alto desempenho e minerais estratégicos), há que se salientar que os desafios para a sustentabilidade social e ambiental da atividade de mineração no Brasil são vultosos, especialmente quando se reconhece que a nova fronteira da mineração está na Amazônia, área extremamente sensível, com grandes reservas ambientais e populações indígenas.

Após o acidente ambiental em Mariana/Minas Gerais, fica claro que a preocupação do setor de mineração não deve ser apenas em crescer, mas em como fazê-lo de forma sustentável, onde nem o meio ambiente e nem a sociedade sofram com as consequências de uma exploração mineral mal planejada e executada. O enfrentamento de tais desafios pressupõe ampliar as inovações, e não é apenas uma tarefa das empresas do setor, mas antes um desafio conjunto, a ser partilhado entre empresas, instituições de ciência e tecnologia, e o Estado Nacional.

---

[218] VINNOVA. *Strategic Research and Innovation Agenda for the Swedish Mining and Metal Producing Industry 2013*. Disponível em: <http://www.sipstrim.se/wp-content/uploads/2014/06/Agenda-STRIM-LTU-Vinnova.pdf>. Acesso em: 25 fev. 2017.

[219] FINEP/BNDES. *Programa Innova Mineral*. Rio de Janeiro: Finep, 2016. Disponível em: <http://www.finep.gov.br/apoio-e-financiamento-externa/programas-e-linhas/programas-inova/inova-mineral>.

[220] SIP/STRIM, Sigla do programa *Strategic Research and Innovation*, coordenado pela VINNOVA, agência do governo sueco para pesquisa e desenvolvimento.

6.1 O SETOR DE MINERAÇÃO NO BRASIL E NA SUÉCIA

No Brasil, o setor de mineração (exclusive petróleo e gás e carvão) representava, em 2014, 16% das exportações brasileiras. No mesmo ano, o setor exportou aproximadamente 35 bilhões de dólares, sendo 28 bilhões de dólares sua contribuição para o saldo comercial do País. É um setor com grande contribuição para o comércio externo brasileiro, embora represente um pouco mais de 2% do PIB nacional.[221]

Por ser um dos maiores produtores de minérios, o Brasil recebe destaque no cenário mundial. Com um PIB mineral de 2,3%, o País produz atualmente cerca de 80 tipos de *commodities* minerais, classificadas entre substâncias metálicas, não metálicas e energéticas. Tais substâncias podem ser encontradas entre as 8.400 minas em atividades e as 8.870 empresas minerais distribuídas pelas cinco regiões do País, responsáveis até 2014 por 214 mil empregos diretos.[222]

O montante do comércio exterior da produção mineral brasileira (excluindo petróleo e gás e carvão), que em 2014 apresentou US$ 34 bilhões de exportações e US$ 6,8 bilhões em importações minerais, reitera a importância do setor para o País. A atividade mineral extrativa brasileira consiste na produção de minerais metálicos, como minério de ferro e a bauxita, e não metálicos, como fosfato e gipsita, que são componentes essenciais no setor de construção civil ou na indústria de fertilizantes. Detentor de 13,6% das reservas de ferro do mundo, o Brasil, em 2013, ficou em terceiro lugar no *ranking* global de produção de minério de ferro.[223] As regiões brasileiras de maior relevância na produção de tal substância são as Regiões Sudeste E Norte. No Sudeste, precisamente no *quadrilátero ferroso* localizado em Minas Gerais, há 69% da produção total de minério de ferro do País, enquanto no Norte o destaque é dado pela região de Carajás, localizada no Pará, onde se encontram 27,3% do minério de ferro nacional. A indústria mineral brasileira também se destaca por suas reservas de nióbio. Detentor de 93,7% do total de reservas de nióbio no mundo, o País tem, em solo nacional, reservas de cerca de 10,7 milhões de toneladas de nióbio.[224]

---

[221] IBRAM-INSTITUTO BRASILEIRO DE MINERAÇÃO. *The Mining Sector in Brazil:* Building Institution for Sustainable Development. Brasília: 2013.

[222] O número total de empregos foi apurado pelo sistema CAGED do Ministério do Trabalho do Brasil para as seguintes divisões de atividades econômicas do CNAE 2.0: extração de carvão mineral, extração de metais metálicos, extração de metais não metálicos e atividades de apoio à mineração. Não inclui petróleo e gás natural. MINISTÉRIO DO TRABALHO. *Cadastro Geral de Empregados e Desempregados (CAGED) 2015.* Disponível em: <http://trabalho.gov.br/trabalhador-caged>. Acesso em: 2 fev. 2017.

[223] BUSINESS SWEDISH REPORT. *An Introduction the Brazilian Mining Setor.* Disponível em: <http://www.business-sweden.se/.../fact-pack_mining_20160302.pdf>. Acesso em: 31 jan. 2017.

[224] DEPARTAMENTO NACIONAL DE PRODUÇÃO MINERAL. *Sumário Mineral 2015.* Disponível em: <http://www.dnpm.gov.br/dnpm/sumarios/sumario-mineral-2015>. Acesso em: 30 jan. 2017.

De acordo com *Business Swedish Report* de 2015, as maiores representantes do setor mineral brasileiro são atualmente a Vale S.A, a quarta maior empresa de mineração do mundo, seguida pela Samarco Mineração S.A. A Vale S.A. é uma empresa de capital aberto privado, atuante na área de metalurgia, mineração e logística. Responsável por 80% do total das vendas do setor de mineração no Brasil, a Companhia produziu 319,2 milhões de toneladas de minério de ferro em 2014, atingindo nesse ano volume recorde da sua produção.[225]

A segunda maior empresa brasileira do setor é a Samarco Mineração S.A. A Samarco é uma empresa de capital fechado, fruto da *joint venture* entre as *holdings* Vale S.A. e BHP Billiton Brasil Ltda., empresa anglo-australiana do setor de mineração, que atua na produção de metais como ferro, ouro, cobre e zinco por toda a América e Austrália. Cada uma das duas empresas possui 50% do capital que compõe a Samarco.

A Samarco opera um empreendimento localizado em Germano/Alegria, no município de Mariana, MG, onde é produzido a lavra, o beneficiamento e a concentração de minério de ferro.[226] Na unidade de Ponta Ubu, no município de Anchieta (ES), é onde ocorre o processo de pelotização – transformação do minério concentrado em pelotas, o principal produto da Samarco. As reservas minerais de propriedade da Samarco estão localizadas nos municípios de Mariana e Ouro Preto (MG). Até o acidente ambiental que ocorreu em novembro de 2015, com o rompimento da barragem de rejeitos de Fundão, nas unidades da região de Mariana, a empresa possuía recursos geológicos da ordem de 7,3 bilhões de toneladas de minérios.[227] Segundo dados do Relatório Anual de Sustentabilidade de 2014 da Companhia, a produção do mesmo ano foi de 25 milhões de toneladas de minérios. Como consequência do rompimento da barragem, as operações do chamado "complexo de Mariana" foram suspensas por determinação de órgãos governamentais ambientais.

A Suécia é considerada hoje um dos países europeus mais ativos quando pensamos em mineração. Com um PIB mineral em torno de 1% em 2013, a economia sueca tem se destacado não só na produção de manufaturados ou produtos industrializados de origem mineral, mas também na exploração dos recursos naturais brutos.[228] Detentor de três das maiores reservas escandinavas em minério (*Northern Norland, Bergslagen* e *Gotlan*), a Suécia desempenha um papel semelhante ao Brasil, na liderança da produção mineral. O país controla 76% da produção de minério de ferro da União Europeia e está

---

[225] BUSINESS SWEDISH REPORT, loc. cit.

[226] PRICEWATERHOUSE COOPERS-PWC. *Demonstração Financeira Samarco 2015*. Disponível em: <www.samarco.com/wp-content/uploads/2015/11/DFs-2015-portuges-final-2804.pdf>. Acesso em: 9 fev. 2017.

[227] Idem.

[228] US GEOLOGICAL SURVEY. *Sweden Mining Report 2012 e 2014*. Disponível em: <https://minerals.usgs.gov/minerals/pubs/country/2012/myb3-2012-sw.pdf>. Acesso em: 30 jan. 2017.

entre os países europeus líderes na produção de alumínio, cobre, ferro e prata. O setor mineral sueco também tem impacto relevante no mercado trabalho nacional, pois emprega cerca de 40.000 pessoas, sendo 10.000 provenientes de atividades ligadas diretamente ao setor e 30.000 empregos gerados indiretamente.[229] A balança comercial sueca do setor de mineração (excluídos petróleo, gás e carvão) encerrou 2014 com um total de US$ 2,9 bilhões em exportações, sendo US$ 1,5 bilhões resultante de exportações com minério de ferro e US$ 1,9 bilhões em importações.[230]

A indústria mineral sueca tem dois importantes atores. Um deles é o governo e o outro é o setor privado. O governo sueco é o controlador da Luossavaara-Kiirunavaara Aktiebolag (LKAB), maior empresa produtora de minério de ferro do país. Fundada em 1890, a LKAB passou a ser 100% estatal nos anos 1950 e conta hoje com um conjunto de mais de 4.000 funcionários, além de controlar a maioria das reservas minerais do país. Sua produção de 24, 5 milhões de toneladas de minério de ferro, em 2015, tem destino garantido nos mercados europeus, norte da África e sudeste da Ásia.[231] O setor privado é representado pela Boliden AB, empresa produtora e processadora de minerais. Líder na produção de cobre e presente entre os principais produtores europeus de chumbo, ouro e prata, a Boliden é uma empesa de capital privado, com 49% de seu capital controlado pela finlandesa Outokumpu. A empresa, com aproximadamente 5.000 funcionários, encerrou o ano de 2014 com uma produção de cerca 79 mil toneladas de cobre.[232]

6.2 A POLÍTICA DE INOVAÇÃO PARA O SETOR DE MINERAÇÃO: BRASIL E SUÉCIA

O Brasil tem uma trajetória recente (a partir de 2004) no que tange às ações voltadas estritamente para a inovação, uma vez que as políticas de inovação brasileiras foram sempre muito marcadas pela relação entre as políticas de ciência e tecnologia com as políticas industriais.

Fundado em 1985, o Ministério de Ciência e Tecnologia (MCT) surgiu muito mais como uma agenda setorial, confinada a alguns objetivos e metas específicas, e não como uma agenda geral de desenvolvi-

---

[229] SVEMIN. *Annual Report 2014*. Stockholm: 2015.

[230] Idem.

[231] LKAB. *Annual and Sustainability Report 2015*. Disponível em: <https://www.lkab.com/globalassets/dokument/finansiell-information/en/annual-reports/lkab_2015_annual_and_sustainability_report.pdf>. Acesso em: 2 fev. 2017.

[232] BOLIDEN. *Annual Report 2014*. Disponível em: <http://www.boliden.com/Documents/Press/Publications/Boliden_ar14_2015-03-17_ENG.pdf>. Acesso em: 14 fev. 2017.

mento e autonomia tecnológica.[233] Durante os anos 1990, a estratégia do MCT e dos órgãos que já existiam à época (Finep, Capes e CNPQ) para o setor científico e tecnológico era elevar o nível de produtividade e competitividade por meio da absorção e difusão das tecnologias importadas. Em 2003, o governo lançou a *Política Industrial, Tecnologia e de Comércio Exterior* (Pitce), novo marco de incentivos à inovação no Brasil.

> A Pitce foi uma clara tentativa de política industrial baseada em inovação e, neste sentido, era distinta das políticas industriais tradicionais dos anos 1960 e 1970 – que focavam na expansão da capacidade física – e do foco em competitividade da década de 1990 – que, por sua vez, não estava vinculado a qualquer política industrial clara.[234]

Dois importantes avanços foram trazidos com a Pitce: a Lei de Inovação, de 2004, e a Lei do Bem, de 2005. De acordo com Bruno César Araújo, a Lei de Inovação foi importante para promover e regularizar a relação entre institutos de pesquisa e empresas, e também, pela primeira vez, permitir a subvenção direta no P&D empresarial de forma não reembolsável. Já a Lei do Bem foi importante porque trouxe à discussão dos incentivos fiscais à inovação. Com ela, foi introduzida "a dedutibilidade dos gastos em P&D à proporção de 1,6 da base tributária. Com isso, a Lei do Bem acabou com qualquer tipo de restrição ao usufruto dos créditos tributário".[235]

Em 2008, a Picte foi substituída pela Política de Desenvolvimento Produtivo (PDP). Assim como a política anterior, o objetivo desta também era fortalecer a inovação no Brasil. A diferença mais marcante talvez seja que, com a PDP, foi dado um estímulo maior aos estados brasileiros a partir de Leis Estaduais de Inovação para que investissem na formulação de políticas de ciência e tecnologia locais. De 2007 a 2010, o Brasil contou com o lançamento do Plano de Ação em Ciência, Tecnologia e Inovação. O plano previa, por meio de investimento públicos em ciência, tecnologia e inovação, aumentar não somente o percentual de pesquisadores nas empresas como o número de empresas inovadoras no Brasil. No entanto, segundo dados da Pesquisa de Inovação Tecnológica (Pintec) (2006-2008), o número de empresas inovadoras beneficiadas por medidas governamentais chegou próximo à meta, porém a percentagem de pesquisadores diminuiu.[236]

---

[233] ARAÚJO, Bruno César. *Políticas de Inovação de Apoio no Brasil: uma análise de sua evolução recente.* Brasília: DF: IPEA, 2012. [Texto para Discussão, 1759].

[234] ARRUDA, Mauro; VERMULM, Roberto; HOLLANDA, Sandra. *Inovação tecnológica no Brasil:* a indústria em busca da competitividade global. São Paulo: Anpei, 2006.

[235] ARAÚJO, 2012, p. 28.

[236] Idem.

Em 2012, com o lançamento do Programa de Estratégia Nacional para Ciência, Tecnologia e Inovação (ENCTI), o País reforçou a ideia de pensar de forma mais estruturada setores da economia, tendo a ciência, a tecnologia e a inovação como eixos estruturantes de seu desenvolvimento. Entre tais setores estava a mineração. Em 2016, a ENCTI 2016-2019, mais uma vez, destacou a atividade mineral. No entanto as ENCTIs não constituem uma política de inovação para o setor, pois, apesar de mapearem as necessidades do setor extrativo mineral brasileiro, não trazem ações efetivas que incentivam a inovação. Com objetivo de suprir tal carência, em 2016, o Banco Nacional de Desenvolvimento Econômico e Social (BNDES) e a Financiadora de Estudos e Projetos (Finep) apresentaram, em parceria, o *Inova Mineral*, plano destinado ao desenvolvimento de tecnologias brasileiras na cadeia produtiva da indústria de mineração e transformação mineral. O projeto faz parte de um dos principais programas da Finep, *Finep Inova Brasil*, que prevê para as empresas créditos para investimento em inovação com taxas de juros especiais e tem por objetivo selecionar planos de negócios de empresas brasileiras que trabalham com produtos, processos e/ou serviços inovadores.[237]

O Inova Mineral se enquadra como parte do que seria uma política de inovação para o setor de mineração e apoia projetos de inovação com tecnologias aplicáveis em cinco linhas temáticas: pesquisa e desenvolvimento de tecnologias e produtos com o foco em minerais estratégicos (cobalto, grafita, lítio, metais do grupo platina, molibdênio, nióbio, silício, tálio, tântalo, terras raras, titânio e vanádio); P&D de tecnologias e produtos com foco em minerais com elevado déficit comercial (fosfato e potássio); P&D, aprimoramento e escalonamento de tecnologias de mineração (tecnologias de processo); tecnologias e processos para a redução e mitigação de riscos e impactos ambientais; desenvolvimento e produção pioneira de máquinas, equipamentos, softwares e sistemas para a mineração e transformação mineral.

Nota-se que o Inova Mineral é um plano que se concentra na inovação capaz de aumentar a competitividade de empresas do setor. Tem o mérito de procurar adensar (aumentar os efeitos de encadeamento) a cadeia nacional de mineração ao buscar o desenvolvimento da engenharia nacional e elevar o patamar tecnológico dos fornecedores locais do setor. Ainda que sem a devida centralidade, e muito provavelmente como resposta emergencial aos problemas trazidos pelo acidente da Samarco, em Mariana, o plano tem o mérito de colocar entre as cinco áreas temáticas de projetos as inovações relacionadas à eliminação e mitigação de riscos e impactos ambientais. Por outro lado, há uma completa e preocupante ausência de área temática que envolva projetos

---

[237] FINEP, 2016.

SUSTENTABILIDADE GLOBAL E REALIDADE BRASILEIRA

de inovação para eliminação dos impactos sociais da mineração. Sente-se também ausência de um órgão de monitoramento do plano, que seja composto pelos três principais agentes envolvidos na criação e difusão de inovação, ou seja, agências governamentais, instituições de ensino e pesquisa, e empresas.

Já no caso sueco, a política de inovação para o setor mineral, *Strategic Research and Innovation Agenda for the Swedish Mining Industry and Metal Producing Industry* (Strim) é muito mais considerada como estratégia do que como uma política formal, pois é fruto de uma colaboração entre empresas do setor, agências do governo, universidades e outros órgãos do Estado.

A Strim deixa bastante evidente que a política de inovação para o setor busca não só a competitividade empresarial, mas também dá ênfase à proteção ambiental e ao desenvolvimento social. A Strim está dividida em sete áreas temáticas principais: *exploração profunda e inovadora*, que objetiva melhorar a oferta doméstica de minerais e metais por meio de inovações no campo da prospecção; *mineração*, que procura obter inovações que aumentem a competitividade empresarial do setor com processos, equipamentos e métodos de extração mais eficientes, que tenham baixo consumo de energia e que haja segurança no trabalho; *processamento mineral*, que diz respeito às inovações que reduzam a emissão de CO_2 e diminuição da perda de minerais valiosos durante o processamento (especialmente durante a trituração e a separação); *reciclagem e metalurgia*, que objetiva criar novas operações de tratamento de minérios e de metalurgia para reciclar resíduos e sucatas, buscando minimizar o impacto ambiental; *recuperação e boa performance ambiental*, que tem como objetivo reduzir a pegada ecológica do setor, eliminar emissões nocivas e fazer com que a atividade de mineração não prejudique a biodiversidade, o turismo e a recreação ao ar livre; *locais de trabalho atraentes*, que se refere às inovações que busquem fazer do trabalho na mineração um trabalho atrativo para homens e mulheres; *igualdade de gênero* na mineração, que objetiva ampliar a igualdade de gênero nos locais de trabalho, estimular a diversidade social e promover a colaboração com atores locais, garantindo regiões mineiras socialmente sustentáveis.[238]

A estratégia sueca para a mineração destaca a proteção ambiental, a temática social e a colaboração entre os agentes e entre os governos nacional, local e regional, e entre o setor empresarial, universidades e diversos grupos de interesse na promoção da inovação. A principal bandeira dessa Estratégia Mineral Sueca é "o uso sustentável de recursos minerais da Suécia que crie crescimento em todo o país."[239]

---

[238] VINNOVA. *Sweden's Innovation Agency*. Strategically Importante Knowledge Areas. Disponível em: <http://www.vinnova.se>. Acesso em: 6 fev. 2017.

[239] Idem.

Fica claro que, nas políticas de inovação suecas, as inovações devem atender não somente à questão tecnológica e de produtividade e competitividade, mas também a temas de proteção ambiental e sociais, como condições de trabalho nas minas, igualdade de gênero, diversidade social no ambiente de trabalho e regiões mineiras socialmente sustentáveis.

6.3 ANÁLISE COMPARATIVA DA AGENDA SUECA COM A INICIATIVA BRASILEIRA PARA INOVAÇÃO

O Inova Mineral foi de certa forma uma resposta por parte do governo brasileiro aos problemas de desenvolvimento e sustentabilidade do setor mineral. Em parceria com sua agência de inovação (Finep) e de seu banco de desenvolvimento (BNDES), o plano (Inova Mineral) surgiu como elemento formalizado da política brasileira de inovação para o setor mineral e trouxe consigo avanços ao propor mecanismos de financiamento para inovações tecnológicas de processo nas áreas de prospecção, extração e processamento mineral, para a pesquisa e desenvolvimento de minerais estratégicos *portadores do futuro*, visando a promover a competitividade empresarial no setor. Além disso, o Inova Mineral revela sua preocupação com temas associados à política industrial, como inovações para estimular a produção doméstica de minerais com elevado déficit comercial e inovações que ajudem a adensar a cadeia produtiva nacional.

Apesar do peso dado à ênfase nos temas da competitividade empresarial e política industrial, algo tradicional do setor de inovação brasileiro, há também o estímulo às inovações para a redução e mitigação de riscos e impactos ambientais, o que revela a preocupação do plano com o tema. Por outro lado, nota-se completa ausência do estímulo às inovações para a redução e mitigação dos riscos e impactos sociais da mineração. Também, a temática do desenvolvimento social não é contemplada no Inova Mineral. Nesse sentido, as diferenças com os suecos são marcantes, conforme se demonstra no Quadro 1 abaixo.

Áreas da Agenda	Inova Mineral - Plano de Desenvolvimento, Sustentabilidade e Inovação no Setor de Mineração e Transformação Mineral (Brasil)	Strategic Research and Innovation Agenda for the Swedish Mining Industry and Metal Producing Industry - Strim (Suécia)
Tecnologia e metodologia para exploração e avaliação de novas minas e minerais	P&D de Tecnologias e Produtos Minerais Estratégicos "Portadores de Futuro": Cobalto, Grafita, Lítio, Metais do Grupo da Platina, Molibdênio, Nióbio, Silício (Grau Solar), Tálio, Tântalo, Titânio e Vanádio; P&D para produtos com déficit comercial.	Providenciar ao setor tecnologia inovadora que permita a exploração de minas profundas e modelo 3D para crostas profundas, que permita planejamento minucioso antes da exploração, extração primária mais segura e "mais verde".
Processamento eficiente de recursos minerais	Desenvolvimento e produção pioneira de máquinas, equipamentos, softwares e sistemas para a mineração e transformação mineral.	Exploração de recursos pensando a questão da sustentabilidade e pegadas ecológicas; desenvolvimento de novos produtos com maior valor agregado; aumentar o grau de automação; sistema único de controles das várias áreas e etapas da exploração mineral.
Reutilização e reciclagem como partes de uma sociedade sustentável	Fomentar o desenvolvimento de soluções capazes de reduzir ou mitigar riscos e impactos ambientais das atividades de mineração.	Reduzir de emissão de CO_2 por meio da redução do consumo de energia; diminuir a dependência de matérias primas *in natura;* estabilização de resíduos de forma a diminuir perigos e danos ambientais; redução do uso da água no processamento dos minerais; redução de depósito de material no meio ambiente.
Capacitação de pessoas, igualdade de gêneros e oportunidades	Não há.	Aumentar a diversidade e oportunidade de empregos para homens e mulheres; aumentar a oferta de oportunidades de estudos voltados para a mineração; promover a igualdade de gêneros no setor mineral; aumentar a oportunidade de empregos nas áreas rurais e pouco habitadas; diminuir a exposição humana durante a exploração mineral.
Locais de trabalho e municípios atraentes	Não há.	Melhorar a segurança e condições de trabalho na mineração; redução de acidentes fatais nas minas e acidentes de trabalho; redução dos diferentes tipos de desperdício no desenvolvimento das atividades; garantir a satisfação no trabalho.

QUADRO 1 – COMPARAÇÃO ENTRE A STRATEGIC RESEARCH AND INNOVATION AGENDA FOR THE SWEDISH MINING INDUSTRY AND METAL PRODUCING INDUSTRY - STRIM (SUÉCIA) E O INOVA MINERAL (BRASIL)

FONTE: Pesquisa e elaboração própria

No caso da Suécia, além da ênfase clara na questão ambiental e o destaque para a temática social, a agenda de inovação sueca para o setor destaca temas como reciclagem, recuperação e boa *performance* ambiental; locais de trabalho seguros e atraentes, igualdade de gêneros e diversidade social. Os suecos ainda ressaltam a necessidade de colaboração com as comunidades locais para garantir *regiões mineiras socialmente sustentáveis* e enfatizam temáticas mais transversais, como sustentabilidade socioambiental e formação de pessoas.

Diferentemente do Brasil, o caráter social e ambiental da política sueca de inovação para a mineração é bastante marcante. Ela tem visão de longo prazo e conta com apoio financeiro do governo. As avaliações e monitoramento da política ficam sob responsabilidade da Vinnova, agência sueca de inovação. É responsabilidade dessa agência a revisão periódica das pesquisas da área de mineração, em cooperação com o Conselho Sueco de Pesquisa, em uma perspectiva internacional.

CONSIDERAÇÕES FINAIS

A importância econômica estratégica do setor de mineração brasileiro está associada a marcantes desafios: conjuntura de preços internacionais em queda e pressão política nacional por sustentabilidade ambiental e social de fato. Para enfrentar tais desafios, as inovações são um meio essencial. Assim, aprender com a experiência internacional bem-sucedida de políticas de inovação para o setor, como o caso sueco, tem importância.

A comparação da agenda de inovação para o setor de mineração da Suécia (STRIM) com o Inova Mineral (Brasil) revela que a ênfase brasileira está em gerar inovações que aumentem a competitividade das empresas e resolvam problemas da cadeia produtiva. Há claro predomínio da dimensão econômica, muito embora o Inova Mineral revele espaço para o apoio de inovações ambientais. Por outro lado, quando comparamos o espaço que a temática ambiental tem no Inova Mineral com o espaço de tal temática no STRIM, percebemos que o caso brasileiro ainda apresenta uma acanhada preocupação ambiental para o setor de mineração. É manifestação desse acanhamento a pauta ambiental pouco detalhada do Inova em relação ao STRIM, revelada pela comparação apresentada no Quadro 1.

O que chama mais atenção na comparação realizada neste artigo é a ausência do apoio à inovação que promova o desenvolvimento social ou a resolução de problemas sociais relacionados à atividade mineradora. É flagrante no STRIM o destaque para a inovação associada à capacitação de pessoas, à igualdade de gênero e de oportunidades, mas não há no Inova Mineral algo que priorize a ideia, presente no STRIM, da busca de "regiões mineiras socialmente sustentáveis".

REFERÊNCIAS BIBLIOGRÁFICAS

ARAÚJO, Bruno César. *Políticas de Inovação de Apoio no Brasil*: uma análise de sua evolução recente. Brasília, DF: IPEA, 2012. [Texto para Discussão, n. 1759].

ARRUDA, Mauro; VERMULM, Roberto; HOLLANDA, Sandra. *Inovação tecnológica no Brasil: a* indústria em busca da competitividade global. São Paulo: Anpei, 2006.

BNDES/FINEP. *Edital de Seleção Pública Conjunta BNDES/FINEP*: Plano de Desenvolvimento, Sustentabilidade e Inovação no Setor de Mineração e Transformação Mineral – Inova Mineral. Brasília, DF: 2016.

BOLIDEN. *Annual Report 2014*. Disponível em: <http://www.boliden.com/Documents/Press/Publications/Boliden_ar14_2015-03-17_ENG.pdf>. Acesso em: 14 fev. 2017.

BUSINESS SWEDISH REPORT. *An Introduction the Brazilian Mining Setor*. Disponível em: <http://www.business-sweden.se/.../fact-pack_mining_20160302.pdf>. Acesso em: 31 jan.2017.

DEPARTAMENTO NACIONAL DE PRODUÇÃO MINERAL. *Sumário Mineral 2015*. Disponível em: <http://www.dnpm.gov.br/dnpm/sumarios/sumario-mineral-2015>. Acesso em: 30 jan. 2017.

EUROPEAN COMISSION. *Sweden Mineral's Strategy*. Disponível em: <https://ec.europa.eu/growth/tools-databases/eip-raw-materials/en/content/swedens-minerals-strategy>. Acesso em: 8 fev. 2017.

FINEP/BNDES. *Programa Innova Mineral*. Rio de Janeiro: Finep, 2016. Disponível em: <http://www.finep.gov.br/apoio-e-financiamento-externa/programas-e-linhas/programas-inova/inova-mineral>.

GOVERNMENT OFFICES OF SWEEDEN. *The Swedish Innovation Strategy*. 2012. Disponível em: <http://www.government.se/information-material/2012/10/the-swedish-innovation-strategy/>. Acesso em: 03 fev. 2017.

_____. *Sweden's Mineral Strategy*. 2011. Disponível em: <http://www.government.se/49b757/contentassets/78bb6c6324bf43158d7c153ebf2a4611/swedens-minerals-strategy.-for-sustainable-use-of-swedens-mineral-resources-that-creates-growth-throughout-the-country-complete-version>. Acesso em: 3 fev. 2017.

IBRAM-INSTITUTO BRASILEIRO DE MINERAÇÃO. *The Mining Sector in Brazil:* Building Institution for Sustainable Development. 2013.

LKAB. *Annual and Sustainability Report 2015*. Disponível em: <https://www.lkab.com/globalassets/dokument/finansiell-information/en/annual-reports/lkab_2015_annual_and_sustainability_report.pdf>. Acesso em: 2 fev. 2017.

MINISTÉRIO DA CIÊNCIA, TECNOLOGIA E INOVAÇÃO. *Estratégia Nacional de Ciência, Tecnologia e Inovação 2012-2015.* Brasília, DF: 2012.

_____. *Estratégia Nacional de Ciência, Tecnologia e Inovação 2016-2019*. Disponível em: <http://www.mct.gov.br/upd_blob/0218/218981.pdf>. Acesso em: 22 nov. 2016.

MINISTÉRIO DE RELAÇÕES EXTERIORES. *Novo Plano de Ação da Parceria Estratégica Brasil-Suécia*. Estocolmo: 19/Out./2015. Disponível em: <www.itamaraty.gov.br/pt-BR/notas-a-imprensa/12156-novo-plano-de-acao-da-parceria-estrategica-brasil-suecia-estocolmo-19-de-outubro-de-2015+&cd=1&hl=pt-BR&ct=clnk&gl=br>.

MINISTÉRIO DO TRABALHO. *Cadastro Geral de Empregados e Desempregados (CAGED) 2015*. Disponível em: <http://trabalho.gov.br/trabalhador-caged>. Acesso em 2 fev. 2017.

PRICEWATERHOUSE COOPERS. *Demonstração Financeira Samarco 2015*. Disponível em: <www.samarco.com/wp-content/uploads/2015/11/DFs-2015-portuges-final-2804.pdf>. Acesso em: 9 fev. 2017.

SVEMIN. *Annual Report 2014*. Stockolm: 2015.

_____. *A Vision of Growth for the Swedish Mining Industry.* Stockolm: 2014. Disponível em: <http://www.hannansreward.com/reports/121016-Svemin_minirapport_eng_5.pdf>. Acesso em: 31 jan. 2017.

THE SWEDISH TRADE & INVEST COUNCIL. *Metals & Mining in Sweden (Sector Overview).* Business Opportunities in a Mineral Rich and Underexplored Region. Estocolmo: 2016.

US GEOLOGICAL SURVEY. *Sweden Mining Report 2012 e 2014.* Disponível em: <https://minerals.usgs.gov/minerals/pubs/country/2012/myb3-2012-sw.pdf>. Acesso em: 30 jan. 2017.

VINNOVA. *Strategic Research and Innovation Agenda for the Swedish Mining and Metal Producing Industry 2013.* Disponível em: <http://www.sipstrim.se/wp-content/uploads/2014/06/Agenda-STRIM-LTU-Vinnova.pdf>. Acesso em: 25 fev. 2017.

_____. *Sweden's Innovation Agency.* Strategically Importante Knowledge *Areas.* Disponível em: <http://www.vinnova.se>. Acesso em: 6 fev. 2017.

CAPÍTULO 7

A MINERAÇÃO DE FERRO E AS COMUNIDADES:
UMA RELAÇÃO DE VIZINHANÇA ENTRE DESIGUAIS

Daniel de Castro Leite

Desde os eventos ocorridos no inicio da tarde de 05 de novembro de 2015, após o rompimento da barragem de rejeitos da Samarco Mineração e em consequência de seus impactos diretos nas comunidades da bacia do Rio Doce nos estados de Minas Gerais e Espírito Santo, a indústria de mineração em larga escala foi posta em evidência, contudo a atividade de mineração de grande porte traz consigo um histórico de rebatimentos, nas dinâmicas socioeconômicas e ambientais das comunidades onde se instalou e onde continua operando.

Em Minas Gerais, a mineração de ferro tem sua história intrinsecamente ligada à fundação da Escola de Minas de Ouro Preto em 1876, que trouxe a reboque um salto nas pesquisas geológicas, possibilitando significativamente o aumento de descobertas de ocorrências minerais, esses primeiros estudos subsidiaram a identificação das jazidas minerais de ferro em todo quadrilátero ferrífero de Minas Gerais e principalmente no município de Itabira.[240]

Durante quase 50 anos, ao sabor dos interesses políticos e econômicos, a atividade de mineração esteve reduzida a pequenas siderurgias e a um percentual ainda pequeno de exploração, controlada principalmente pela inglesa *Itabira Iron Ore Company*. No ano de 1931, como parte dos esforços do governo Vargas, foram promulgados os primeiros decretos no sentido de nacionalizar as reservas minerais do País, que – simplisticamente – organizaram o caminho para a criação da Companhia Siderúrgica Nacional em 1939 e da Companhia Vale do Rio Doce (CVRD) em 1942. A Companhia Vale do Rio Doce encampou a Estrada de Ferro Vitória a Minas (EFVM) e, de modo rudimentar, iniciou suas explorações na jazida do Cauê na cidade de Itabira.

Como a grande empresa estatal, a relação entre a CVRD e a sociedade local era a mais paternal possível, coube à empresa organizar os territórios de exploração e de transporte do seu ativo, promovendo saneamento, combate a endemias, geração de emprego, construção de cidades, deslocamento de trabalhadores. Durante os anos que se seguiram, Itabira viu o pico do Cauê (importante

---

[240] CARVALHO, José Murilo de. *A Escola de Minas de Ouro Preto:* o peso da glória. São Paulo: Nacional/Finep, 1978.

patrimônio natural e referencial local) ser reduzido ao chão e do chão ao subsolo e, breve, em barragem de contenção de rejeitos. Como canta o poeta,

> Cada um de nós tem seu pedaço no pico do Cauê.
> Na cidade toda de ferro
> as ferraduras batem como sinos.
> Os meninos seguem para a escola.
> Os homens olham para o chão.
> Os ingleses compram a mina.
> Só, na porta da venda, Tutu Caramujo cisma na derrota incomparável.[241]

O poeta, itabirano de nascença, deixa subentendido o sentimento de desolação e de perda de uma Itabira, a qual, anos mais tarde, mineiramente confidenciaria como uma "fotografia na parede" que dói de ver.[242]

A mineração de ferro assume um papel importante na organização do espaço e vida das sociedades. E onde ela ocorre na cidade de ferro, o chão é de ferro e as pessoas assumem a característica dessa matéria: "esse alheamento do que na vida é porosidade e comunicação".[243]

É neste contexto que se pretende trazer ao debate algumas das experiências vivenciadas no processo de desenvolvimento dessa atividade econômica e jogar luz nos aspectos da convivência entre esses dois mundos (o empreendedor e seu empreendimento e a população receptora), principalmente no que tange aos impactos sentidos no modo de vida das comunidades, geração de expectativas, e nos laços com sua cultura e com o território.

7.1 A RELAÇÃO DE VIZINHANÇA

Por ser uma atividade de rigidez locacional, ou seja, só pode acontecer onde o minério está, a mineração se desenvolve em regiões, independentemente da infraestrutura existente ou da vontade das populações em participar dessa promessa de 'eldorado' econômico.

A mineração é uma atividade de inegável importância econômica para o estado de Minas Gerais. Durante a "boa onda" das *commodities* de ferro no mundo, sua extração atingiu mais de 180 milhões de toneladas/ano de minério de ferro, consolidando o estado no primeiro lugar de produção de minério de ferro no país. De acordo com os dados do Departamento Nacional de Produção Mineral (DNPM), o setor é responsável por aproximadamente 53% da renda de

---

[241] ANDRADE, Carlos Drummond de. *Poesia de 1930-1962*. De alguma poesia a lição das coisas. São Paulo: Cosas Naify, 2012.
[242] Idem. Confidência do Itabirano. *Revista do Brasil*. Rio de Janeiro: 3ª fase, 1939.
[243] ANDRADE, 2012, p. 207.

Minas Gerais.[244] A atividade de mineração está presente em mais de 400 municípios, ou seja, praticamente a metade da soma de municípios do estado. Das 100 maiores minas de ferro do Brasil, 40 estão localizadas no estado de Minas Gerais, 67% delas com produção superior a três milhões de toneladas/ano. Essa atividade movimentou, em 2016, R$ 858 milhões em Compensação Financeira pela Exploração de Recursos Minerais (CFEM).

A CFEM é uma contraprestação paga à União pelo aproveitamento econômico desses recursos minerais. Prevista na Constituição Federal de 1988, foi instituída pelas Leis n.º 7990/1990 e 8001/1990, regulamentada pelo Decreto n.º 01/1991. A partir de então, a CFEM passou a ser exigida de todas as empresas mineradoras em atividade no País e é a contribuição Federal pela Exploração Mineral, uma espécie de *Royalties* do Minério. De cálculo complexo, no caso do minério de ferro, a CFEM corresponde a uma alíquota de 2% do lucro líquido das empresas produtoras que, por força de lei, sua alíquota está dividida na seguinte repartição: (i) 12% para a União; (ii) 23% para os Estados produtores; (iii) 65% para os municípios geradores. A receita da CFEM, no entanto, deve ser revertida para melhorias em infraestrutura, como compensação pelos impactos da atividade.[245]

Nesse sentido, o caso do desastre da Samarco (5 de novembro de 2015) é paradigmático. Ao se analisar o lucro líquido das empresas em 2016, verifica-se uma curva crescente de lucro, mesmo com os eventos ambientais do ano anterior. Apesar da queda de lucro apresentada no balanço da Cia. Vale do Rio Doce – 43% no 2º trimestre de 2015 para provisão à Samarco –, essa empresa já apresentaria lucro de R$ 3,58 bilhões um ano depois, no segundo trimestre de 2016.[246] Em 23 de fevereiro de 2017, no entanto, o Portal de Notícias 'G1' anunciava que a Vale já revertera o prejuízo anterior, tendo fechado o ano de 2016 com lucro de R$ 13,3 bilhões. A Companhia investira, ainda, US$ 5,2 bilhões em 2016, uma redução de US$ 2,9 bilhões em relação aos valores aplicados em 2015.[247]

---

[244] Departamento Nacional de Produção Mineral DNPM. Disponível em: <http://www.dnpm.gov.br/acesso-a-informacao/estatisticas>. Acesso em: 10 fev. 2017.

[245] De acordo com informação do *Blog* do Instituto Minere (<http://www.institutominere.com.br/blog/o-que-e-cfem>), em 25 de julho de 2017, o Governo Federal apresentou à sociedade brasileira um novo *Programa de Revitalização da Indústria Mineral Brasileira*, que promoveu relevantes e significativas alterações na legislação mineral. Dentre as três Medidas Provisórias apresentadas pelo Presidente Michel Temer ao Congresso Nacional, uma foi exclusivamente dedicada à Compensação Financeira pela Exploração Mineral (CFEM). Convertida na Lei n.º 13.540, de 18/12/2017, a Medida Provisória 789/2017 alterou as leis federais 7.990/1989 e 8.001/1990, modificando as hipóteses de incidência e fatos geradores, bases de cálculo, alíquotas, responsabilidades, sanções, infrações administrativas, dentre outros aspectos da CFEM. PRESIDÊNCIA DA REPÚBLICA. CASA CIVIL. *Lei n.º 13.540, de 18/12/2017*. Disponível em: <http://www.planalto.gov.br/ccivil_03/_ato2015-2018/2017/Lei/L13540.htm>.

[246] TREVIZAN, Karina. Lucro da Vale cai 43% no 2º trimestre, por provisão para a Samarco. *G1 – Economia Negócios*. São Paulo, 28/07/2016. Disponível em: <http://g1.globo.com/economia/negocios/noticia/2016/07/lucro-da-vale-cai-30-sobre-2015-por-provisao-para-samarco.html>.

[247] G1 – Notícias. Vale reverte prejuízo e lucra R$ 13,3 bilhões em 2016. São Paulo, 23/02/2017. Disponível em: <http://g1.globo.com/economia/negocios/noticia/lucro-da-vale-fica-em-r-133-bilhoes-em-2016.ghtml>.

Com o avanço das leis ambientais, as empresas são obrigadas a prestar medidas mitigatórias de sua atividade no momento de seu processo de licenciamento, ou até mesmo em compensação aos impactos gerados historicamente, anteriores a essas leis. Ainda assim, não é incomum o registro de ações que impactam o meio ambiente. Por outro lado, o lastro legal das compensações de ordem socioeconômicas não são tão evidentes quanto os ambientais, ficando a cargo das empresas o desenvolvimento de ações voluntárias em Responsabilidade Social Empresarial (RSE), de acordo com os condicionantes do processo ambiental, de modo a garantir a manutenção das relações sociais necessárias para sua operação.

Porém é crescente a necessidade das mineradoras atenderem às necessidades dos aspectos sociais, seja pela necessidade da construção de uma reputação socialmente saudável, diferencial cada vez mais exigido por seus clientes e, sobretudo, pela sociedade internacional. Ainda assim, grandes exemplos de *"benchmarking"* social, como a Samarco Mineração, mostram a fragilidade de seus discursos quando transferidos à prática, como indicam as denúncias de infrações, cada vez mais recorrentes pelas grandes empresas mineradoras.

"Exemplo de gestão ambiental, a Samarco coleciona largo histórico de infrações", noticiaria a manchete principal de jornal da grande imprensa brasileira. E continua: "Mineradora registrou em 19 anos 23 autuações, apenas em Mariana, apesar de a fiscalização ser tida como frágil".[248]

"Vale sai do índice de sustentabilidade da Bolsa após tragédia em MG", também se pode ler na manchete da Folha de S. Paulo, 26/11/2015.[249]

Como exposto, o rompimento da barragem da Samarco Mineração apenas coloca mais luz sobre questões históricas para a população vizinha de empreendimentos de mineração, sobre as quais se pode destacar por tipo e exemplo.

---

[248] PARREIRAS, Mateus. 'Exemplo' de gestão ambiental, Samarco coleciona histórico de infrações. *O Estado de Minas*. Belo Horizonte, 18/11/2015. Disponível em: <http://www.em.com.br/app/noticia/gerais/2015/11/18/interna_gerais,709151/historico-de-infracoes.shtml>.

[249] MORAES, Ricardo. Tragédia no Rio Doce. Vale sai do índice de sustentabilidade após tragédia em Minas Gerais. *Folha de S. Paulo*. São Paulo, 23/11/2015. Disponível em: <http://www1.folha.uol.com.br/mercado/2015/11/1711320-vale-sai-do-indice-de-sustentabilidade-da-bolsa-apos-tragedia-em-mg.shtml>.

7.2 OS IMPACTOS DA OPERAÇÃO SAMARCO: AS CAUSAS AMBIENTAIS

Sobre os impactos percebidos cujas causas são ambientais, aqueles originados pelos impactos diretos da atividade são: *geração de poeira, lama, vibração, impacto visual*. O exemplo do município de Congonhas (Minas Gerais) foi amplamente discutido e retornou em ações de ajustamento de conduta celebrado pelo MPMG e as empresas de mineração atuantes na cidade:

> Em agosto de 2010, a Prefeitura solicitou junto ao Ministério Público Estadual (MPE) que as quatro mineradoras que atuam na região instalassem equipamentos para limpar carros, caminhonetes e ônibus que circulam por suas dependências antes que eles chegassem à cidade. Em novembro do mesmo ano, o MPE propôs a assinatura de Termo de Ajustamento de Conduta (TAC) entre o município e as empresas para resolver a questão. No entanto, sem conseguir um acordo, o Poder Executivo decidiu enfrentar uma batalha intitulada 'Guerra contra a Poeira'.[250]

Em trabalhos de campo junto às comunidades de Congonhas, era comum a percepção de que a cidade era sufocada pela atividade de mineração e que havia uma atmosfera de poeira e lama vermelha cobrindo a cidade, conforme se observa na imagem desta foto do fotógrafo Sandoval de Souza Pinto:[251]

FOTO 1 – CONGONHAS – MINAS GERAIS
FONTE: Sandoval de Souza Pinto

---

[250] Notícias r7. Cidade de Minas Gerais vai multar veículos que trouxerem poeira de mineradoras. 26/07/2011. Disponível em: <http://noticias.r7.com/cidades/noticias/cidade-em-mg-vai-multar-veiculos-que-tragam-poeira-de-mineradoras-20110726.html>; Associação Mineira do Ministério Público. Julho 2010. Disponível em: <www.ammp.org.br/>.

[251] PINTO, Sandoval Souza. Congonhas-Minas Gerais. *Exposição de fotos*: 24 de julho de 2015. Belo Horizonte: Academia de Letras do Brasil. Sessão Minas Gerais, 2015. Disponível em: <http://academiadeletrasdobrasildeminasgerais.blogspot.com.br/2015/07/congonhas-minas-gerais-fotos-de.html>.

Existe também a preocupação com à modificação da paisagem e com a preservação do patrimônio histórico. No ano de 2011, a mineradora CSN apresentava o projeto de expansão de sua produção de sua unidade na Serra Casa de Pedra, dos até então 25 milhões de toneladas/ano para 100 milhões de toneladas/ano. Expansões dessa ordem são comuns no mercado de mineração e, logicamente, o aumento dos impactos sobre as populações locais. Casos como os das noticias das matérias abaixo, publicadas pelo *O Estado de Minas,* de 11 de março de 2011, encontram dois posicionamentos antagônicos: o primeiro, ancorado sobre o ponto de vista da defesa de geração de receitas, empregos e desenvolvimento; o outro, ancorado sobre a necessária proteção ambiental, social e patrimonial: "Mineração pode devastar paisagem que emoldura os profetas de Aleijadinho em Congonhas". "Conheça os argumentos de quem defende a preservação e de quem quer a exploração".[252]

No exemplo de Congonhas, um dos argumentos mais fortes é a preservação da capacidade hídrica existente na Serra, com seus 29 pontos de captação de água e que juntos correspondem a 50% da capacidade de abastecimento do Município. Fato que o minério de ferro (itabirito e hematita), por sua porosidade e localização no Quadrilátero Ferrífero, está intrinsecamente ligado às reservas de água e à necessidade do uso da água para os processos produtivos (beneficiamento e transporte por meio de mineroduto). A defesa da atividade, por meio de entidades como o Instituto Brasileiro de Mineração (Ibram), tem seu posicionamento calcado no uso responsável e na comparação com outras atividades industriais e agropecuárias extensivas.

É cada vez mais comum a instalação de plantas de beneficiamento de minérios em circuitos fechados, onde a perda de água é mínima e inexiste geração de efluentes. Novas tecnologias são incorporadas continuamente, entre as quais: a diversificação de fontes de água, a exemplo da captação de chuva; disposição de rejeitos na forma de pasta, com o uso de espessadores de modo a reduzir o consumo de água nos processos; o beneficiamento a seco de minérios, utilizando-se da umidade natural do ambiente.[253]

A mineração utiliza cerca de 12% da água disponível utilizada na atividade. Isso gera uma forte apreensão sobre o futuro desse recurso nas comunidades locais e é comum captar a percepção de que a água utilizada pelas empresas é uma água perdida. Essa sensação é potencializada pelos eventos de secas, cada vez temporalmente menos espaçadas, acirrando as disputas e incertezas sobre o uso da água, ainda que a legislação vigente dê garantias de priorização ao uso humano sobre o uso industrial.

---

[252] CAMARGOS, Daniel. Mineração pode devastar paisagem que emoldura os profetas de Aleijadinho em Congonhas. *O Estado de Minas.* Belo Horizonte, 11/03/2012. Disponível em: <http://www.em.com.br/app/noticia/politica/2012/03/11/interna_politica,282753/mineracao-pode-devastar-paisagem-que-emoldura-os-profetas-de-aleijadinho-em-congonhas.shtml>.

[253] IBRAM. Água e mineração: Fatos e Verdades. 10/02/2015. Disponível em: <http://www.ibram.org.br/150/15001002.asp?tCD_CHAVE=241456>.

7.3 OS IMPACTOS DA OPERAÇÃO SAMARCO: AS CONSEQUÊNCIAS SOCIAIS

Segundo o portal de notícias UOL, em matéria publicada a 17/04/2017, intitulada: "Os conflitos por água crescem 150% no Brasil em 5 anos", a mineração respondeu por mais da metade dos problemas hídricos (51,7%). Tais conflitos se concentraram na Região Sudeste e, evidentemente, foram alavancados pelos rebatimentos causados pelo episódio do rompimento da barragem da Samarco mineração.[254] Portanto, essa é uma questão que necessita de um amplo debate na sociedade, visto que a questão hídrica tem se transformado, segundo os relatórios anuais da Comissão Pastoral da Terra, na principal causa de conflitos no campo.[255]

O cerceamento das áreas de mineração mudam as relações das comunidades vizinhas com o território e atividades antes comuns ao cotidiano dos moradores passam a ser proibidas (coleta de lenha, acesso às cachoeiras, montanhas etc.). No município de Catas Altas, o controle acionário da Vale sobre as propriedades das empresas Socoimex e Ferteco culminou, por motivos de segurança, no cercamento e proibição de acesso das pessoas às trilhas que ligavam a cidade aos patrimônios naturais locais, como a trilha que levava turistas ao Pico do Sol, na Serra do Caraça, e também às cachoeiras de águas termais no distrito do Morro da Água Quente. Como tal ação foi desenvolvida unilateralmente pela empresa, tornou-se fator desencadeador de conflitos com as comunidades vizinhas e a empresa teve que compensar a comunidade com a construção de parques e a abertura de acessos aos patrimônios naturais locais.

Essas ações, sem comunicação clara com as partes interessadas, constroem a percepção de que as empresas não são transparentes no seu relacionamento com as comunidades locais e não cumprem com os acordos estabelecidos, tampouco conhecem os moradores ou se interessam pelas pessoas. Durante muito tempo, as empresas adotaram uma postura reativa e unilateral em seu processo de comunicação. Atualmente, as pressões da sociedade por respostas têm obrigado a construção de um posicionamento contínuo de diálogo com as comunidades locais, bem como no entendimento das suas dinâmicas para atendimento das suas solicitações, mesmo que a resposta seja negativa. Por seu lado, as comunidades usualmente também passam a perceber que os investimentos sociais não são elaborados com foco nas reais necessidades que elas possuem e, muitas vezes, exigem das comunidades capacidades nunca desenvolvidas para fornecer investimento às associações formalizadas, a fim de responderem à burocracia exigida pelas necessárias documentações, capacitações e acompa-

---

[254] MADEIROS, Carlos. Conflitos por água crescem 150% no Brasil em 5 anos, aponta estudo. *UOL Notícias*. Maceió, 17/04/2017. Disponível em: <https://noticias.uol.com.br/cotidiano/ultimas-noticias/2017/04/17/conflitos-por-agua-crescem-150-no-brasil-em-5-anos-aponta-estudo.htm>.

[255] COMISSÃO PASTORAL DA TERRA – CPT. *Massacres no Campo*. Conflitos pela água, 2017. 7p. Disponível em: <https://www.cptnacional.org.br/index.php/component/jdownloads/category/6-conflitos-pela-agua?Itemid=1011>. Acesso em: 5 mar. 2017.

nhamento. Desse modo, aquela população que seria favorecida por projetos não capacitados e acabam por sentir que não possuem capacidade para dar continuidade a estes, fracassando na maioria dos casos em sua tentativa de melhoria.

Outro impacto comum às grandes atividades são que elas acabam assumindo um papel *atrator* de população, que acaba contribuindo para a ocupação desordenada de pequenas cidades, seja pelo movimento migratório, saldo de megaobras, com a chegada de mão de obra de diversas partes do País, agravando toda sorte de situações de vulnerabilidade social e, como resultado da mudança da dinâmica imobiliária local, pela necessidade de moradia de trabalhadores mais capacitados que se mudam para os municípios onde serão instalados os novos empreendimentos. Nesse processo, os moradores locais sentem que não têm oportunidade de emprego, mas somente a empregos de baixos salários, ficando os melhores postos para a população que vem de fora. Contudo há também a forte percepção de que sem a atividade de mineração e sem a presença da empresa, os municípios não serão capazes de sobreviver.

Municípios historicamente mineradores vivem reféns da atividade, com sua economia dependente de uma única atividade – reflexo histórico da falta de políticas públicas e investimentos capazes de dinamizar e diversificar a economia dos municípios mineradores. Construindo no imaginário local uma espécie de relação *sindromática* da atividade de mineração, como seu principal benfeitor *versus* algoz.

Essa relação fica bem evidenciada com o fato de os moradores de Mariana se terem voltado, em algum momento, contra as vítimas da Samarco – moradores despejados do já inexistente Distrito de Bento Rodrigues –, atribuindo-lhes a culpa pela paralização da empresa e a pecha de aproveitadores, por conta dos recursos compensatórios que lhes seria disponibilizado pela empresa: "Desabrigados pela lama enfrentam preconceito e desconfiança em Mariana", testemunham as manchetes dos diversos jornais e magazines do País. Crianças de distritos devastados pelo rompimento da barragem da Samarco são chamadas de *"pé de lama"* na escola, enquanto seus pais são vistos como *aproveitadores* por quem dependia da mineração para viver. Segundo os vários depoimentos coevos dos atingidos pela tragédia, a discriminação é *diária:* "Preconceito e espera em Mariana, epicentro da dependência da mineração" foi a manchete do jornal *O Estado de São Paulo*, de 29/10/2016.[256] Também, de acordo com a manchete do jornal espanhol *El País* (06/11/2016), anuncia larga matéria: "Atingidos pelo rompimento da barragem convivem com discriminação em Mariana e têm dificuldade de se acostumar com a nova rotina urbana."[257]

---

[256] RIBEIRO, Bruno; FERNANDES, Márcio. Desabrigados pela lama enfrentam preconceito e desconfiança em Mariana. *O ESTADO DE S. PAULO*. São Paulo, 29/10/2016. Disponível em: <http://brasil.estadao.com.br/noticias/geral,desabrigados-pela-lama-enfrentam-preconceito-e-desconfianca-em-mariana,10000085277>.

[257] MENDONÇA, Heloísa. Desastre de Mariana. Preconceito e espera em Mariana, epicentro da dependência da mineração. *El País*. Madrid, 06/11/2016. Disponível em: <http://brasil.elpais.com/brasil/2016/11/03/politica/1478188722_606609.html>.

CONSIDERAÇÕES FINAIS

Não se pretendeu aqui esgotar o rol de questões da percepção social das comunidades locais sobre os impactos sentidos pela atividade da mineração de grande porte, mas traçar um panorama geral das implicações dessa atividade e trazê-las a reflexão.

Nesse sentido, faz-se necessária a ponderação sobre os limites da ânsia pela exploração do recurso mineral – que como sabemos é finito, ao contrário dos municípios e suas sociedades, que não o são. Vale destacar que anos de exploração demasiada impactaram na paisagem e nas pessoas de Minas Gerais. Já não mais existe o Pico do Cauê, o bairro de Bento Rodrigues, desaparecido do mapa de Mariana, e os pescadores do Rio Doce. Não se trata de um manifesto contrário a uma atividade que, como a mineração, possui importância vital, mas uma reflexão sobre a necessidade de delimitar quais deveriam ser os limites dessa exploração. Dessa maneira, é preocupante observar que, à contracorrente desse pensamento, está o *Projeto Lei Novo Código de Mineração* (PL 5807/2013), em tramite na Câmara dos Deputados, que pretende abrir a possibilidade legal do aumento da produção e exportação mineral no País com uma espécie de "super empoderamento" das empresas e retrocesso à proteção já corroída do meio ambiente e da sociedade.

Esses fatores, por si só, atestam a urgência de refletirmos nacionalmente sobre esse tema com mais profundidade, antes que 'novas Marianas' nos forcem novamente e, de forma tardia, a tal ação.

REFERÊNCIAS

ANDRADE, Carlos Drummond de. Confidência do Itabirano. *Revista do Brasil*. Rio de Janeiro: 3ª fase, 1939.

_____. *Poesia de 1930-1962*. De alguma poesia a lição das coisas. São Paulo: Cosas Naify, 2012.

CAMARGOS, Daniel. Mineração pode devastar paisagem que emoldura os Profetas de Aleijadinho em Congonhas. *O Estado de Minas*. Belo Horizonte, 11/03/2012. Disponível em: <http://www.em.com.br/app/noticia/politica/2012/03/11/interna_politica,282753/mineracao-pode-devastar-paisagem-que-emoldura-os-profetas-de-aleijadinho-em-congonhas.shtml>.

CARVALHO, José Murilo de. *A Escola de Minas de Ouro Preto:* o peso da glória. São Paulo: Nacional/Finep, 1978.

COMISSÃO PASTORAL DA TERRA – CPT. *Massacres no Campo*. Tabela 7: Conflitos pela água. 7 p. Disponível em: <https://www.cptnacional.org.br/index.php/component/jdownloads/category/6-conflitos-pela-agua?Itemid=1011>. Acesso em: 5 mar. 2017.

CVRD- Cia. Vale do Rio Doce. *50 anos de História*. Rio de Janeiro: CVRD, 1992.

DEPARTAMENTO NACIONAL DE PRODUÇÃO MINERAL-DNPM. *Informações Estatísticas*. Disponível em: <http://www.dnpm.gov.br/acesso-a-informacao/estatisticas>. Acesso em: 10 fev. 2017.

FERRARA, Marina. Novas regras da CFEM. *Instituto Minere*. Nov. 2017. Disponível em: <http://www.institutominere.com.br/blog/novas-regras-da-cfem>.

G1 – Portal de Notícias. *Vale reverte prejuízo e lucra R$ 13,3 bilhões em 2016.* São Paulo, 23/02/2017. Disponível em: <http://g1.globo.com/economia/negocios/noticia/lucro-da-vale-fica-em-r-133-bilhoes-em-2016.ghtml>.

IBRAM-INSTITUTO BRASILEIRO DE MINERAÇÃO. Água e mineração: Fatos e Verdades. 10/02/2015. Disponível em: <http://www.ibram.org.br/150/15001002.asp?ttCD_CHAVE=241456>.

MADEIROS, Carlos. Conflitos por água crescem 150% no Brasil em 5 anos, aponta estudo. *UOL Notícias.* Maceió: 17/04/2017. Disponível em: <https://noticias.uol.com.br/cotidiano/ultimas-noticias/2017/04/17/conflitos-por-agua-crescem-150-no-brasil-em-5-anos-aponta-estudo.htm>.

MENDONÇA, Heloísa. Desastre de Mariana. Preconceito e espera em Mariana, epicentro da dependência da mineração. *El País.* Madrid: 06/11/2016. Disponível em: <http://brasil.elpais.com/brasil/2016/11/03/politica/1478188722_606609.html>.

MORAES, Ricardo. Tragédia no Rio Doce. Vale sai do índice se sustentabilidade após tragédia em Minas Gerais. *Folha de S. Paulo.* São Paulo: 23/11/2015. Disponível em: <http://www1.folha.uol.com.br/mercado/2015/11/1711320-vale-sai-do-indice-de-sustentabilidade-da-bolsa-apos-tragedia-em-mg.shtml>.

NOTÍCIAS r7. Cidade de Minas Gerais vai multar veículos que trouxerem poeira de mineradoras. 26/07/2011. Disponível em: <http://noticias.r7.com/cidades/noticias/cidade-em-mg-vai-multar-veiculos-que-tragam-poeira-de-mineradoras-20110726.html>.

PARREIRAS, Mateus. 'Exemplo' de gestão ambiental, Samarco coleciona histórico de infrações. *O Estado de Minas.* Belo Horizonte, 18/11/2015. Disponível em: <http://www.em.com.br/app/noticia/gerais/2015/11/18/interna_gerais,709151/historico-de-infracoes.shtml>.

PINTO, Sandoval Souza. Congonhas-Minas Gerais. *Exposição de fotos.* (24 de julho de 2015). Belo Horizonte: Academia de Letras do Brasil. Sessão Minas Gerais, 2015. Disponível em: <http://academiadeletrasdobrasildeminasgerais.blogspot.com.br/2015/07/congonhas-minas-gerais-fotos-de.html>.

PRESIDÊNCIA DA REPÚBLICA. CASA CIVIL. *Lei n.º 13.540, de 18/12/2017.* Disponível em: <http://www.planalto.gov.br/ccivil_03/_ato2015-2018/2017/Lei/L13540.htm>.

RIBEIRO, Bruno; FERNANDES, Márcio. Desabrigados pela lama enfrentam preconceito e desconfiança em Mariana. *O Estado de S. Paulo.* São Paulo: 29/10/2016. Disponível em: <http://brasil.estadao.com.br/noticias/geral,desabrigados-pela-lama-enfrentam-preconceito-e-desconfianca-em-mariana,10000085277>.

TREVIZAN, Karina. Lucro da Vale cai 43% no 2º trimestre, por provisão para a Samarco. *G1 – Economia Negócios.* São Paulo: 28/07/2016. Disponível em: <http://g1.globo.com/economia/negocios/noticia/2016/07/lucro-da-vale-cai-30-sobre-2015-por-provisao-para-samarco.html>.

CAPÍTULO 8

ENERGIA E DESENVOLVIMENTO:
UMA ANÁLISE DA POLÍTICA ENERGÉTICA BRASILEIRA NO SÉCULO XXI

Mônica Landi

Com a publicação da Carta Encíclica *Laudato Si'*, em meados de 2015, o Papa Francisco reforça a necessidade de avaliarmos como está sendo cuidada a *nossa casa comum*.[258] De forma extremamente clara, direta e didática, seu texto levanta diversas questões relacionadas às disfunções presentes na economia mundial, que, apesar de todos os alertas dos ambientalistas e de diversas correntes científicas, continuam priorizando modelos de produção e consumo incapazes de garantir o respeito à pessoa humana e ao meio ambiente. A partir dessa preocupação, faz um breve mapeamento das principais consequências trazidas por esse processo em termos de: poluição, mudanças climáticas, questão da água, perda de biodiversidade, deterioração da qualidade de vida humana, degradação social e desigualdade planetária. Pela sua representatividade e carisma, o Papa Francisco coloca-se como um forte agente em defesa de uma estratégia de intervenção que apoie um diálogo interdisciplinar visando ao cuidado da natureza, à defesa dos pobres, à construção de um ambiente de respeito e de fraternidade.

Como ele próprio destaca em sua encíclica, essa bandeira já é antiga e vem permeando diversas intervenções internacionais ao longo de, pelo menos, as últimas duas décadas. Nessa linha, talvez um dos acordos mais emblemáticos tenha sido a aprovação da *Agenda 21*, em 1992, durante a conferência das Nações Unidas sobre o Meio Ambiente e Desenvolvimento, realizada no Rio de Janeiro, conhecida como RIO92.[259] Na ocasião, os diversos países signatários assumiram o compromisso e o desafio de internalizar, nas políticas públicas de seus países, as noções de sustentabilidade e de desenvolvimento sustentável.

Desde então, esse debate tem sido ampliado e, apesar de seus avanços ainda serem tímidos frente às necessidades impostas, as condições aprovadas em dezembro de 2015 na Conferência do Clima (COP$_{21}$), e delineadas no Acordo de Paris, trazem alento a esse cenário. Isso porque, dentre o pontos firmados, merece destaque a determinação de chegar até 2100 com emissões líquidas

---

[258] PAPA FRANCISCO. *Carta Encíclica Laudato Si' do Santo Padre Francisco sobre o cuidado da Casa Comum*. Roma: Vaticana, 2015.
[259] MINISTÉRIO DO MEIO AMBIENTE. *Agenda 21 Brasileira*. Bases para discussão. Brasília: MMA, 2000.

zero, ou seja, os gases-estufa que forem liberados ao redor do globo pelas atividades humanas deverão ser compensados, dando início a uma economia neutra em carbono, identificada como *descarbonização*.

Evidentemente, essa meta só poderá ser atingida com a mudança de estilo de vida das sociedades contemporâneas, que envolve desde o menor uso de carros e implantação de moradias mais eficientes, até a melhoria da gestão de recursos naturais e dos resíduos sólidos, passando pela difusão de uma revolução energética renovável. Com certeza, essa mudança requer transformações efetivas no modo de produção e de consumo, que dependem de ações efetivas de planejamento e de orientação de políticas públicas por parte do Estado com a participação ativa dos demais agentes económicos de diversos setores estratégicos.

Com base nesse contexto, o presente artigo procura levantar a forma como essas questões têm sido tratadas no âmbito da política energética brasileira, nos últimos anos, de maneira a identificar seus avanços e desafios. Para tanto, o texto está dividido em duas partes, além dessa introdução. A primeira parte resgata os pontos centrais que pautam a estratégia de desenvolvimento no documento da "Agenda 21 do Brasil – Um projeto de Nação"[260], lançada em meados de 2000 pela Fiocruz, destacando apenas aqueles aspectos relativos ao setor de energia. Completando esse item, é feita uma breve síntese das questões levantadas pelo Papa Francisco, na Carta Encíclica *Laudato Si'*, igualmente afetos ao setor de energia. Na sequência, o texto analisa as principais ações de política energética em curso no Brasil, em particular quanto à estratégia de expansão da capacidade instalada, buscando avaliar até que ponto essas iniciativas alinham-se à visão de desenvolvimento sustentável presentes nos documentos em questão.

8.1 A CARTA ENCÍCLICA *LAUDATO SI'*, A *AGENDA 21* BRASILEIRA E AS QUESTÕES RELACIONADAS AO SETOR DE ENERGIA

A "Agenda 21 do Brasil – Um projeto de Nação", em seu documento final,[261] considera quatro estratégias de sustentabilidade urbana prioritárias para o desenvolvimento sustentável das cidades brasileiras, são elas:

---

[260] O processo de discussão da *Agenda 21 Brasileira* ocorreu no primeiro semestre de 1999, quando foram realizados seis workshops e seminários temáticos com participação de mais de 800 representantes de segmentos da sociedade de todas as regiões do país. O documento final, consolidando todo esse debate, foi publicado em 08 de junho de 2000, quando seria iniciada a etapa de implantação, com a construção de Agendas 21 Locais (regionais, estatais, municipais e institucionais).

[261] Para efeito deste artigo, foi usada a publicação da FIOCRUZ. *Agenda 21 do Brasil:* Um projeto de Nação. Resumo. Rio de Janeiro: 2000. Disponível em: <http://www.unicamp.br/fea/ortega/agenda21/brasil.htm>.

1. Aperfeiçoamento da regulação do uso e da ocupação do solo urbano e do ordenamento do território;

2. Promoção do desenvolvimento institucional e do fortalecimento da capacidade de planejamento e gestão democrática;

3. Mudança de padrões de produção e consumo da cidade;

4. Desenvolvimento e estímulo à aplicação de instrumentos econômicos no gerenciamento dos recursos naturais, visando à sustentabilidade urbana.

De forma complementar, o documento identifica uma série de ações para que cada uma dessas estratégias possa ser atingida. Quando se avaliam apenas as ações relativas ao setor de energia, pode-se sintetizar, para cada uma dessas estratégias, as seguintes sugestões de intervenções:

a) Adoção de normas voltadas à eficiência energética, na elaboração de planos e projetos urbanísticos integrados, bem como nos programas de política habitacional;

b) Necessidade de reforçar as bacias hidrográficas como unidade de planejamento, identificando competências e a integração intragovernamental para seu uso, fiscalização e controle ambiental;

c) Redução da queima de combustíveis fósseis, de maneira a contribuir para a mudança da matriz energética e para o combate ao "efeito estufa";

d) Estímulo à utilização de um amplo conjunto de instrumentos econômico-fiscais, tributário e financeiros, pelos vários níveis de Governo, de maneira a promover a competitividade da indústria brasileira, com alteração de processos e produtos, além de estimular comportamentos ambientalmente sustentáveis pelos agentes públicos e privados.

Para cada um dos setores, o documento apresenta um conjunto de diretrizes reunidas em macro-objetivos, com intuito de fortalecer a dimensão ambiental e organizar essa questão na pauta de discussão das políticas setoriais vigentes ou a serem adotadas no País. No caso do setor de energia, essas diretrizes encontram-se reunidas em quatro macro-objetivos centrais, a saber: (*i*) promover o uso eficiente e a conservação de energia; (*ii*) desenvolver e incorporar tecnologia de fontes novas e renováveis de energia; (*iii*) universalizar o acesso à energia elétrica; e *(iv)* garantir o suprimento energético e promover o desenvolvimento sustentável.

Em paralelo, quando se analisam as sugestões de ações para o setor de energia, presentes na Carta Encíclica *Laudato Si'*, fica evidente que praticamente as mesmas preocupações parecem orientar o diagnóstico sobre os cuidados com a *nossa casa comum*. O texto enfatiza a necessidade de se substituir os combustíveis fósseis e desenvolver fontes de energia limpas e renováveis, além de avançar os investimentos em modalidades de produção e transportes que consumam menos energia, bem como em modalidades de construção ou reestruturação de edifícios capazes de melhorar sua eficiência energética. Nesse ponto, em particular, é reforçada também a importância de reorganizar os espaços nas cidades, de maneira a garantir a melhoria de vida do conjunto da população. Na verdade, questiona a criação de bairros "ecologicamente" bem organizados, com a manutenção na periferia de uma população desassistida dos serviços públicos básicos.

Além disso, trata das questões dos impactos e das perdas da biodiversidade, alertando para o fato de que muitas vezes as ações humanas, na tentativa de solucionar uma restrição econômica, acabam por prejudicar a natureza, impulsionando uma nova ação humana para corrigir a anterior. Esse tipo de atuação pode ser identificada, por exemplo, na construção de hidrelétricas ou de reservatórios para abastecimento de água. Atenção especial é dada à Amazônia por ressaltar sua importância como ecossistema mundial, ou por constituir expressivas reservas de água assegurando, assim, outras formas de vida. Por fim, mas não menos importante, deve-se registrar a importância que a ratificação pelos 195 países presentes na Convenção das Partes (COP21) impõe ao *Acordo de Paris*, aprovado em dezembro de 2015. Nesse documento, as nações participantes acordaram pelo compromisso de combater os efeitos das mudanças climáticas, bem como reduzir as emissões de gases de efeito estufa, de maneira a manter o aquecimento global "muito abaixo de 2ºC", buscando, ainda, "esforços para limitar o aumento da temperatura a 1,5ºC acima dos níveis pré-industriais".[262]

Evidentemente, a implantação desse acordo não será nada fácil e depende ainda da definição de metas e medidas de adaptação a serem estabelecidas em novas convenções. De qualquer modo, ele já impõe uma agenda de transformação na oferta de energia global ao sinalizar para a necessidade de se reduzir cada vez mais a dependência dos combustíveis fósseis (carvão, petróleo e gás natural) no processo produtivo mundial para o uso de fontes de energia de baixo carbono.

Em suma, é com esse conjunto de orientações e princípios que devemos avaliar a política energética em curso no País, pois a depender de sua orientação, o Brasil poderá estar melhor, ou pior, posicionado nesse ambiente de transição.

---

[262] NAÇÕES UNIDAS. *Adoção do Acordo de Paris*. 21 Conferência das Partes (COP21) da UNFCCC. Paris, 30/11 a 11/12/2015. Disponível em: <https://nacoesunidas.org/acordodeparis/>.

8.2 A POLÍTICA ENERGÉTICA BRASILEIRA: UMA AVALIAÇÃO DA EXPANSÃO DA CAPACIDADE INSTALADA NAS GESTÕES FHC, LULA E DILMA

A matriz energética brasileira assume posição de destaque no mundo dada a alta participação de fontes renováveis na geração de sua energia elétrica. Conforme pode ser observado no Gráfico 1, no Brasil, cerca de 80% da capacidade instalada provém de fontes renováveis (hidro, eólica, solar e biomassa), enquanto no mundo essas fontes não chegam a 32%.

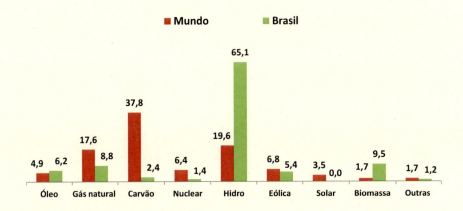

GRÁFICO 1 – MUNDO E BRASIL – CAPACIDADE INSTALADA POR FONTE (EM %), 2015
FONTE: Ministério da Energia

Apesar desse resultado, há de se destacar que 65% do total de eletricidade gerada no Brasil provêm da exploração do potencial hídrico nacional, iniciado já nos primórdios do século XX, que chegou a atingir quase 90% da capacidade instalada nacional na década de 90. Entender os motivos que têm levado à redução da participação dessa fonte renovável na matriz energética brasileira passa por resgatar as principais linhas de ação implantadas para esse segmento da infraestrutura nacional durante as gestões dos Presidentes FHC, Lula da Silva e Dilma Rousseff.

Espera-se com essa reconstrução poder avaliar se a agenda para um desenvolvimento sustentável, pautada nas preocupações e orientações presentes na *Agenda 21* e na Encíclica *Laudato Si'*, está, de fato, direcionando a política energética nacional.

1. Período 1995 a 2002: Gestão FHC

A gestão FHC foi marcada pela preocupação de reorganizar o desenho mercantil e de financiamento para o setor elétrico brasileiro e propor uma nova organização institucional, em especial no que se refere às empresas e instituições vinculadas ao governo federal. A partir dos trabalhos realizados pela empresa de consultoria *Coopers & Lybrand*, responsável pela definição do modelo, o governo federal, em junho de 1997, divulgou o resultado desse projeto de reestruturação do setor elétrico brasileiro, que priorizou, de um lado, definir as funções e responsabilidades do governo, notadamente nas áreas sob sua responsabilidade direta, de maneira a distinguir os papéis de Estado e de regulador, e de outro, estabelecer o Mercado Atacadista de Energia (MAE).

Cabe frisar que este último tinha como propósito permitir a livre negociação de toda a energia do sistema interligado, o que representaria, na concepção da reforma, um estímulo à produção de energia elétrica por agentes privados. Completando esse ambiente pró-mercado, ganha destaque o processo de privatização do setor elétrico, focado prioritariamente nas empresas de distribuição, a grande maioria de propriedade estadual, dado o peso dessas alienações nos acordos de renegociação das dívidas dos Estados junto com a União, em curso naquele momento no País.

Com essa orientação, o governo federal sinalizava a transferência do planejamento do setor, até então de responsabilidade do Ministério de Minas e Energia, para o mercado. A falha desse modelo, contudo, começa a ser percebida já no início de 2000, quando a situação crítica dos níveis dos reservatórios brasileiros, decorrente do extenso período de seca, dava sinais de que a oferta de energia no País seria afetada nos anos seguintes.

Na tentativa de minimizar esse problema, o governo federal lançou, em fevereiro de 2000, o Programa Prioritário de Termeletricidade (PPT), com o propósito de ampliar a capacidade instalada em cerca de 20.000 MW, até final de 2003. Alinhando o PPT ao projeto de construção do Gasoduto Brasil-Bolívia (Gasbol), em curso desde 1993, foi prevista a construção de 49 usinas termoelétricas, em 18 unidades federativas, a partir da participação ativa do capital privado.

Esse esforço, porém, não evitou a Crise do Apagão vivida em 2001. Ao contrário do que se esperava, o PPT não conseguiu engajar o setor privado. Os receios cambiais relacionados à construção dessas usinas termoelétricas limitaram a atuação desse agente, fazendo com que apenas os projetos em parceria com a Petrobrás fossem iniciados, apesar das condições favoráveis de crédito disponibilizadas pelo BNDES. Além disso, a predominância da geração de energia elétrica ser de base hídrica evidenciou a fragilidade do modelo implantado, reforçando a necessidade de um planejamento central relacionado à operação e expansão do sistema nacional. Em outras palavras, qualquer formulação de arranjo institucional, que se pretenda estável e duradouro para o País, deve considerar essa característica.

Apesar desses problemas, verifica-se que durante a gestão do Presidente FHC há uma ampliação na capacidade instalada nacional da ordem de 41,2%, ao passar de 59.121 MW para 83.458 MW, principalmente dado o aumento das fontes de base nuclear e térmica (Tabela 1).

TABELA 1 – CAPACIDADE INSTALADA DE GERAÇÃO DE ENERGIA ELÉTRICA (EM MW)

Ano	Hidro	Termo	Nuclear	TOTAL
1995	51.367	7.097	657	59.121
1996	53.119	7.025	657	60.801
1997	54.889	7.426	657	62.972
1998	56.759	7.793	657	65.209
1999	58.997	8.526	657	68.180
2000	61.063	10.642	2.007	73.712
2001	62.523	11.725	2.007	76.255
2002	65.311	15.140	2.007	82.458

FONTE: Balanço Energético 2003

No primeiro caso, esse aumento é explicado pela entrada em operação, a partir de 2001, da Usina Nuclear Angra 2, com potência instalada de 1.350 MW, capaz de atender o consumo de uma cidade de 2 milhões de habitantes. Quanto à base térmica, seu crescimento pode ser explicado, em parte, à implantação do PPT, que contribuiu para elevar a participação dessa fonte na matriz elétrica nacional de 12%, em 1995, para 18%, em 2002 (ver Tabela 2).

TABELA 2 – PARTICIPAÇÃO, POR FONTE, NA GERAÇÃO DE ENERGIA ELÉTRICA (EM %)

Ano	Hidro	Termo	Nuclear	TOTAL
1995	86,9	12,0	1,1	100,0
1996	87,4	11,6	1,1	100,0
1997	87,2	11,8	1,0	100,0
1998	87,0	12,0	1,0	100,0
1999	86,5	12,5	1,0	100,0
2000	82,8	14,4	2,7	100,0
2001	82,0	15,4	2,6	100,0
2002	79,2	18,4	2,4	100,0

FONTE: Balanço Energético 2003

Com esses resultados, pode-se concluir que a gestão FHC não se preocupou em adotar uma política de geração de energia elétrica alinhada ao conceito de sustentabilidade, priorizando a expansão de fontes renováveis limpas como biomassa, eólica e solar. Nem mesmo o lançamento, em final de abril de 2002, do Programa de Incentivo às Fontes Alternativas de Energia Elétrica (Proinfa), que visava a aumentar a participação da energia elétrica produzida por empreendimentos de Produtores Independentes Autônomos, a partir de fontes eólica, pequenas centrais hidrelétricas e biomassa, no Sistema Elétrico Interligado Nacional, consegue minimizar esse quadro. Na verdade, ao contrário, a crise de 2001 acabou reforçando no País, como bem ilustra a Figura 1, o conceito de operação hidrotérmica,[263]

> [...] que acontece quando um sistema elétrico de predominância de fonte hídrica passa a requerer uma crescente contribuição térmica, seja por esgotamento do potencial hidroelétrico ou por perda da capacidade de auto regulação devida à diminuição do volume de água armazenada nos reservatórios com relação à carga do sistema, ou ambos simultaneamente.[264]

---

[263] Nesse caso, a base térmica usou óleo diesel, combustível e gás natural.
[264] GUIMARÃES, 2016, p.18.

Operação Hidrotérmica

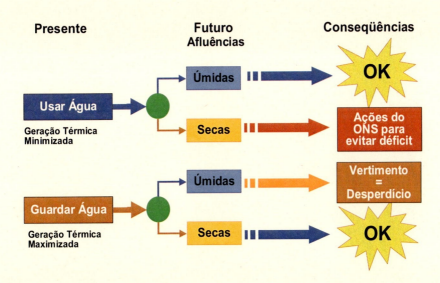

FIGURA 1 – OPERAÇÃO HIDROTÉRMICA
FONTE: ONS (2006)

2. Período 2003-2016: Gestões LULA/DILMA

A gestão Lula, por outro lado, é marcada pela preocupação inicial de definir um novo modelo institucional para o setor, principalmente a partir do debate que ganhou espaço durante o período da crise do apagão de 2001. Naquele momento, como já citado anteriormente, ficou evidente que o modelo em curso não garantia a expansão da capacidade instalada no País, dado que o planejamento do setor teria perdido espaço para a lógica do mercado, que, em situações adversas, reduz ou paralisa os investimentos.

Principalmente por esse motivo, as discussões referentes à formulação desse novo modelo priorizavam os seguintes pontos: a) prevalência do conceito de serviço público; b) modicidade tarifária; c) mitigação dos riscos sistêmicos; d) universalização do acesso e uso dos serviços de eletricidade; e) ambiente institucional e marco regulatório estável; f) cooperação entre os agentes públicos e privados, e g) transparência e contestação pública. Novamente, a preocupação com a introdução de uma agenda de sustentabilidade parece ter ficado ausente desse debate.

Assim, no final de 2003, com base nesse conjunto de referências, foi publicado o *Modelo Institucional do Setor Elétrico* pautado nos seguintes fundamentos: a) reestruturação do planejamento de médio e longo prazo para o setor; b) segurança no abastecimento, de modo a priorizar o monitoramento, no curto prazo, das condições de atendimento; c) redirecionamento da contratação de energia para o longo prazo, compatível com a amortização dos investimentos realizados, e d) competição na geração com a licitação de energia pelo critério de menor tarifa (modicidade tarifária)[265].

Para garantir o planejamento setorial, o modelo criou a Empresa de Pesquisa Energética (EPE), que tem por finalidade prestar serviços na área de estudos e pesquisas destinadas a subsidiar o planejamento do setor energético contribuindo, inclusive, na identificação de projetos de linhas de transmissão e de parte dos projetos que foram listados no Programa de Aceleração do Crescimento (PAC)[266].

No caso da realização de estudos de apoio para o cadastramento de empreendimentos de geração de energia, é bom destacar que os estudos realizados pela EPE servem de referência para a elaboração dos leilões de contratação de energia voltados ao atendimento da demanda futura no Ambiente de Contratação Regulada – ACR (mercado das distribuidoras).

Dessa forma, desde 2005, o governo federal passou a realizar leilões de contratação de energia nova, visando a disciplinar e ampliar a capacidade instalada nacional, atendendo princípios de segurança no abastecimento e de modicidade tarifária, ou seja, a energia contratada pelo menor preço.

Esse avanço, entretanto, como mencionado anteriormente, não veio articulado com uma política energética capaz de resgatar, de um lado, o papel do planejamento energético, visando a garantir o suprimento de energia no País, e de outro, diversificar as fontes de energia da matriz elétrica nacional a partir de um olhar sustentável. A prioridade continuou sendo o planejamento centralizado pela lógica da oferta de energia, sobrepondo-se, por exemplo, o atendimento da demanda a partir de iniciativas locais, regionais e sustentáveis.

Para entender melhor essa forma de ampliar a capacidade instalada no Brasil, é necessário mapear os principais tipos de leilões de energia nova, reali-

---

[265] MME. *Modelo Institucional do Setor Elétrico*. Brasília: 11 dez. 2003. 57 p. Disponível em: <https://portal.tcu.gov.br/lumis/portal/file/fileDownload.jsp?fileId=8A8182A24F0A728E014F0AFEC6D67688>. Ressalte-se que no caso da contratação de energia, o modelo estabeleceu a coexistência de dois ambientes, a saber: a) Ambiente de Contratação Regulado (ACR), para proteger o consumidor cativo; e b) Ambiente de Contratação Livre (ACL), para estimular a iniciativa dos consumidores livres.
[266] Criado em 2007, o Programa de Aceleração do Crescimento (PAC) buscava promover a retomada do planejamento e execução de grandes obras de infraestrutura social, urbana, logística e energética do país.

zados ao longo do período em destaque. São eles, de acordo com o próprio site do Ministério das Minas e Energia:

> **a) Leilão de Energia A-5:** processo licitatório para a contratação de energia elétrica proveniente de novos empreendimentos de geração realizado com 5 (cinco) anos de antecedência do início do suprimento. Esse foi criado para viabilizar empreendimentos de longa maturação, como, por exemplo, os empreendimentos hidrelétricos.
>
> **b) Leilão de Energia A-3:** processo licitatório para a contratação de energia elétrica proveniente de empreendimentos de geração novos realizado com 3 (três) anos de antecedência do início do suprimento. Esse leilão foi criado para viabilizar empreendimentos de médio prazo de maturação, como, por exemplo, os empreendimentos termelétricos.
>
> **c) Leilão de Fontes Alternativas – LFA:** foram criados com o objetivo de incentivar a diversificação da matriz de energia elétrica, introduzindo fontes renováveis e ampliando a participação de energia eólica, solar, biomassa, e Pequenas Centrais Hidrelétricas (PCH).
>
> **d) Leilão de Energia de Reserva – LER:** a contratação de energia de reserva foi criada para elevar o patamar de segurança no fornecimento de energia elétrica ao Sistema Interligado Nacional (SIN) com energia proveniente de usinas especialmente contratadas para este fim – seja de novos empreendimentos de geração ou de empreendimentos existentes.
>
> **e) Leilão de Ajuste:** os leilões de ajuste visam a adequar a contratação de energia pelas distribuidoras, tratando eventuais desvios oriundos da diferença entre as previsões feitas distribuidoras em leilões anteriores e o comportamento de seu mercado. Seus contratos são geralmente de curta duração (3 meses a 2 anos).
>
> **f) Leilões estruturantes:** se destinam à compra de energia proveniente de projetos de geração indicados por resolução do Conselho Nacional de Política Energética (CNPE) e aprovados pelo presidente da República. Referem-se geralmente a empreendimentos de grande porte, tendo em vista seu caráter estratégico e o interesse público, que buscam atender à demanda nacional de energia elétrica, considerando o planejamento de longo, médio e curto prazo[267].

A partir dessa classificação e com base nas informações relativas aos leilões de geração realizados entre 2005 e 2016, disponibilizadas pela Aneel, buscou-se organizar a evolução das contratações efetuadas, durante as gestões Lula e Dilma, vinculados aos novos empreendimentos, com o objetivo de mapear a ampliação da capacidade instalada por tipo de fonte.

No caso do período Lula, considerando que os leilões de energia nova foram iniciados em 2005, verifica-se que a potência relacionada aos empreen-

---

[267] Durante esse período, foram leiloados os seguintes projetos estruturantes: UHE Santo Antônio (Resolução CNPE n.º 4 de 2007); UHE Jirau (Resolução CNPE n.º 1 de 2008), e UHE Belo Monte (Resolução CNPE n.º 5 de 2009).

dimentos licitados entre 2005 a 2010, revela um incremento da ordem de 42,7 GW na capacidade nacional instalada envolvendo 296 novos projetos, conforme demonstram, respectivamente, as Tabela 3 e 4.

TABELA 3 – POTÊNCIA RELACIONADA AOS NOVOS EMPREENDIMENTOS CONTRATADOS POR TIPO DE FONTE (EM MW) – 2005-2010

	2005	2006	2007	2008	2009	2010	TOTAL	%
UHE estruturante			3.150,40	3.300,00	11.233,10		17.683,50	41,5
Óleo Combustível		296,00	2.165,33	5.049,76			7.511,09	17,6
UHE	756,10	622,00		350,00		2.850,00	4.578,10	10,7
Biomassa	136,14	424,00	432,00	2.379,60	48,00	712,90	4.132,64	9,7
Eólica					1.805,70	2.047,80	3.853,50	9,0
Gás Natural		490,00		1.628,15			2.118,15	5,0
Carvão	350,00		1.050,00	360,00		132,00	1.892,00	4,4
Óleo Diesel	140,00	476,54					616,54	1,4
PCH		2,25	35,00		22,50	210,50	270,25	0,6
Solar							-	-
Total	1.382,24	2.310,79	6.832,73	13.067,51	13.109,30	5.953,20	42.655,77	100,0

FONTE: EPE/ANEEL Elaboração própria

TABELA 4 – NÚMERO DE NOVOS EMPREENDIMENTOS CONTRATADOS POR TIPO DE FONTE (2005-2010)

	2005	2006	2007	2008	2009	2010	TOTAL	%
Eólica					71	70	141	47,6
Biomassa	3	9	9	30	1	12	64	21,6
Óleo Combustível		2	13	25			40	13,5
PCH		1	2		1	11	15	5,1
UHE	6	2		1		5	14	4,7
Gás Natural		1		6			7	2,4
Carvão	1		2	1		3	7	2,4
Óleo Diesel	1	4					5	1,7
UHE estruturante			1	1	1		3	1,0
Solar	-	-	-	-	-	-	-	-
Total	11	19	27	64	74	101	296	100,0

FONTE: EPE/ANEEL Elaboração própria

A partir das informações organizadas nessas tabelas, pode-se chegar às seguintes conclusões:

a) 41,5% do total contratado durante as gestões do Presidente Lula estão vinculados a três Usinas Hidrelétricas, nomeadas como estruturantes. São elas: UHE Santo Antônio, UHE Jirau e UHE Belo Monte. Esses três empreendimentos, localizados no Rio Madeira (as duas primeiras) e no Rio Xingu (a terceira), rios que compõem a Bacia Amazônica, geraram críticas de várias correntes da sociedade civil, em particular dos ambientalistas, desde o início da concepção desses projetos. Além dos impactos diretos causados por esse tipo de empreendimento à população ribeirinha e à dinâmica territorial, econômica, social e cultural da região,[268] deve ser questionada a própria opção de se priorizar projetos de exploração de rios localizados na Região Norte do País para atender a demanda de energia do Centro-Sul. No caso particular da UHE Belo Monte, por exemplo, deve-se registrar que, embora a potência desse projeto seja da ordem de 11,3 GW, sabe-se que a energia média, efetivamente gerada ao longo do ano, deve alcançar, no máximo, algo em torno de 4,5 GW, por se tratar de um projeto de usina hidrelétrica a fio d'água[269], mais vulnerável às oscilações do regime das chuvas.

Dessa forma, envolver um volume expressivo de recursos públicos e privados para execução dessa obra parece estar na contramão do que prega a lógica de sustentabilidade defendida nos trabalhos que pautam o debate levantado no início do presente artigo. De qualquer modo, deve-se registrar que a construção dessas usinas estruturantes segue a tradição dos aproveitamentos hidrelétricos que marcaram a implantação da capacidade instalada nacional, em particular entres os anos 70/80. A Figura 2 caracteriza muito bem a distribuição desses projetos entre as principais bacias hidrográficas brasileiras, sinalizando que o debate sobre a exploração de empreendimentos desse tipo, em especial em afluentes do Rio Amazonas, como o Rio Tapajós e Tocantins, não foram afastados da agenda do governo federal, estando, inclusive, presentes entre os projetos listados no PAC.

---

[268] Maiores detalhes sobre essas questões, em CAVALCANTI, Maria Madalena de Aguiar. *Hidrelétricas do Rio Madeira-RO: Território, Tecnificação e Meio Ambiente*. Tese (Doutorado em Ciências da Terra) – Programa de Pós-Graduação em Geografia – UFPR. Curitiba: 2012.

[269] Contrariamente ao que ocorre nos reservatórios de acumulação, em que a água é contida nas represas, funcionando como uma espécie de "estoque de energia", os projetos a fio d'água não dispõem de um reservatório para retenção da água, já que a água chegará à usina, moverá as turbinas que produzem a energia elétrica e imediatamente será devolvida ao rio, causando um menor impacto ambiental à região.

FIGURA 2 – SISTEMA INTERLIGADO NACIONAL
FONTE: Aneel (2017)

b) 28,5% do total contratado ainda referem-se a projetos de exploração de energia elétrica envolvendo fontes não renováveis, sendo: óleo combustível (17,6%); gás natural (5%); carvão mineral (4,4%) e óleo diesel (1,4%).

c) 30,1%, ou seja, 12,6 GW representam fontes renováveis, com destaque especial aos empreendimentos térmicos de energia elétrica gerada por bagaço-de-cana (4,1 GW) e aos 141 projetos de energia eólica (3,9 GW) contratados nos leilões de 2009 e 2010. Esses últimos parecem sinalizar um primeiro alinhamento com a preocupação de introduzir, na matriz energética brasileira, outras fontes renováveis, que não apenas a base hídrica.

No que se refere aos empreendimentos licitados no período da Presidente Dilma Rousseff, os dados das Tabelas 5 e 6 demonstram ter havido um esforço no sentido de contratar perto de 26,6 MW de energia elétrica (62,3% do total licitado durante a gestão Lula), abrangendo 719 empreendimentos (143% superior do total leiloado durante o período 2005-2010).

TABELA 5 – NÚMERO DE NOVOS EMPREENDIMENTOS CONTRATADOS POR TIPO DE FONTE (2011-2016)

	2011	2012	2013	2014	2015	2016	TOTAL	%
Eólica	117	10	202	89	42	0	460	64,0
Solar				31	61	1	93	12,9
PCH			24	3	15	40	82	11,4
Biomassa	13		14	8	13	7	55	7,6
CGH						11	11	1,5
UHE	2	2	3		2		9	1,3
Gás Natural	2			3	2	1	8	1,1
Carvão Mineral				1			1	0,1
Total	134	12	243	135	135	60	719	100,0

FONTE: EPE/ANEEL Elaboração própria

TABELA 6 – POTÊNCIA RELACIONADA AOS NOVOS EMPREENDIMENTOS CONTRATADOS POR TIPO DE FONTE (EM MW) – 2011-2016

	2011	2012	2013	2014	2015	2016	TOTAL	%
Eólica	2.904,40	281,90	4.710,60	2.663,25	1.177,00	-	11.737,15	44,1
Gás Natural	1.029,00			3.059,00	1.543,63	5,54	5.637,17	21,2
Biomassa	654,80		808,79	611,00	537,33	198,39	2.810,31	10,5
Solar				889,66	1.743,14	20,00	2.652,80	10,0
UHE	585,00	292,40	1.145,00		182,00		2.204,40	8,3
PCH			481,24	43,90	230,51	489,37	1.245,01	4,7
Carvão Mineral				340,00			340,00	1,3
CGH						15,90	15,90	0,1
Total	5.173,20	574,30	7.145,63	7.606,81	5.413,61	729,20	26.642,75	100,0

FONTE: EPE/ANEEL Elaboração própria

Observando os resultados acima, pode-se destacar que:

d) Entre 2011 e 2016, verifica-se que 77,5% dos empreendimentos licitados envolvem projetos de fontes renováveis, com destaque para a participação da Eólica (44,1%), Biomassa (10,5%), solar (10%), UHE (8,3%) e PCH (4,7%);

e) A fonte eólica foi a que mais se ampliou, ao representar, respectivamente, 64% dos empreendimentos licitados (460 projetos) e 44% da potência a ser instalada, ou seja, 11,7 MW. Merece destaque o ano de 2013, quando foi possível realizar a contratação de 40% do total licitado (4,7 MW) relacionado a essa fonte de energia renovável no período;

f) Apenas nove empreendimentos são de fontes não renováveis (oito de gás natural e um de carvão mineral), totalizam 22,5% do total da potência instalada licitada.

Vale destacar que os oito projetos de gás natural, equivalentes a 5,6 MW, representam a segundo maior participação da potência relacionada aos novos empreendimentos licitados nesse período.

Do exposto, parece ficar evidente que entre 2011 e 2016 houve um expressivo aumento da participação de fontes renováveis nas licitações realizadas, com destaque especial às fontes eólicas. Na verdade, esse resultado revela a própria resposta dos agentes privados à regulamentação editada pela Aneel[270], em 17/04/2012, que trata da operação da microgeração e minigeração distribuída[271] aos sistemas de distribuição de energia elétrica, inclusive com a criação do sistema de compensação de energia elétrica correspondente. Em outras palavras, com essa resolução, o governo federal regulamentou a produção de energia elétrica a partir de pequenas centrais geradoras que utilizam fontes renováveis de energia elétrica ou cogeração qualificada, conectadas à rede de distribuição por meio de instalações de unidades consumidoras. Essa prática permite que a geração se desvincule da necessidade de linhas de transmissão em altos níveis de tensão para o transporte de energia aos centros consumidores, sendo constituída pelas parcelas de geração, distribuição e consumo ou até mesmo somente pelas parcelas de geração e consumo, em lugar do tradicional vínculo: geração, transmissão, distribuição e consumo.

Dessa forma, essa iniciativa sinaliza um passo importante no sentido de tentar criar condições para a diversificação da matriz energética, torná-la mais limpa e descentralizada, atraindo, inclusive, a participação privada para esse tipo de empreendimento. O grande desafio, contudo, passa pela forma com que essas energias novas estão sendo implantadas. No caso dos parques eólicos, por exemplo, já existem estudos, principalmente nos projetos instalados ou em construção no estado do Rio Grande do Norte[272], de alterações na realidade econômica, social e ambiental dos municípios produtores, o que tem suscitado conflitos e tensões entre os principais atores sociais envolvidos nessa nova dinâmica. Isso porque, dada a resistência dos agentes públicos e privados em instalar torres na área litorânea com receio do impacto negativo que possa trazer ao turismo da região, os últimos projetos têm avançado para o interior do estado. Esse movimento tem levado a uma especulação no preço do arredamento de terras para instalação desses parques eólicos, o que vem comprome-

---

[270] Ver ANEEL. *Resolução Normativa n.º 482*, de 17/04/2012. Brasília, DF: D.O, 19.04.2012. Disponível em: <https://www.legisweb.com.br/legislacao/?id=342518>.

[271] Microgeração distribuída refere-se a uma central geradora de energia elétrica, com potência instalada menor ou igual a 75 quilowatts (kW), enquanto que a minigeração distribuída diz respeito às centrais geradoras com potência instalada superior a 75 kW e menor ou igual a 3 megawatt (MW), para a fonte hídrica, ou 5 MW para as demais fontes.

[272] Para maiores detalhes, ver a dissertação de COSTA, Rafael Fonseca da. *Ventos que transformam?* Um estudo sobre o impacto econômico e social da instalação dos parques eólicos no Rio Grande do Norte/Brasil. Dissertação (Mestrado em Estudos Urbanos e Regionais) – Centro de Ciências Humanas, Letras e Artes – UFRN. Natal, 2015 relacionada à linha de pesquisa "Diagnóstico socioeconômico em territórios ocupados pela energia eólica no litoral do Polo Costa Branca do Rio Grande do Norte", sob a orientação do Prof. Dr. Fábio Fonseca Figueiredo, da Universidade Federal do Rio Grande do Norte.

tendo a agricultura familiar local. Ademais, a geração de empregos, difundida como um ganho expressivo para a região, não tem passado de postos de trabalhos temporários de baixa qualificação, relacionados diretamente à instalação das torres, além dos indiretos ligados à ampliação e prestação de serviços na localidade urbana, ambos, contudo, sem agregar valor às economias locais, uma vez que não há nenhum tipo de integração entre esses investimentos privados e uma política de desenvolvimento estadual.

No caso dos leilões de usinas fotovoltaicas, sabe-se que dos 93 projetos contratados, entre 2014 e 2016, apenas 44 deles já estão em operação. Apesar de esses empreendimentos gerarem apenas 4 MW de potência, ou seja, 0,02% total da capacidade instalada nacional, eles podem ser ampliados rapidamente, em especial se forem associados a projetos de moradia popular, como por exemplo, Minha Casa Minha Vida. Além disso, ao contrário dos projetos eólicos, esse segmento gera maior valor agregado ao produto final, envolvendo empregos de melhor qualificação e maior durabilidade.

De qualquer forma, deve-se registrar que, a depender dos incentivos fiscais e de uma regulamentação clara dessas novas opções, será possível avançar cada vez mais na dissociação dos preços da energia elétrica da sazonalidade das chuvas e dos preços dos combustíveis fósseis, fatores diretamente relacionados ao preço da energia a ser paga pelo consumidor final.

Em suma, apesar dos desafios que se colocam, essas premissas parecem estar alinhadas aos princípios que marcam as referências centrais do debate de sustentabilidade presentes no início desse artigo. Apesar desses sinais e do discurso do governo federal de que os estudos de planejamento desenvolvidos pela EPE incorporam o conceito de sustentabilidade socioambiental[273], o governo federal, em 2015, seguindo a tradição destacada anteriormente, iniciou o processo para exploração de outras usinas hidrelétricas na Amazônia. O Rio Tapajós seria a nova fronteira para a realização de leilões de energia elétrica estruturantes, com previsão de 40 usinas. Somente para o Rio Tapajós estava sendo prevista a instalação de cinco, começando com a construção da Usina de São Luiz (potência instalada de 8.040 MW com energia assegurada média de 4.012 MW), seguida da usina de Jatobá (potência instalada de 2.338 MW, com energia assegurada média de 1.282 MW). O projeto, entretanto, foi abortado em 2017, após a recusa do Ibama em conceder a licença ambiental para esse empreendimento.

De qualquer forma, como demonstra a Tabela 7, a expectativa é que, com a conclusão dos empreendimentos em construção e com o início das obras

---

[273] TOLMASQUIM, Maurício Tiomno. The Energy Sector in Brazil: Policy and Perspectives. *Estudos Avançados*. São Paulo: IEA-USP, v. 26, n. 74, p. 249-59. 2012.

já licitadas, seja possível ampliar a capacidade instalada da matriz energética brasileira em, aproximadamente, 24,7 GW, sendo que desse total, 51,5% serão provenientes de, respectivamente, eólica (31,1%), solar (12,2%), PCH (8,1%) e CGH (0,2%).

TABELA 7 – EMPREENDIMENTOS EM CONSTRUÇÃO E COM CONSTRUÇÃO NÃO INICIADA POR FONTE (EM MW E %)

Tipo	Nº de Usinas em Construção	Capacidade Instalada (em MW)	%	Nº de Usinas com Construção não iniciada	Capacidade Instalada (em MW)	%	TOTAL (em MW)	%
UTE	27	1.333	14,7	138	6.597	42,5	7.930	32,2
EOL	149	3.501	38,5	181	4.160	26,8	7.661	31,1
UFV	21	616	6,8	90	2.364	15,2	2.980	12,1
UHE	6	1.922	21,1	8	732	4,7	2.654	10,8
PCH	27	370	4,1	124	1.635	10,5	2.005	8,1
UTN	1	1.350	14,8	-	-	-	1.350	5,5
CGH	2	1	0,0	43	37	0,2	38	0,2
CGU	-	-	-	1	0	0,0	0	0,0
TOTAL	233	9.093	100,0	585	15.525	100,0	24.618	100

FONTE: Aneel 2017

CONSIDERAÇÕES FINAIS

Do exposto, parece ficar claro que nos últimos anos, o governo federal vem tentando diversificar a matriz energética brasileira, na tentativa de torná--la mais sustentável e alcançar seu compromisso internacional, assinado em 2015, na COP 21, de aumentar para 33% o uso de fontes renováveis, além da energia hídrica, na matriz total de energia até 2030, aumentando a parcela de energias renováveis (além da energia hídrica) no fornecimento de energia elétrica para ao menos 23% até 2030, inclusive pelo aumento da participação de eólica, biomassa e solar. No total, houve um incremento da capacidade instalada nacional que atingiu, em final de 2016, um total de 150,3 GW, excluída a energia importada.

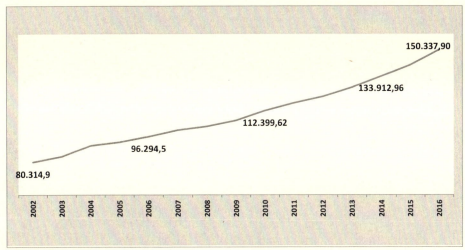

GRÁFICO 2 – POTÊNCIA INSTALADA BRASIL (MW) – 2001-2016
FONTE: Aneel

O Gráfico 3 e a Tabela 8 ilustram esse movimento ao revelar o incremento anual da potência instalada, por fonte, entre 2002 e 2016. Isso porque, apesar dos resultados ainda apontarem para certa dominância, principalmente nos primeiros anos apresentados, por uma maior participação das UHE´s e das UTE´s de base fóssil nos aumentos da capacidade instalada nacional, os dados de 2014 a 2016 já expressam a mudança em curso com relação a uma ampliação de fontes renováveis, com destaque para biomassa e eólica, que juntas atingiram uma capacidade instalada de 20.810 MW, ou seja, 29,15% do total instalado no período.

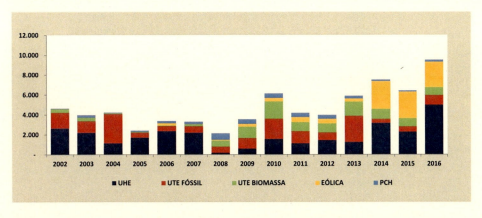

GRÁFICO 3 – INCREMENTO ANUAL DA POTÊNCIA INSTALADA POR FONTE (EM MW) – 2002-2016

SUSTENTABILIDADE GLOBAL E REALIDADE BRASILEIRA

FONTE: Aneel (2017)

TABELA 8 – EVOLUÇÃO DA PARTICIPAÇÃO DO INCREMENTO ANUAL DA POTÊNCIA INSTALADA POR FONTE (EM %) – 2002 ATÉ ABRIL/2017

ANO	UHE	PCH	EÓLICA	UTE BIOMASSA	UTE FÓSSIL	TOTAL
2002	57,4	1,2	-	7,9	33,5	100,0
2003	55,5	6,7	-	9,2	28,6	100,0
2004	26,9	1,6	0,2	1,8	69,5	100,0
2005	71,5	5,2	-	3,1	20,2	100,0
2006	70,4	6,7	6,1	2,3	14,4	100,0
2007	66,7	7,6	0,3	6,0	19,4	100,0
2008	8,3	29,8	4,1	29,3	28,4	100,0
2009	16,9	13,0	7,5	32,5	30,1	100,0
2010	25,9	7,7	5,3	28,5	32,7	100,0
2011	27,2	10,3	11,9	21,9	28,7	100,0
2012	36,7	9,9	11,5	23,0	18,9	100,0
2013	21,6	4,5	5,3	24,3	44,3	100,0
2014	42,3	1,8	37,1	13,6	5,2	100,0
2015	35,8	1,8	41,3	13,0	8,1	100,0
2016	52,5	2,1	26,9	8,5	10,0	100,0
TOTAL (em MW)	**29.078**	**17.385**	**10.632**	**10.178**	**4.123**	**71.396**

FONTE: Aneel (2017)

Cumpre destacar que esses aumentos de participação ainda são tímidos frente ao potencial que o País possui em termos de fontes renováveis. No caso da eólica, por exemplo, o potencial nacional é, no mínimo, da ordem 60.000 MW, e até o momento temos instalado apenas 10% desse total. Apesar disso, os incrementos nos últimos permitiram que o Brasil atingisse a 5ª posição no ranking mundial de expansão da capacidade instalada de geração eólica, em 2016[274].

De qualquer modo, com os últimos leilões, houve uma redução da participação da base hídrica na geração de energia elétrica, ao passar de 83,2%, em 2006, para 66,5%, em 2017[275]. Em contrapartida, verifica-se a expansão, principalmente, de fontes de biomassa (bagaço de cana e resíduos de madeira) e eólica, que conseguiram, entre os anos de 2006 a 2017, ampliar sua participação de, respectivamente, 3,4% para 8,9% e de 0,1% para 6,5% (ver Tabela 9 e Gráfico 4).

---

[274] De acordo com os dados da Global Wind Energy Council (GWEC), entidade internacional especializada em energia eólica.
[275] Dados até abril/2017.

TABELA 9 – GERAÇÃO ELÉTRICA POR FONTE BRASIL (EM %)

Tipo de fonte	2006	2010	2012	2014	2017
Hidráulica (inclui importação)	83,2	79,2	75,2	63,2	66,5
Biomassa	3,4	4,9	8,5	7,6	8,9
Gás natural	4,4	7,2	6,3	13,7	8,1
Eólica	0,1	0,4	2,9	2,1	6,5
Derivados de petróleo	2,6	2,8	2,9	5,4	6,5
Carvão	1,6	1,3	1,5	3,1	2,3
nuclear	3,3	2,9	1,8	2,6	1,2
Outros	1,5	1,2	1,8	2,3	0,0
Total	100,0	100,0	100,9	100,0	100,0

FONTE: EPE e Aneel

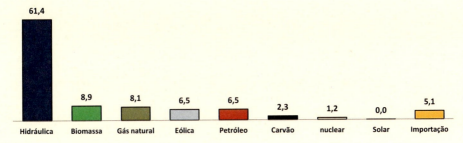

GRÁFICO 4 – BRASIL: EMPREENDIMENTOS EM OPERAÇÃO POR FONTE EM 2017 (EM %)
FONTE: EPE e Aneel (2017)

Em paralelo, contudo, há que se lembrar de que, a partir de 2006, com a descoberta do pré-sal, o papel do petróleo e do gás natural foi recolocado na agenda do desenvolvimento nacional. Os preços em alta desse produto, à época no mercado internacional, contribuíram sobremaneira para esse clima de euforia. Como resultado desse processo, percebe-se também um aumento da participação do gás natural e dos derivados de petróleo dentre as fontes de geração de energia elétrica. Apesar de inquestionável o papel que os recursos decorrentes da exploração desse produto possam trazer para a sociedade brasileira, torna-se cada vez mais relevante associar essa fonte não renovável com uma estratégia de sua substituição paulatina por outras fontes de menor impacto ambiental. Aliás, essa deveria ser uma das pautas de ação do governo federal, caso as premissas levantadas no início do presente artigo representassem, de fato, sua estratégia de política sustentável para o setor.

Na verdade, seu grande desafio é garantir que essa pauta possa estar articulada com uma política de desenvolvimento nacional, que tenha no setor de energia sustentável um de seus principais eixos. Investir no alinhamento de uma política industrial que estimule a produção nacional de partes, componentes e equipamentos relacionados a essas novas fontes renováveis, bem como a capacitação e qualificação de profissionais nessas áreas parece ser uma das saídas possíveis nesse atual cenário. Resta saber se os próximos leilões irão estimular essa mudança ou apenas se limitar a garantir a ampliação da oferta de energia à revelia dos interesses nacionais.

REFERÊNCIAS

ANEEL. *Resolução Normativa n.º 482*, de 17/04/2012. Brasília, DF: D.O, 19.04.2012. Disponível em: <https://www.legisweb.com.br/legislacao/?id=342518>.

CÂMARA DOS DEPUTADOS. *Agenda 21 do Brasil.* Brasília, DF: Centro de Documentação e Informação, 1995.

CAVALCANTE, Maria Madalena de Aguiar. *Hidrelétricas do Rio Madeira-RO:* território, tecnificação e meio ambiente. Tese (Doutorado) – Programa de Pós-Graduação em Geografia – UFPR. Curitiba, 2012.

COSTA, Rafael Fonseca da. *Ventos que transformam?* Um estudo sobre o impacto econômico e social da instalação dos parques eólicos no Rio Grande do Norte/Brasil. Dissertação (Mestrado) – Centro de Ciências Humanas, Letras e Artes. Programa de Pós-Graduação em Estudos Urbanos e Regionais – UFRN. Natal, 2015.

FIOCRUZ. *Agenda 21 do Brasil:* Um projeto de Nação. Resumo. Rio de Janeiro: 2000. 70p. Disponível em: <http://www.unicamp.br/fea/ortega/agenda21/brasil.htm>. Acesso em: 27 out. 2015.

GLOBAL WIND ENERGY COUNCIL (GWEC). *Global Statistics Report,* 2016.

GUIMARÃES, Leonam dos Santos. *A Geopolítica da Energia de Baixo Carbono.* Rio de Janeiro: GESEL/UFRJ, 2016. (Texto de Discussão, 69). Disponível em: <http://www.gesel.ie.ufrj.br/app/webroot/files/publications/07_tdse69.pdf>.

MINISTÉRIO DE MINAS E ENERGIA-MME. *Agenda 21 brasileira.* Bases para discussão. Brasília, DF: MME, 2000.

_____. CMSE. *Modelo Institucional do Setor Elétrico.* Brasília, DF: 2003. Disponível em: <https://portal.tcu.gov.br/lumis/portal/file/fileDownload.jsp?fileId=8A8182A24F0A728E014F0AFEC6D67688>.

NAÇÕES UNIDAS. *Adoção do Acordo de Paris.* 21ª. Conferência das Partes (COP21) da UNFCCC. Paris, 30/11 a 11/12/2015. Disponível em: <https://nacoesunidas.org/acordodeparis/>.

PAPA FRANCISCO. *Carta Encíclica Laudato Si' do Santo Padre Francisco sobre o cuidado da Casa Comum.* Roma: Vaticana, 2015.

TOLMASQUIM, Maurício T. The Energy Sector in Brazil: Policy and Perspectives. *Estudos Avançados.* São Paulo: IEA-USP, v. 26, n. 74, p. 249-59. 2012.

CAPÍTULO 9

PLANIFICAÇÃO ECONÔMICA E DESENVOLVIMENTO SUSTENTÁVEL: A TRANSPOSIÇÃO DO RIO SÃO FRANCISCO

Regina Maria A. Fonseca Gadelha

A sucessão de desastres ecológicos e socioambientais, ocorridos no Brasil, provocados por diversos gestores do Estado brasileiro associados a grandes empresários (nacionais e transnacionais), está a ameaçar permanentemente os frágeis biomas brasileiros, em especial nas Regiões Norte, Nordeste e Centro-Oeste do Brasil. Nesse sentido, o Programa de Aceleração do Crescimento (PAC) (2006-2010), carro-chefe do governo de Inácio Lula da Silva, evidencia uma longa trajetória de desastres provocados por ausência de planejamento e manejo instrumental de planejamento, necessário para a implantação de uma política regional, que seja verdadeiramente desenvolvimentista.

Esses problemas, porém, não se encontram apenas na construção das hidrelétricas da região amazônica (complexo Xingu, em que Belo Monte é exemplar, amplamente noticiado pela imprensa mundial), mas em outros desequilíbrios ecológico e socioambiental, provocados pela exploração irresponsável/irracional de mineração em rios por todo o Brasil. Menos divulgada internacionalmente, outra megaobra de engenharia e concretagem, ligando o governo federal, empreiteiras construtoras e governos estaduais, ameaça o frágil bioma da região semiárida do nordeste brasileiro. Trata-se da recém-inaugurada obra de transposição do rio São Francisco, considerado *rio da unidade nacional*, caminho trilhado pelos antigos portugueses desde o século XVI e que favoreceu a penetração e ocupação por sertanistas às terras interiores de nosso país. O plano dessa obra não é novo, já tendo sido proposto desde o século XIX.

O "velho Chico", como é carinhosamente chamado pela população beneficiada por suas águas, nasce nas serras de Minas Gerais e, depois de atravessar esse estado, penetra e corta transversalmente, de sul a norte, todo o estado da Bahia, ladeando Pernambuco e as divisas de Alagoas e Sergipe, onde se encontra com o mar. Percorre assim 3.200 km de sua nascente à foz em Piaçabuçu (AL) e Brejo Grande (SE). A influência de sua bacia alcança ainda os estados de Goiás e o Distrito Federal, beneficiando áreas do cerrado (sudoeste de Minas Gerais e norte da Bahia), além da caatinga nordestina (Bahia e Pernambuco). As margens do rio São Francisco levam vida para 521 municípios, quase 10% dos municípios existentes nos 8.514.876 km² do território nacional. Portanto, o rio é responsável pela vida de mais de 18 milhões de pessoas (Censo de 2010), que habitam a área de sua bacia e vivem da pecuária, da pesca, agricultura, comércio e navegação.

A bacia do rio São Francisco abriga quatro áreas de proteção ambiental (APAs), que reúne espécies vegetais e animais sobreviventes da devastação da antiga mata atlântica do litoral do Brasil. O rio, no entanto, sofre degradações provocadas não só pela erosão decorrente das atividades agrícolas em suas margens, mas também em decorrência da construção de seis hidrelétricas, entre as quais a mais antiga do Brasil, Paulo Afonso I (1954).

São cinco as hidrelétricas do rio São Francisco. Com exceção da *Hidrelétrica de Três Marias*, em Minas Gerais, inaugurada em 1962 sob controle da Companhia Companhia Energética de Minas Gerais (Cemig), fundada por Juscelino Kubitschek de Oliveira, as demais foram construídas e controladas pela Cia. Hidrelétrica de Paulo Afonso (CHESF)[276]: o *Complexo de Paulo Afonso*, composto por cinco grandes usinas (*Paulo Afonso I a IV* – BA e *Apolônio Sales* - PE) inauguradas entre 1954 e 1979, com capacidade de 4.279,600 megawatts, graças ao potencial de aproveitamento do desnível natural da cachoeira de Paulo Afonso, de 80 m de altura; *Xingo*, entre Alagoas e Sergipe, obra iniciada em 1987, mas somente inaugurada em 1994. Denúncias constantes dos Anais do Senado, feitas pelo Senador Marcos Freire (MDB-PE), indicam que em 1979 os agricultores e moradores expulsos de suas terras em decorrência do lago de Sobradinho, ainda não haviam recebido suas indenizações. *Sobradinho*, construída em 1974; *Itaparica* (atualmente *Luiz Gonzaga*, em Petrolândia, PE), construída em 1988.

Sobradinho, então considerada o maior lago do mundo, com 320 km de extensão e capacidade de armazenamento de até 34,1 bilhões de m³ de água, teve as águas do São Francisco represadas à custa da inundação de cinco municípios (Sobradinho, Remanso, Sento Sé, Casa Nova e Pilão Arcado), a 40 km das cidades de Juazeiro (BA) e Petrolina (PE). A formação desse grande lago provocou o deslocamento pela CHESF de cerca 77 mil habitantes, em sua maioria pequenos agricultores da região. Foi um dos grandes dramas da década de 70.

---

[276] Criada por Decreto Lei do Presidente Getúlio Vargas em 1945, a CHESF, nos 70 anos de sua existência, tornou-se uma subsidiária da Eletrobrás, vinculadas ao Ministério de Minas e Energia. Com sede em Recife, é uma sociedade anônima de capital aberto que atua na geração e transmissão de energia em alta e extra alta tensão, explorando a bacia hidrográfica do rio São Francisco. Informações do site corporativo da CHESF, <http://www.chesf.gov.br/>.

9.1 O FENÔMENO DA SECA E A SUDENE

A ideia de transposição das águas do Rio São Francisco surge no século XIX, como solução para as secas agravadas, na região, desde o século XVIII. Parece ter sido a ideia da construção de açudes vinda dos engenheiros que acompanharam D. João VI ao Brasil, a fim de possibilitar armazenamento de água para os períodos secos. Já nessa época, a engenharia europeia conhecia os benefícios de se desviar cursos de rios de uma região para outra.

A transposição do Rio São Francisco é, assim, um dos mais antigos projetos do Governo Federal na área de recursos hídricos, idealizado para amenizar problemas da seca do Nordeste. A construção de açudes, como programa governamental de combate aos efeitos das secas, teve início em 1884, com a construção da barragem do Cedro (CE), concluída em 1906. Desde então, mais de 70 mil barragens e açudes (grandes, médios e pequenos) foram construídos no Nordeste. De acordo com os anais do Senado, na década de 1920, já se pensara novamente na transposição do rio São Francisco, como solução para a seca do Ceará, levando água para o Ceará a partir da chapada do Araripe e daí para o Rio Grande do Norte.

Para fazer frente a essas adversidades, desde final do século XIX, sucessivos governos tentaram soluções para esse grave problema, por meio da construção de açudes e irrigação. O primeiro órgão a estudar a problemática da seca foi a Inspetoria de Obras Contra as Secas – IOCS –, criada por intermédio do Decreto 7.619/1909, pelo então Presidente Nilo Peçanha, depois substituída pelo Departamento Nacional de Obras Contra as Secas – DNOCS (Decreto-Lei 8.846/1945) –, transformado em autarquia federal por intermédio da Lei nº 4229/1963. Até a criação da Superintendência do Desenvolvimento do Nordeste – Sudene (Lei 3.692/1959) –, os engenheiros do DNOCS tentaram minimizar o grave problema da seca por meio da construção de açudes e poços, em contínuo enfrentamento contra a grave concentração fundiária na região.

Por ocasião da grande seca de 1978/1979, o tema voltou a ser discutido no Congresso Nacional, e no Senado se proporia o projeto da transposição das águas do São Francisco para Pernambuco, por um Canal entre Sobradinho e o rio Moxotó.[277] Na ocasião, o engenheiro e Senador José Lins (Arena, CE), que havia exercido os cargos de diretor do DNOCS e Superintendente da Sudene, apesar de reconhecer a viabilidade técnica do projeto de transposição, argumentava contrário à proposta encaminhada pelo Líder do MDB, Senador Marcos Freire, que equivocadamente apresentava e defendia o projeto da transposição.[278]

---

[277] O rio Moxotó nasce em Pernambuco e banha os Estados de Alagoas e Pernambuco. Embora não seja perene, forma com seus afluentes uma bacia hidrográfica tributária do rio São Francisco. A discussão versou sobre o projeto da transposição das águas do São Francisco por meio da viabilidade da construção do canal Sobradinho-Moxotó.

[278] FREIRE, Marcos. Sen. Secas no Nordeste. Discurso de 30 de outubro de 1979. In: *Em defesa do Homem e do Meio*. Brasília: Senado Federal, 1980, p. 166-88.

Tinha razão o representante da Arena, ao considerar que da vasão média de 2.000 m³ por segundo, regularizadora do rio São Francisco, 1.900 já estavam comprometidas para a geração de energia das grandes hidrelétricas, só restando para a irrigação sua sobra. Concluía em sua argumentação:

> [...] se tirarmos água do rio São Francisco, essa água fará falta àquelas populações ribeirinhas. Não há água para levarmos para Pernambuco, esta que é a verdade. [...]. Nós iríamos tirar água de quem dispõe de muito pouca água para ceder a quem também dispõe de pouca água.[279]

A ideia da transposição das águas do Rio São Francisco, no entanto, ressurgiria com força a partir de final dos anos 80, das fáceis soluções características do imediatismo econômico político, apresentada como resolução definitiva para o grave problema das secas do nordeste.[280] De acordo com o atual projeto da transposição, trata-se de levar 3% das águas do São Francisco para alimentar os rios da bacia setentrional do Nordeste do Brasil. Essa proposta técnica já fora descartada durante o governo do Presidente Fernando Henrique Cardoso. No entanto, apesar de pareceres técnicos contrários à transposição, da parte de técnicos e especialistas, no governo de Luiz Inácio Lula da Silva, a proposta foi definitivamente encampada por este, desconsiderando pareceres abalizados sobre os impactos ambientais e o enorme risco hidrológico para a sobrevivência do próprio rio, vindos de prestigiosos pesquisadores como o Engenheiro Agrônomo João Suassuna, da Fundação Joaquim Nabuco de Pernambuco – Fundaj – e o geógrafo Aziz Ab'Sáber (falecido em 2012), considerado o maior cientista geomorfólogo do País. Observa Ab'Saber:

> O projeto diz que será preciso tirar 1% das águas do rio para transpor por cima da chapada do Araripe e descer para o Ceará. Quem chegou a essa conclusão deveria conhecer melhor a climatologia dinâmica dessas regiões, que faz com que as águas do rio fiquem mais altas ou mais baixas, dependendo da época do ano. Essa água pode significar uma réstia de água em um momento ou, durante o período de chuvas nos sertões do Ceará e do Rio Grande do Norte, por exemplo, nem seria preciso enviar água do São Francisco.[281]

João Suassuna, pesquisador da Fundaj, de Recife, lembra que a Região Nordeste possui muita água acumulada nas represas, em volume suficiente para o atendimento das necessidades das populações, cujo manejo, entretanto, tem sido prejudicado pela grande concentração fundiária da região. Dessa maneira,

---

[279] Ibidem, p. 171-2.

[280] MINISTÉRIO DA INTEGRAÇÃO NACIONAL. *Projeto de Integração do Rio São Francisco*. Disponível em: <http://www.integracao.gov.br/c/document_library/get_file?uuid=261be082-5ac5-43b7-8e8b-59bb61b1b108&groupId=20>.

[281] AB'SÁBER. Conferência. *Anais*. 60 Reunião Anual da Sociedade Brasileira para o Progresso da Ciência (SBPC). Campinas: UNICAMP, 2008. Disponível em: <www.ecodebate.com.br/2000/07/21/aziz-absaber-critica-o-projeto-de-transp...>.

não se justifica a realização de um projeto de transposição das águas do São Francisco, para até 500 km do local do consumo, como consta do atual projeto ainda em execução. De acordo com o eminente pesquisador,

> [...] existem estudos [da CHESF] que atestam que o Velho Chico está diminuindo de volume, o que irá exigir uma atenção desdobrada quanto à utilização de suas águas, situação esta agravada ainda pelos usos conflituosos já praticados no caudal e pelas adversidades encontradas no ambiente natural da região, principalmente aquelas relativas ao clima (semiárido) e à geologia (escudo cristalino) de sua bacia.[282]

Entre os riscos técnicos da transposição, Suassuna assinala:

> (i) Riscos de apagões na geração da energia elétrica, a exemplo do ocorrido em 2001, período no qual o rio apresentou baixos volumes, havendo necessidade inclusive de se proceder a constantes racionamentos de energia;

> (ii) Baixo nível da gestão volumétrica praticada à jusante de Sobradinho (cerca de 1.100 m³/s) para a recuperação das águas, após ter possibilitado a geração de energia para satisfação das demandas do Nordeste e o envio de excedentes para o Centro-Sul do País, contrariando inclusive determinações do órgão ambiental do Ibama, que estabelecera uma vazão mínima, na foz do São Francisco, de 1.300 m³/s;

> (iii) Péssima qualidade das águas do rio, exemplo que já vem ocorrendo na cidade de Januária, abastecida por meio de poços tubulares, em virtude da água do rio, naquela localidade, apresentar-se imprópria para consumo humano. O São Francisco não apenas abastece, como recolhe a rede de esgoto de todas as cidades dos 521 municípios que percorre, além da poluição provocada pelos defensivos químicos das lavouras agrícolas e a poluição advinda de rios de outras cidades e que contaminam as suas águas.

> (iv) A diminuição das vazões de base do São Francisco, consequência direta do uso indiscriminado de sistemas de irrigação de alto consumo hídrico, principalmente as culturas de soja e de café nas regiões norte de Minas Gerais e oeste da Bahia, sobre o Aquífero Urucuia, uma das principais fontes mantenedoras das vazões do rio;

> (v) Finalmente, a intensa salinidade das terras do semiárido do sertão, que deverão ser atravessadas pelo rio.

De fato, a intensa salinidade das rochas na região já apresentava grande contaminação nos canais por onde passariam as águas transpostas do rio São

---

[282] SUASSUNA, João. O ano de 2010 e o futuro do rio São Francisco. *EcoDebate*. Site de Informações, artigos e notícias socioambientais. Recife: Funaj, 22/02/2010. Disponível em: <https://www.ecodebate.com.br/2010/02/22/o-ano-de-2010-e-o-futuro-do-rio-sao-francisco-artigo-de-joao-suassuna>.

Francisco, como identificavam também os engenheiros do Exército brasileiro, responsáveis da execução da primeira etapa das obras, relatando o surgimento de núcleos de desertificação. Esses graves problemas, no entanto, já eram bem conhecidos dos geógrafos e engenheiros agrônomos da região.

Especialista em projetos de planificação econômico-ambiental (EIA--Rima), Ab'Sáber chama atenção para a necessidade de interdisciplinaridade para a melhoria dos projetos hoje efetuados no País, e ensina: "Uma das grandes coisas que aprendi em minha vida é a necessidade de ouvir o povo antes de qualquer tipo de planejamento, ainda mais em um empreendimento desse porte."[283] E, ainda,

> Para planejar é necessário estudar muito mais do que a viabilidade técnica e econômica. É preciso saber o tipo de conhecimento que conduziu aos projetos dentro de um plano de ações. Além de se preocupar com a viabilidade ambiental, ecológica e social em relação ao entorno da ocupação humana do espaço considerado, o bom planejamento envolve ainda previsão dos impactos que qualquer projeto desenvolvimentista demanda.[284]

Em termos de planejamento, ensina, a previsão de impactos vem logo depois da análise de todas as viabilidades. Nesse sentido, planejar é a "arte--ciência de saber o que vai acontecer em diferentes profundidades do futuro". Por isso, "deve ser feito por pessoas independentes, não vinculadas aos interesses comerciais do projeto".[285]

Os estados do Nordeste ocupam cerca de 750.000 km². De acordo com o geógrafo Manoel Correia de Andrade, autor de *A Terra e o Homem no Nordeste* (1964), no entanto, o elemento mais marcante para o homem que ocupou essa região desde o período colonial tem sido o clima, marcado pelo regime pluvial e exteriorizado pela vegetação. Daí as três zonas bem demarcadas. A primeira, conhecida como *Zona da Mata*, com clima quente e úmido, e duas estações bem definidas – uma chuvosa e a outra seca –, representa, porém, menos de 5% do território. O *Sertão*, que se estende no Rio Grande do Norte até o litoral setentrional (cerca de 90% do território), é a maior área, com seu clima quente e sujeito, desde o período colonial, "a secas periódicas que matam a vegetação, destroçam os animais e forçam os homens à migração."[286] Entre uma e outra região, uma zona de transição, o Agreste, com trechos tão úmidos como a zona da mata e outros tão secos como o sertão. Daí afirmar que essa diversidade

---

[283] AB'SÁBER, Aziz; RODÉS, Leopoldo; ZULAUF, Werner. Projeto FLORAM e desenvolvimento sustentável. *Estudos Avançados*. São Paulo: USP, 10 (*27*): 307-16. 1996, p. 307.

[284] AB'SÁBER, Aziz. Nordeste sertanejo: a região semiárida mais povoada do mundo. *Estudos Avançados*. São Paulo: USP, 13 (*35*): 60-8. 1999, entre dezenas de outros estudos.

[285] Idem.

[286] ANDRADE, Manoel Correia de. *A Terra e o Homem no Nordeste*. 2. ed. São Paulo: Brasiliense, 1964, p. 6.

climática, expressa no período colonial em dois sistemas – o nordeste da cana--de-açúcar e o nordeste do gado –, se por um lado se complementam economicamente, por outro se contrapõem politica e socialmente.[287]

Região semiárida mais povoada do planeta, o nordeste tem hoje aproximadamente cerca de 47 milhões de habitantes, dos quais 17 milhões na região do sertão. Na seca, afirma João Suassuna, 10 milhões de habitantes passam fome e sede. Suassuna ressalta as características climáticas da região. O clima do sertão, sujeito a várias massas de ar que se intercalam – a Equatorial atlântica, a Equatorial continental, a Polar e as massas tépidas do Atlântico, e a Kalaariana, advinda do Deserto de Kalaari, na África Austral, penetrando pelo nordeste até a região central do País. A proximidade com a linha do Equador, afirma, é outro fator natural de influência marcante sobre o clima (média de 26° de temperatura) e intensa solaridade, estimada em 3.000 horas anuais, que provoca acentuada evapotranspiração. A evapotranspiração no sertão é em média de cerca de 2.000 mm/ano, atingindo em algumas áreas, média de 7 mm/dia.[288]

Em termos geológicos, o Nordeste é constituído por dois tipos estruturais de solo: o embasamento cristalino, presente em 70% da região semiárida, com solos geralmente rasos, baixa capacidade de infiltração e reduzida drenagem natural, onde a pouca quantidade de água que consegue penetrar fica retida no fundo. E as bacias sedimentares, manchas descontínuas em que a água armazenada em fendas/fraturas de rochas (aquífero fissura) ou em regiões de solos de aluvião, forma pequenos reservatórios de qualidade não muito boa, sujeitos à evaporação e aos constantes bombeamentos realizados.[289]

Estudo realizado por pesquisadores da Universidade Federal do Rio Grande do Norte também constata as características hidrológicas gerais da região semiárida, delimitada pelo Polígono das Secas, e que são as seguintes:

> Baixa pluviometria (média de 700 mm com bolsões significativos de 400 mm/ano); Potencial de evaporação elevado, podendo chegar a 3.000 mm/ano devido à conjugação de altas temperaturas e baixa umidade relativa; Solos de natureza cristalina em 60% da superfície do semiárido, em que a rocha mãe se encontra praticamente à mostra; Perda, em média, de mais de 90% das precipitações pluviométricas para a atmosfera, pela evaporação.[290]

---

[287] Ibidem, p. 6-7.

[288] SUASSUNA, João. *Semi-árido*: proposta de convivência com a seca. Recife: Funaj, 2002. Disponível em: <http://www.fundaj.gov.br/index.php?option=com_content&id=659&Itemid=376>.

[289] Ibidem, p. 1-2.

[290] UFRN-Comissão de Estudo dos Aspectos Hidrológicos e Socioeconômicos do Projeto da Transposição do Rio São Francisco. *A Transposição do Rio São Francisco*. Natal: Julho 2000, p. 6-7.

De acordo com o estudo, apenas cerca de 8% das precipitações chegam aos rios da região. Porém menos de 20% das águas que chegam aos pequenos e médios açudes podem ser utilizadas devido às perdas por evaporação do espelho d'água e à manutenção de reservas estratégicas feitas para o abastecimento humano e animal. Por outro lado, também, a disponibilidade dos recursos hídricos acha-se concentrada apenas em quatro principais rios da região: São Francisco, Parnaíba, Jaguaribe e Piranhas-Açu. O quadro é agravado pela má qualidade e intermitência dos demais rios da região.[291]

Quanto aos solos agricultáveis, estes ocupam menos de 10% que se espalham por pequenas manchas descontínuas geralmente localizadas nos altiplanos, encostas e baixios e nas formações aluviais dos rios, em geral inundados pelos barramentos de rios (barragens, açudes e outros). Fato que prejudica áreas de irrigação nas proximidades de um corpo d'água na região semiárida do nordeste.[292]

Celso Furtado, ao se debruçar sobre a problemática dos problemas da seca na região visando a estabelecer um diagnóstico para a região, encontraria respaldo técnico nos antigos estudos elaborados pelos engenheiros e técnicos agrônomos do DNOCS, que lhe ensinaram ser o problema do Nordeste provocado não apenas pelo regime de secas periódicas controladas pelo fenômeno do *Niño*, mas, sobretudo, pela estrutura da terra e de poder dos latifundiários sobre os homens, o que o levou a considerar, com razão, o agravamento dos desequilíbrios regionais uma consequência da falta de política nacional voltada para o desenvolvimento, em sua mais ampla acepção.[293]

Por isso, ao assumir a direção da Sudene, a convite do Presidente Juscelino Kubitschek, o diagnóstico que traça com sua equipe, em seu primeiro *Plano de Ação*, a que denomina de *Operação Nordeste* (1959), irá em direção contrária às soluções de engenharia técnica e que haviam sido até então adotadas.[294] Para isso, basear-se-á nos diagnósticos técnicos do DNOCS de que o Nordeste havia desenvolvido, na região semiárida da caatinga, uma economia extremamente vulnerável à seca e, por isso, inadequada ao meio.

Os estudos indicavam que sendo pobre a base agrícola da economia, todos os esforços deviam ser envidados para ampliar esta base, sendo para isso necessário um maior conhecimento dos recursos da região. "Só mediante persistente estudo do meio, do desenvolvimento de técnicas agrícolas adap-

---

[291] Idem.

[292] Idem.

[293] FURTADO, Celso. *A Pré-Revolução Brasileira*. Rio de Janeiro: Fundo de Cultura, 1962, p. 103.

[294] GADELHA, Regina Maria A. Fonseca. O Brasil de Celso Furtado e a operação Nordeste. In: CORSI, Francisco Luiz; CAMARGO, José Marangoni (Org.). *Celso Furtado*: Os desafios do desenvolvimento. São Paulo/Marília: Cultura Acadêmica/ Oficina Universitária, 2010. p. 201-16.

tadas às regiões tropicais, teria sido possível criar no Nordeste condições para a formação de uma economia de alta produtividade". No entanto adverte: "Ao invés de haver procurado conhecer melhor o meio e de desenvolver técnicas de produção próprias, limitamo-nos a transplantar soluções."[295] E, como solução para o problema, propõe três linhas de atuação:

(1) *Criar uma economia de maior produtividade e resistente à seca* - era necessário não apenas a mobilização de crédito e assistência técnica, como ainda aprofundar os estudos para melhor conhecimento da região e seus recursos de água superficial e subterrânea, bem como de sua flora. Considera que para a reorganização da economia da caatinga por outra vegetação de maior produtividade seria necessária a redução do rebanho em algumas zonas, já que a sobrecarga animal não somente prejudicava o cultivo algodoeiro como tornava o sistema mais vulnerável à seca.

(2) *Ampliar os estoques úmidos das zonas de fronteira do Nordeste* – Sendo previsível que a reorganização da economia da caatinga geraria excedentes populacionais, estes deveriam ser mais bem redirecionados e aproveitados em outros locais. Esse direcionamento passava pelo remanejamento do espaço agrário, no sentido de ampla reforma. No passado, escreve, o homem na caatinga penetrara até onde o gado podia avançar. Essa penetração fora detida nos contrafortes da selva setentrional.[296] Mas, nos dias atuais, já se dispunha de outras técnicas para transpor esses contrafortes:

> Podemos fazer crescer o Nordeste. Podemos incorporar ao Nordeste precisamente aquilo que lhe falta: terras úmidas, terras com invernos regulares. Isso que o homem, com a técnica mais ou menos primitiva do século XIX, não conseguiu fazer, cabe-nos realizar agora, abrindo estradas adequadas, colonizando, organizando uma economia adaptada ao meio.[297]

(3) A terceira linha de ação sugerida era a *industrialização,* que provocaria forte aumento dos investimentos na região.

No entanto sabemos que a Sudene idealizada por Furtado teve pouca duração, seu percurso tendo sido alterado com o golpe militar de 1964. Esclarece Furtado em entrevista concedida ao Jornal *O Globo*, em 1979, "Concebemos uma SUDENE que pudesse se transformar num movimento para restaurar ao Nordeste uma posição política que lhe garantisse algum peso dentro do país". De fato, a independência decisória da Sudene, para modificar a anacrônica estrutura política regional, atingia os interesses do secular poder dos *coronéis*, chefes locais

---

[295] FURTADO, Celso. *A Operação Nordeste*. Rio de Janeiro: MEC/ISEB, 1959, p. 32.
[296] Trata-se da zona de florestas do Maranhão, onde efetivamente a Sudene iniciou os primeiros ensaios de colonização e assentamento de pequenos proprietários rurais.
[297] FURTADO, 1959, p. 33.

nordestinos que controlavam a região. No entanto, ainda em 1967, era sua convicção de que o Nordeste, parte importante da nação brasileira, tinha condições para se desenvolver a partir de seu próprio capital político. Entretanto podia constatar que a região economicamente desaparecera desde a primeira metade do século XX, passando a viver dos *pedidos de ajuda* ao governo federal. Furtado é categórico ao se referir às transformações sofridas pela Sudene, em consequência do golpe militar. Afirma na referida entrevista:

> Transformaram, no entanto, o superintendente da SUDENE num funcionário do Ministério do Interior, subordinado ao ministro; isso não tem nada que ver com o que planejamos. É preciso compreender que essa SUDENE é outra. A de 20 anos atrás representava um momento político brasileiro, uma forma de ver o Nordeste. A de hoje é outra forma de ver, num outro momento. Mas nem de longe pode lembrar a nossa SUDENE.

De fato, a Sudene fora criada com o fim específico e exclusivo de promover o desenvolvimento do Nordeste. Porém, em decorrência do golpe militar, o órgão não apenas teve os seus recursos desviados, como depois reduzidos em termos absolutos. Dessa forma, perdeu a capacidade de definir projetos e destinação dos recursos já incluídos no I Plano Diretor e que deveriam beneficiar exclusivamente empresas de capital 100% nacionais. Em decorrência, os aportes dos recursos do artigo 34/18 de incentivos fiscais do Finor, já escassos, foram capitalizados para os grandes grupos econômicos, internos e externos, que passaram a se estabelecer no Nordeste (General Eletric, Kibon, Alpargata, White Martins, Fives Lille, Alcan, Ray-O-Vav, Vulcan, Springer, Admiral and Son, GoodYear, Elekeiroz do Nordeste etc.). Entretanto a estrutura agrária permaneceria intocada.[298]

9.2 A TRANSPOSIÇÃO DO SÃO FRANCISCO: DESASTRE ANUNCIADO?

O projeto da transposição do rio São Francisco foi formalmente concebido em 1985 pelo extinto DNOCS, sendo depois transferido, em 1999, para o Ministério da Integração Nacional. De acordo com documentos publicados no *Jus Brasil,* sobre os aspectos jurídicos (e polêmicos) da transposição, em agosto de 1994, durante o governo do Presidente Itamar Franco, os estudos sobre o potencial hídrico e as bacias dos rios da região do semiárido dos Estados de Pernambuco, Paraíba, Ceará e Rio Grande do Norte foram considerados, a partir de então, como de interesse da União.[299]

---

[298] FREIRE, Marcos. Dep. *Papel da SUDENE na Problemática do Desenvolvimento do Nordeste.* Discurso proferido na sessão de 05/maio/1971. Brasília, DF: Departamento de Imprensa Oficial, 1971, p. 8. De mesmo, HISCHMAN, Albert O. *Desenvolvimento industrial no Nordeste Brasileiro e o Mecanismo de Crédito Fiscal do artigo 34/18.* New York: Harvard University, 1967.

[299] AVEIRO, Carolina. A transposição do Rio São Francisco. Aspectos polêmicos e jurídicos. *JUSBrasil,* 2014. Disponível em: <https://carocra.jusbrasil.com.br/artigos/147309365/a-transposicao-do-rio-sao-francisco-aspectos-polemicos-e-juridicos>.

No primeiro mandato do governo de Fernando Henrique Cardoso, foi firmado o documento "Compromisso pela vida do São Francisco", que propôs a revitalização do rio e a construção dos canais da transposição: o Eixo Norte, o Eixo Leste, Sertão e Remanso. Para esse fim, foi criado o Comitê da Bacia Hidrográfica do São Francisco (CBHSF) e o Projeto de Conservação e Revitalização da Bacia Hidrográfica do São Francisco. O projeto previa também a transposição do Rio Tocantins para o rio São Francisco, idealizado ainda no período militar, pelo então Ministro Mário Andreazza.[300] Todavia foi somente no primeiro mandato do governo de Luiz Inácio Lula da Silva que esses projetos saíram do papel, tendo o Ibama elaborado em 2004 o EIA-Rima de Impacto Ambiental, necessário ao início da obra de transposição.

Apesar da resistência de especialistas e das comunidades servidas pelo rio São Francisco, além do Comitê da Bacia do Rio São Francisco, que denunciou a precariedade do EIA-Rima de 2004, o projeto foi aprovado em 2005 e a obra de transposição iniciada em 2007, com conclusão prevista para 2012 e custo avaliado em R$ 10 bilhões de reais.[301] De acordo com Carolina Aveiro, foram apresentadas inúmeras ações judiciais para impedir o projeto, seja pelas falhas do licenciamento ou por fatores ambientais deixados de lado pelo governo, algumas das quais ainda em tramitação no STF. Entre os motivos das ações judiciais, figuram: (1) Fatores omissos ou falhas na elaboração do EIA-Rima, cujo documento não considera impactos ambientais e socioeconômicos no projeto; (2) não foram consideradas alternativas ao projeto; (3) desrespeito à Política Nacional de Recursos Hídricos; (4) falta de autorização do Congresso Nacional para a realização das obras do Projeto, já que há aproveitamento de recursos hídricos em terras indígenas, de acordo com o artigo 231, § 3º da Constituição Federal; (5) imprecisões técnicas dos dados sobre os recursos hídricos do rio São Francisco; (6) concessão de licença ambiental pelo Ministério do Meio Ambiente (Ministra Marina Silva), apesar das falhas técnicas evidenciadas na elaboração do EIA-Rima.[302]

Considerada a mais relevante obra do governo federal dentro da Política Nacional de Recursos Hídricos, a transposição das águas do São Francisco tem sido apresentada como um instrumento de transformação da realidade do nordeste, assegurando de forma definitiva a utilização racional da água à população, com garantia ao abastecimento humano, animal e à irrigação. Com esse passo, o governo pretende *eliminar os bolsões de pobreza*. Ainda, a transposição garantiria a formação de sinergia gerada pelo sistema, o que resultaria em ganhos substan-

---

[300] Idem.

[301] UFRN, 2000, p. 16.

[302] Ministério de Integração Nacional. *Projeto de Integração do Rio São Francisco com Bacias Hidrográficas do Nordeste Setentrional.* Relatório de Impacto Ambiental – RIMA. Brasília: MIN, Julho 2004. 131p. Disponível em: <http://www.integracao.gov.br/documents/10157/3678963/Rima+-+Relat%C3%B3rio+de+Impacto+Ambiental.pdf/432>.

ciais em termos de volume. Desse modo, cada m³ transportado deveria oferecer ganhos substanciais em termos de volume de água, garantia ao abastecimento permanente de água para a população. Dessa maneira, o governo promete assegurar melhor manejo à operação das barragens.

Especialistas das universidades e centros de pesquisa da região, porém, alertam sobre os equívocos deste diagnóstico, por acreditarem que esse falso tipo de operação tende a minimizar não só as perdas da evaporação das águas armazenadas, como o grave problema do processo de salinização.[303] Ao serem criticados, os defensores da transposição argumentam com a capacidade da geração de *milhares de empregos,* tendo por meta beneficiar uma população estimada de 12 milhões de habitantes em 390 municípios nos Estados de Pernambuco, Paraíba, Ceará e Rio Grande do Norte, apesar do EIA-Rima 2004, em seu Relatório, haver demonstrado a perda da renda familiar de milhares de famílias desalojadas ou mesmo sem teto em decorrência da transposição.[304] A área de influência do projeto era estimada a beneficiar menos de 5% da área do semiárido.

Por outro lado, o elevado consumo de energia elétrica necessária para pôr em operação o sistema de transposição poderá onerar bastante o custo da água, fato que modificaria muito pouco o cenário atual de exclusão social na região[305]. Porém as expectativas dos economistas do governo é que o consumo das águas da transposição passe a gerar uma receita por meio da cobrança de uma tarifa pelo uso da água por parte da empresa (privada) operadora do sistema. Desse modo, o governo espera que a arrecadação gerada com essa cobrança pelo uso da água ultrapasse os custos de manutenção e operação do sistema, incluindo os custos outorgados pelo uso da energia elétrica, além da necessária fiscalização e policiamento. Atualmente, o custo da água da transposição é superior a R$ 0,05 por m³, calculado com base no consumo humano, o que torna o preço pouco competitivo e mesmo bastante elevado o seu uso pelos produtores para irrigação.

Com relação ao custo da energia para os usuários, é estimado um aumento de 5% a 7% na conta de luz, passando a custar R$ 0,13 por 1000 litros de água consumida. Nesse sentido, lembra Carolina Aveiro em artigo para o *JusBrasil. Com.*, boa parte da população sertaneja, que o governo diz estar a proteger, vive em situação de miséria absoluta ou quase.[306] Ora, até então, o manejo regulatório do uso das águas pelas usinas hidrelétricas era exclusividade da CHESF. Porém, com as concessões de leilões de energia, a decisão do controle regulatório das bombas de água passa para a iniciativa privada.

---

[303] UFRN, 2000, p. 15.

[304] Os postos de trabalho decorrentes da obra, não ultrapassariam 5.000 trabalhadores, pelo prazo de quatro anos estimados para a execução de todo o projeto (RIMA, 2004, p. 79-80).

[305] Ibidem, p. 21.

[306] AVEIRO, 2014, p. 20.

A crítica dos especialistas a esse modelo de gestão alerta que a baixa eficiência de condução das águas onerará ainda mais o custo da água. Segundo o Código das Águas, de 1934, ainda em vigor, a água, como item componente do meio ambiente, participa da natureza dos direitos fundamentais, na medida em que ela é essencial a todo ser humano. De onde sua gestão deve ficar a cargo do poder público e não segundo o lucro necessário à remuneração de empresas privadas, que apenas visam a alto retorno aos seus investimentos.

Ainda, de acordo com estudos da Comissão da Transposição das Águas do Rio São Francisco, do UFRN, o transporte de água por canais artificiais e, principalmente, no leito dos rios da região, deverá resultar em perdas significativas de volume das águas devido aos elevados índices de evaporação da região na extensa faixa úmida criada artificialmente. Pesa, porém também, nesse diagnóstico, as fugas esperadas por infiltrações de água no solo, principalmente nas áreas com formações sedimentares. No entanto nem o governo nem o EIA-Rima de 2004 levaram em consideração a gravidade do quadro dos recursos hídricos existentes, a elevada escassez de rios perenes e a má distribuição de águas, fatores já conhecidos e muito bem estudados pelos especialistas e geógrafos conhecedores da região.

CONSIDERAÇÕES FINAIS

Diante do exposto, pergunta-se: Que repercussão direta e imediata se alcançará com o suposto aumento da oferta hídrica? E a quem beneficiará e a que custo?

O questionamento das populações e membros científicos ligados às universidades e à sociedade civil revela-se ainda mais pertinente quando se verifica o número de pequenos agricultores, pescadores e comunidades prejudicadas pela obra. Da parte dos especialistas, as falhas e desconhecimento da realidade, já apontadas nas análises do EIA-Rima de 2004, foram suficientemente claras para indicar a necessidade de novas avaliações. Tampouco o EIA-Rima preocupou-se com a situação de comunidades indígenas e quilombolas que perderiam as suas terras em decorrência da execução do projeto. Ao contrário: referindo-se às comunidades indígenas, o Relatório esclarece que os poucos descendentes indígenas escondem sua origem, por medo de preconceito, e já estão inseridos nos setores de construção civil. Por outro lado, as comunidades quilombolas e indígenas, embora gozem de direitos especiais na legislação federal, não são consideradas, de fato, proprietárias de direito das terras de seus antepassados.

No caso dos indígenas, a Constituição Federal, em seu artigo 231, reconhece os direitos originários desses povos sobre as terras que originalmente ocupam, sendo permanente do território o usufruto exclusivo das riquezas dos solos, dos rios e dos lagos.[307] Porém a Constituição cala a respeito das áreas de quilombos.[308] Apesar do artigo 68, das Disposições Constitucionais Transitórias reconhecer a propriedade definitiva das terras ocupadas pelos remanescentes das comunidades dos quilombos, estabelecendo critérios e procedimentos para a indenização de benfeitorias, o Decreto n.º 4887, de 2003, que tratava da regulamentação das terras ocupadas para identificação, reconhecimento, demarcação e titulação destas encontra-se *sub-judice*, devido à ADI 3239/2012, Ação Direta de Inconstitucionalidade impetrada pelo DEM (Partido Democratas), ainda em julgamento pelo Supremo Tribunal Federal. Segundo a Fundação Palmares, autarquia criada pela Lei n.º 7.668/1988 para realizar a identificação e reconhecimento dos remanescentes das comunidades quilombolas, até 2003 nenhuma comunidade havia sido efetivamente titulada, e com o julgamento da ADI o impasse continua, o que constitui fator impeditivo para que os remanescentes quilombolas deslocados pela transposição possam receber indenizações das terras desapropriadas.

Uma vez mais, portanto, o verdadeiro perdedor vem a ser novamente o povo sofrido do nordeste, que convive não só com a seca, a sede e a fome, sem tirar proveito algum das vantagens do semiárido, tendo o poder político e oligárquico a decidir sobre seu destino e o de suas terras.

REFERÊNCIAS

BRASIL. *Constituição Federativa do Brasil* (1988). 48. ed. São Paulo: Saraiva, 2013.

AB'SÁBER. Conferência. Campinas: 60ª Reunião Anual da Sociedade Brasileira para o Progresso da Ciência (SBPC). Campinas-SP: Unicamp, 2008. Disponível em: <www.ecodebate.com.br/2000/07/21/aziz-absaber-critica-o-projeto-de-transp...>.

_____. Nordeste sertanejo: a região semiárida mais povoada do mundo. *Estudos Avançados*. São Paulo: USP, 13 (*35*): 60-8. 1999, entre dezenas de outros estudos.

_____; RODÉS, Leopoldo & ZULAUF, Werner. Projeto FLORAM e desenvolvimento sustentável. *Estudos Avançados*. São Paulo: USP, 10 (27): 307-16. 1996.

ALMEIDA, Rogério. Amazônia, Pará e o mundo das águas do baixo Tocantins. *Estudos Avançados*. São Paulo: USP, 24 (*68*); 291-319. maio/jul. 2010.

ANDRADE, Manoel Correia de. *A Terra e o Homem no Nordeste*. 2. ed. São Paulo: Brasiliense, 1964.

---

[307] CONSTITUIÇÃO FEDERATIVA DO BRASIL (1988). 48. ed. São Paulo: Saraiva, 2013, p. 160-1.

[308] CASTRO, Marcela Baudel de. *A natureza jurídica da propriedade Quilombola*. 29/06/2013. Disponível em: <http://www.conteudojuridico.com.br/artigo,a-natureza-juridica-da-propriedade-quilombola,44136.html>.

AVEIRO, Carolina. A transposição do Rio São Francisco. Aspectos polêmicos e jurídicos. JUSBRASIL.COM. 28/03/2017. Disponível em: <https://carocra.jusbrasil.com.br/artigos/147309365/a-transposicao-do-rio-sao-francisco-aspectos-polemicos-e-juridicos>.

CASTRO, Marcela Baudel de. *A natureza jurídica da propriedade quilombola.* 29/06/2013. Disponível em: <http://www.conteudojuridico.com.br/artigo,a-natureza-juridica-da-propriedade-quilombola,44136.html>.

FREIRE, Marcos. Dep. *Papel da SUDENE na Problemática do Desenvolvimento do Nordeste.* Discurso proferido na sessão de 05/maio/1971. Brasília, DF: Departamento de Imprensa Oficial, 1971. [Separata da Câmara dos Deputados, 24 p.].

_____. Senador. Secas no Nordeste. Discurso de 30 de outubro de 1979. *Em defesa do Homem e do Meio.* Brasília: 1980. p. 166-88.

FURTADO, Celso. *A Operação Nordeste.* Rio de Janeiro: MEC/ISEB, 1959.

_____. *A Pré-Revolução Brasileira.* Rio de Janeiro: Fundo de Cultura, 1962.

GADELHA, Regina Maria A. Fonseca. O Brasil de Celso Furtado e a operação Nordeste. In: CORSI, Francisco Luiz; CAMARGO, José Marangoni. Org. *Celso Furtado*: Os desafios do desenvolvimento. São Paulo/Marília: Cultura Acadêmica/Oficina Universitária, 2010. p. 201-16.

HISCHMAN, Albert O. *Desenvolvimento industrial no Nordeste Brasileiro e o Mecanismo de Crédito Fiscal do artigo 34/18.* New York: Harvard University, 1967.

MINISTÉRIO DA INTEGRAÇÃO NACIONAL. *Projeto de Integração do Rio São Francisco.* Disponível em: <http://www.integracao.gov.br/c/document_library/get_file?uuid=261be082-5ac5-43b7-8e8b-59bb61b1b108&groupId=20>.

_____. *Projeto de Integração do Rio São Francisco com Bacias Hidrográficas do Nordeste Setentrional.* Relatório de Impacto Ambiental – RIMA. Brasília: MIN, Julho 2004. 131 p. Disponível em: <http://www.integracao.gov.br/documents/10157/3678963/Rima+-+Relat%C3%B3rio+de+Impacto+Ambiental.pdf/43248>.

_____. *O andamento das obras.* Brasília, DF: MIN, 2017. Disponível em: <http://www.mi.gov.br/web/projeto-sao-francisco/o-andamento-das-obras>.

SUASSUNA, João. O ano de 2010 e o futuro do rio São Francisco. *EcoDebate. Site de Informações, artigos e notícias socioambientais.* Recife: FUNAJ, 22/02/2010. Disponível em: <https://www.ecodebate.com.br/2010/02/22/o-ano-de-2010-e-o-futuro-do-rio-sao-francisco-artigo-de-joao-suassuna>.

_____. *Semi-árido*: proposta de convivência com a seca. Recife: Funaj, 2002. Disponível em: <http://www.fundaj.gov.br/index.php?option=com_content&id=659&Itemid=376>.

TUNDISI, José Galizia. Exploração do potencial hidrelétrico da Amazônia. *Estudos Avançados.* São Paulo: USP, 21 (*59*). jan./apr. 2007.

UFRN-Comissões de Estudo dos Aspectos Hidrológicos e Socioeconômicos do Projeto da Transposição do Rio São Francisco. *A Transposição do Rio São Francisco.* Natal, Julho 2000. p. 6-7.

OS AUTORES

Ana Carolina Penha – economista. Mestranda do PEPG em Economia (PUC-SP), trabalha com pesquisas em projetos de inovação. É membro do Núcleo de Análise de Conjuntura Internacional (Naci), registrado no CNPq – carolina.penha@gmail.com

Arnoldo José de Hoyos Guevara – assistente doutor do Departamento de Administração (FEA-PUC/SP) e professor do Programa de Pós-Graduação em Administração da PUC-SP. É líder do Núcleo Estudos do Futuro, registrado no CNPq, que atua com pesquisas nas áreas de Administração, Educação, Estudos do Futuro, Inovação, Probabilidade e Estatística Aplicadas, e Sustentabilidade. Desenvolve pesquisas nas áreas de gestão de conhecimento, valores e consciência – arnoldodehoyos@yahoo.com.br

Daniel de Castro Leite – sociólogo pela Faculdade de Ciências Sociais da PUC-SP, é especialista em relacionamento com comunidades em áreas de conflitos socioambientais, com experiência em EIA-Rima para empresas como Diagonal Urbana, Vale S.A., Samarco, entre outras – dcleitedc@gmail.com

Gustavo Racy – antropólogo e filósofo, mestre pelo Programa de Estudos Pós-Graduados em Ciências Sociais da PUC-SP; doutorando da Universidade de Antuérpia (Bélgica), bolsista Capes (BEX/1028-15-0). Membro do *Visual and Digital Cultures Research Center* (ViDi) e do Núcleo de Análise de Conjuntura Internacional (Naci) da PUC-SP, trabalha com pesquisas na intersecção entre cultura visual e modernidade, articulando temas de Teoria da Cultura, Política e História dentro da tradição histórico materialista – gustavo.racy@uantwerpen.be

João Batista Pamplona – professor associado do Departamento de Economia (PUC-SP); pós-doutorado em Economia pela FEA-USP; professor dos Programas de Pós-Graduação em Economia (PUC-SP) e em Administração (USCS); pesquisador do Grupo de Economia Industrial, Inovação, Trabalho e Tecnologia (EITT/PUC-SP), registrado no CNPq. Atua nas áreas de Economia da Tecnologia Industrial e Trabalho, Desenvolvimento Econômico e Políticas Públicas. Autor do livro *Erguendo-se pelos próprios Cabelos: Autoemprego e Reestruturação Produtiva no Brasil* (2001); artigos publicados em coletâneas e periódicos, pesquisas para FAU-ONU, Cepal, Konrad Adenauer, Cebrap, BNDES – pamplona@pucsp.br

Joaquim Carlos Racy – doutor e mestre em História pela Pontifícia Universidade Católica de São Paulo, com concentração na área de relações internacionais do Brasil; graduação em Economia e Ciências Políticas e Sociais. Professor do Programa de Estudos Pós-Graduados em Economia Política da Faculdade de Economia e Administração da PUC-SP; vice-coordenador do Núcleo de Análise de Conjuntura Internacional (Naci) da PUC-SP; atuação profissional nos campos de economia e relações internacionais, particularmente voltada para análise e desenvolvimento de políticas e projetos de cooperação internacional – racjo@uol.com.br

Ladislau Dowbor – graduado em Economia Política pela Université de Lausanne-Suiça, é mestre em Economia Social e doutor pela Escola Superior de Estatística e Planejamento – Universidade de Varsóvia (Polônia). Professor titular do Departamento de Economia da Pontifícia Universidade Católica de São Paulo e pós-graduado em Economia e em Administração da mesma universidade, com pesquisas em temas ligados às mudanças tecnológicas, economia dos recursos humanos, economia regional e urbana, planejamento educacional e economia internacional. Seus numerosos livros e artigos estão disponíveis no site <http://dowbor.org> – ladislau@dowbor.org

Mônica Landi – mestre em Economia (Programa de Pós-Graduação em Economia-PUC-SP); doutorado em Energia (Programa Interunidades de Pós-Graduação em Energia-USP). Foi assessora técnica da Secretaria de Economia e Planejamento do Estado de São Paulo e da Fundap; desde 2012 trabalha na Secretaria de Planejamento e Gestão do Estado de São Paulo. É professora assistente da Pontifícia Universidade Católica de São Paulo e pesquisadora do Núcleo de Análise de Conjuntura Internacional (Naci), com pesquisas nas áreas de política econômica e políticas públicas, privatizações, setor elétrico e orçamento público. Vice-chefe do Departamento de Economia da PUC/SP – landimo@terra.com.br

Nair d'Aquino Fonseca Gadelha – cientista social pela PUC-SP e bacharel em Direito pela FMU-SP; mestre em Ciências Sociais pela PUC-SP; doutora em Ciências Humanas pela FFLCH-USP; pesquisadora do Núcleo de Análise de Conjuntura Internacional (Naci/PUC/SP), atua nas áreas de Democracia e Cidadania; Políticas Públicas comparadas; Teoria de Estado, governança urbana, poder local (terceiro setor); centralidades espaciais e urbanismo; sociologia do desenvolvimento, sociologia urbana; estudos de impacto ambiental, com consultorias na África para a Vale do Rio Doce (Moçambique, Malawi, África do Sul), supervisora de campo e chefia de equipes para Diagnósticos Socioeconômicos (EIA) e Gestão Ambiental (PGA), com publicações no Brasil e exterior – nagadelha@gmail.com

Regina Maria A. Fonseca Gadelha – historiadora; pós-doutorado na Universidade Paris-III e Paris-X. Mestre e doutora em Ciências Humanas pela Universidade de São Paulo. Professora titular do Departamento de Economia da Pontifícia Universidade Católica de São Paulo e da Pós-Graduação em Economia da mesma Universidade. Líder do Naci, registrado no CNPq, atua nas áreas de História, Desenvolvimento e Teoria da Dependência. Autora do livro *As Missões Jesuíticas do Itatim: estruturas socioeconômicas do Paraguai colonial* (1980), artigos publicados no Brasil e exterior, coordenou várias coletâneas e, em 2013, *Mercosul a Unasul: avanços do processo de integração* – rgadelha17@gmail.com

Rodrigo Priolli de Oliveira Filho – graduação e mestrado em Direito pela Pontifícia Universidade Católica de São Paulo, professor titular da Faculdade de Direito da PUC/SP e FMU. Atualmente prepara doutorado junto ao Programa de Pós-Graduação em Direito da PUC-SP, com ênfase na área de Direitos Humanos. Em 2004 publicou o livro *Relação de Consumo. Serviços Públicos no Código de Defesa do Consumidor* – rodpriolli@hotmail.com